UTB

UTB **8379**

Eine Arbeitsgemeinschaft der Verlage

Böhlau Verlag · Köln · Weimar · Wien
Verlag Barbara Budrich · Opladen · Farmington Hills
facultas.wuv · Wien
Wilhelm Fink · München
A. Francke Verlag · Tübingen und Basel
Haupt Verlag · Bern · Stuttgart · Wien
Julius Klinkhardt Verlagsbuchhandlung · Bad Heilbrunn
Lucius & Lucius Verlagsgesellschaft · Stuttgart
Mohr Siebeck · Tübingen
Orell Füssli Verlag · Zürich
Ernst Reinhardt Verlag · München · Basel
Ferdinand Schöningh · Paderborn · München · Wien · Zürich
Eugen Ulmer Verlag · Stuttgart
UVK Verlagsgesellschaft · Konstanz
Vandenhoeck & Ruprecht · Göttingen
vdf Hochschulverlag AG an der ETH Zürich

Petra Bernhardt, Leila Hadj-Abdou, Karin Liebhart, Andreas Pribersky

EUropäische Bildpolitiken

Politische Bildanalyse an Beispielen der EU-Politik

facultas.wuv

Petra Bernhardt, Leila Hadj-Abdou, Karin Liebhart und Andreas Pribersky
lehren alle am Institut für Politikwissenschaft der Universität Wien.

Bibliografische Information der Deutschen Nationalbibliothek

Die Deutsche Nationalbibliothek verzeichnet diese Publikation
in der Deutschen Nationalbibliografie;
detaillierte bibliografische Daten sind im Internet unter
http://d-nb.de abrufbar.

Gestaltung & Satz: Atelier Tiefenthaler
Einband: Atelier Reichert, Stuttgart
Abbildung entnommen aus http://www.eureferendum.sk
Druck und Bindung: Facultas AG
Printed in Austria

ISBN 978-3-8252-8379-7

Inhalt

Vorwort

EUropäische Bildpolitiken[1] präsentiert Ansätze zur Analyse visueller politischer Kommunikation und zeigt deren Anwendbarkeit im sozialwissenschaftlichen Bereich. In den Kultur- und Geisteswissenschaften ist der Iconic turn mittlerweile zu einem Leitbegriff geworden. Für die Sozialwissenschaften und insbesondere für die Politikwissenschaft gilt dies nicht in gleichem Maß. Der Wiederentdeckung bildwissenschaftlicher Ansätze durch die Kulturwissenschaften steht ein Mangel an Analysen der Bedeutung von Bildpolitik in der Politikwissenschaft gegenüber. Zwar herrscht Übereinstimmung darüber, dass Images und Bilder aufgrund der Rolle der elektronischen Massenmedien von zentraler Bedeutung für den Ausgang von Wahlen und den Erfolg politischer Kampagnen sind, politologische Zugänge richten den Blick bisher jedoch vorrangig auf Aspekte der Medialisierung von Politik insgesamt und nur in wenigen Fällen auch auf die Analyse aktuell zirkulierender Bildikonen als Projektionsfläche für Wunschvorstellungen und Identifikationsangebote.

Der vorliegende Band wählt eine andere Perspektive. Er nimmt die von Politik und anderen Formen öffentlicher Kommunikation in Umlauf gesetzten Bilder zum Ausgangspunkt der Analyse und geht – anhand konkreter Beispiele und deren historischer sowie aktueller Verweiszusammenhänge – der Bedeutung der Visualisierung von Politik nach. Den Ausgangspunkt der Analysen bildet ein Überblick über sozial-, kommunikations- und vor allem kulturwissenschaftliche Ansätze und Methoden der Bildanalyse. Diese Ansätze werden an Visualisierungsstrategien der aktuellen

1 Im Folgenden wird die Schreibweise EUropa bzw. EUropäisch – in Anlehnung an die gebräuchliche Kennzeichnung der EU – dazu benutzt, um alle jene Textstellen, die sich auf die Europäische Union beziehen, von den Referenzen auf Europa im Allgemeinen oder in einem anderen Sinn zu unterscheiden.

EUropäischen Politik auf ihre Anwendbarkeit für eine Analyse politischer Bilder hin erprobt und anhand der Referenz visueller Motive zu politischen Themenfeldern dargestellt.

EUropäische Politik erscheint auch wegen des allseits konstatierten Defizits einer Visualisierung EUropas als besonders geeignetes Feld für die Weiterentwicklung von Konzepten und Fragestellungen der politischen Bildanalyse – steht doch dem vielfach thematisierten Imagedefizit der EU eine sprichwörtliche ›Flut‹ von Bildern, die EUropäische Politik illustrieren sollen, gegenüber.

Der Band ist vor diesem Hintergrund auf den transdisziplinären Themenschwerpunkt der politischen Kommunikation sowie auf die sozial- bzw. politikwissenschaftliche Methodenlehre ausgerichtet und soll einen aktuellen Beitrag zur Erschließung des Bereichs der Bildanalyse für Sozialwissenschafter/innen leisten. In der Politikwissenschaft war die Beschäftigung mit der visuellen politischen Kommunikation lange ein Randphänomen. Nach wie vor hat sie trotz einiger weniger Grundlagenwerke (vgl. etwa Dörner 2001, Drexel 2005, Meyer/Kampmann 1998, Müller 2003, Öhner et al. 2005, Sarcinelli 1998) keinen übergreifenden Ansatz zur Analyse visueller Politik entwickelt. Eine Spezialisierung auf die EUropapolitische Ebene wurde trotz zunehmender Bedeutung der EU bisher nicht ausreichend geleistet. Ein einführendes Werk für die Analyse politischer EUropabilder und visueller EUropapolitik fehlt bislang: *EUropäische Bildpolitiken* versteht sich als ein Schritt in diese Richtung.

Durch die Analyse von anschaulichem, zum Teil farbigem Bildmaterial aus ausgewählten Themenbereichen aktueller EU-Politik und aus historischen Kontexten soll deutlich werden, dass aktuell kursierende politische Bilder nicht nur im Kontext anderer zeitgenössischer Bilder zu deuten sind, sondern auch in einem Verweiszusammenhang mit jeweils vorhergegangenen, in einem europäischen Bildgedächtnis archivierten Bildern – hier so genannten *Vorbildern* – ›gelesen‹ werden können.

Der Materialkorpus, aus dem die im Folgenden analysierten Bilder und Symbole stammen, kann zum einen durch einen Fokus auf die EUropapolitische Ebene (EU-Beitrittskampagnen, Wahlen zum Europäischen Parlament, Ratspräsidentschaften, Verfassungsdiskussion, Selbstdarstellung der EU und ihrer Institutionen) charakterisiert werden. Zum anderen speist er sich vorrangig aus Materialien der politischen Werbung in ihren vielfältigen Erscheinungsformen. Plakate, Poster, Flyer, E-Cards und Internetpräsentationen werden herangezogen und mit ausgewählten Bildmotiven der *Vorbilder*, auf die sie jeweils verweisen, in einen Interpretationszusammenhang gestellt.

Erwähnung muss in diesem Zusammenhang auch die flüchtige Präsenz politischer Bilder im öffentlichen Raum finden – trotz vereinzelter Anstrengungen zu deren Archivierung (vgl. Drechsel 2005 und 2006).[2] Politische Institutionen und Akteure/Akteurinnen selbst dokumentieren und archivieren ihre visuelle Selbstdarstellung nur lückenhaft: Deren Wiedergabe weist deshalb, aufgrund mangelnder Qualität der verfügbaren Bilder, auch in diesem Band mitunter Mängel auf.

Damit scheint die Absicht einer fortlaufenden Korrektur des eigenen Images verbunden: So finden sich etwa im Audiovisuellen Archiv der EU-Kommission keine Spuren der Aufnahmen von der feierlichen Ratifizierung des EU-Verfassungsentwurfs in Rom durch den Europäischen Rat mehr seit dem Beschluss des Vertrags von Lissabon. Derartige Image-Korrekturen durch das Verbannen von Bildern aus dem öffentlichen Raum lassen jene allerorts in der politischen Öffentlichkeit geübten Bekenntnisse, die mit dem Adjektiv ›historisch‹ beginnen, fragwürdig erscheinen und behindern nicht bloß die öffentliche Reflexion politischer Entwicklungen, sondern vielmehr noch die Selbstreflexivität der Politik.

Die Idee zu diesem Buch entstand aus dem Projekt ›Public Construction of Europe‹, das im Rahmen des Forschungsschwerpunkts ›New Orientations for Democracy in Europe/NODE‹ durchgeführt wurde. Unser Dank gilt daher der Abteilung Gesellschaftsbezogene Forschung des Österreichischen Bundesministeriums für Wissenschaft und Forschung, allen voran Martina Hartl und Else Rieger, die den Projektschwerpunkt betreut haben. Herzlich danken möchten wir auch Peter Stachel für seine Anregungen bei der Fertigstellung des Manuskripts, dem Wiener Universitätsverlag facultas.wuv, insbesondere Sabine Kruse und Sandra Illibauer-Aichinger, für die Unterstützung und Kooperation, die die Entstehung des Bandes ermöglicht hat, und Martin Tiefenthaler für Layout und grafische Gestaltung.

Petra Bernhardt/Leila Hadj-Abdou/Karin Liebhart/Andreas Pribersky
Wien, August 2008

2 Vgl. etwa http://ec.europa.eu/avservices/download/; http://brandsoftheworld.com; http://www.archive.org/web/web.php; http://www.europarchive.org/; http://www.onb.at/; http://www.fes.de/archiv/spiegelung/default.htm; http://www.bildarchivaustria.at; http://www.mydoox.com/q,archive_internet.

1 Politische Repräsentationen: Die Sichtbarkeit des Unsichtbaren

Die Frage der *Sichtbarkeit* von Politik und ihrer Repräsentanten und Repräsentantinnen gilt – außer für geheim gehaltene Bereiche – insbesondere im so genannten massenmedialen Zeitalter als zentrales Anliegen. Den im Feld des Politischen Tätigen ebenso wie jenen, die ihr Handeln beobachten, kommentieren und analysieren, erscheint ein Mangel an Wahrnehmbarkeit jenem an Wirksamkeit gleichzukommen, und somit ihre politische Existenz in Frage zu stellen. Als (An)Forderung einer ›massenmedialen Präsenz‹ von Politik ist dieser Umstand Allgemeingut, wobei häufig nicht mitgedacht wird, dass die elektronischen, aber auch die Printmedien Bildmedien sind.

Wenn Politik aber *gesehen* werden muss, um wirksam zu werden bzw. öffentliches *Ansehen* zu erringen, sollte die Frage nach dem, was wir von Politik zu sehen bekommen, sich geradezu aufdrängen. Politische Bilder müssten demnach zentrale Elemente in der öffentlichen Diskussion ebenso wie in der Analyse des politischen Feldes sein. Dass die (Re)Präsentation politischer Bilder, besonders der Ritualformen der zeitgenössischen Demokratie, dennoch kaum ins explizite Bewusstsein der Betrachter/innen dringt bzw. deren ungeteilte Aufmerksamkeit findet, mag auch an ihrer Gleichförmigkeit liegen. Die ständige Wiederholung von Bildern einer im Grunde beschränkten protokollarischen Formensprache – Begrüßung und ›Empfang‹, Sitzung, (Gipfel)Gespräch, Pressekonferenz, Verabschiedung, ergänzt durch ebenso formalisierte Begegnungen mit ›der‹ Bevölkerung –, in deren Kontext Akteure und Akteurinnen sowie Schauplätze beinahe austauschbar erscheinen, legt eine nachlässige Betrachtung nahe. Diese wird meist nur von Ausbrüchen aus politischen Alltagsbildern, wie Protest und Gewalt, unterbrochen.

Derartige Nachlässigkeit übersieht aber eine wesentliche Funktion, die Bildern jedenfalls seit der Entwicklung der fotografischen Reproduktionstechniken beigemessen wird – den von Roland Barthes (1980) so genannten ›Realitätseffekt‹. Fotografische Aufnahmen ebenso wie in deren Folge TV- oder Videoaufzeichnungen von (politischen) Ereignissen dienen nicht nur der Vermittlung, sie verbürgen vor allem auch die Authentizität des Ereignisses bzw. seiner Präsentation. Mit fotografischen Repräsentations-Techniken wurde vom Beginn ihrer Entwicklung an die Erwartung einer ›objektiven‹ Wiedergabe verbunden, ein Anspruch, der nicht zuletzt auch Begriffe bzw. Entwicklungen wie die einer ›dokumentarischen Fotografie‹ und in der Folge des ›Dokumentarfilms‹ geprägt haben.

Die Erwartung, die mit diesen Herstellungs- und Vervielfältigungstechniken an die Bild-Präsentation geknüpft wird, ist die eines höheren Grades an Authentizität bzw. verbürgter Wahrhaftigkeit, als sie dem Text alleine zugestanden wird. Fotografische und filmische Repräsentationen können den Status eines Dokuments erlangen, ohne den dafür etwa in der Geschichtsschreibung oder im Verwaltungsprozess vorgesehenen Regeln zu unterliegen. Der Fotografie kommt vom Beginn ihres Einsatzes in der (politischen) Presseberichterstattung an eine dokumentarische Funktion zu, aufgrund derer fotografische und andere Bild-Dokumente auch einen Platz als zeitgeschichtliche Quellen einnehmen: Die Annahme einer getreuen Wiedergabe von Wirklichkeit bleibt teils unhinterfragt (vgl. Burke 2003, 23f.).

Der mediale Einsatz der Fotografie in der politischen Berichterstattung und vergleichbaren Feldern der Repräsentation (dies gilt in der Folge auch für den Dokumentarfilm und die Präsentationstechniken der elektronischen Massenmedien, wie zunächst des Fernsehens) bedeutet damit eine grundlegende Veränderung im Verhältnis von Text und Bild in der Darstellung von Ereignissen und Personen des öffentlichen Lebens. Bilder dienen aufgrund ihres ›Realitätseffekts‹ nicht mehr bloß der Illustration eines Textes, mit der Verbreitung der Pressefotografie erhalten sie eine dem Text gleichrangige Bedeutung (vgl. Barthes 1980). In vielen Beispielen ihres medialen Gebrauchs sind es die Bilder, die nicht bloß den Blick der Rezipienten und Rezipientinnen als so genannte *eye catcher* auf sich ziehen, sondern den Rahmen, also den Erwartungshorizont bzw. Kontext für die (Be)Deutung der damit verbundenen Texte vorgeben.

Damit dieser *Bedeutungstransfer* medialer Bilder und ihre Deutung auch ohne vermittelnde Texte funktionieren, bedarf es offenbar kultureller und/oder sozialer Konventionen, die Betrachtern und Betrachterinnen der Bilder erlauben, das Gesehene zu decodieren – vielfach auch ohne größere Umwege oder Anstrengungen. Diese Annahme, ohne die eine oftmals beiläufige Wahrnehmung von Abbildungen im öffentlichen Raum (Plakate, TV, Werbung etc.) nur schwer nachzuvollziehen wäre, führt zu der eines *Bildgedächtnisses*, das die (politische) Ikonografie oder Ikonologie zum Ausgangspunkt ihrer Bildanalysetechniken und -methoden nimmt. Bilder können nicht allein in ihrem Verhältnis zu den damit verbundenen Texten decodiert werden, sie verweisen zugleich auch auf andere Bilder. In Bezug auf diese *Vorbilder* werden sie entworfen und können auch entsprechend gedeutet werden (vgl. Warnke 1994).

Am deutlichsten wird dieser ›unvermittelte‹ Zugang an mehr oder weniger rasch decodierbaren/decodierten Bildern, so genannten *Schlagbildern*[3], die einen Teil der zeitgenössischen Kommunikation, insbesondere der kommerziellen, aber auch der politischen Werbung ausmachen. Wie schon die Formulierung des Begriffs nahelegt, sollen damit jene im öffentlichen Raum ›ausgestellten‹ Bilder bezeichnet werden, die den ›[Gedächtnis]Bildern im Kopf, den imaginierten und virtuellen Bildern [...] dicht auf den Fersen‹ sind (Diers 1997, 9) und deren Deutung sich den Betrachtern und Betrachterinnen wie mit einem Schlag erschließt. Aktuelle Werbestrategien mit dem Ziel eines ›spontanen‹ (Wieder)Erkennens von Produkten im Sinne des Branding versuchen sich dieses ›Kurzschlusses‹ zu bedienen, der das ausgestellte Bild mit einem erinnerten unmittelbar zur Deckung bringt.

Schlagbilder erfassen freilich nicht den gesamten Bereich der Politischen Ikonografie. Vor allem die Repräsentation politischer Macht- und Herrschaftsansprüche sowie entsprechender Institutionen oder Personen tendiert schon aufgrund ihres Anspruchs auf Dauer dazu, etwas an unvermittelter Verständlichkeit zugunsten symbolisch verbürgter Traditionen aufzugeben (vgl. Burke 2003, 68 ff.). Die Darstellungen und Bilder politischer Macht vertrauen für ihre (Wieder)Erkennbarkeit auf – nur wenig variierte – Traditionen politischer Repräsentation, also auf eingeführte Rituale, wie sie Regierenden, Diplomatie und Verwaltung seit Jahrhunderten zur Verfügung stehen. In diesem Zusammenhang gewinnen die oben angesprochenen ›Sehgewohnheiten‹, welche die Wahrnehmung ritualisierter Elemente der Politik prägen, einen ihnen eigentümlichen Bedeutungszusammenhang: Dieser versichert die Betrachter/innen als Bürger/innen der Kontinuität und Stabilität ihrer politischen Repräsentation, und damit eines Teils ihrer Lebenszusammenhänge – ebenso, wie dies Sehgewohnheiten in anderen, alltäglichen Lebensvollzügen zu leisten vermögen (vgl. Gombrich 1979).

Die Wahrnehmbarkeit dessen, was wir von Politik zu sehen bekommen, fällt deshalb nicht mit ›objektiven‹ Abbildungen von Ereignissen oder Personen zusammen, sie erfordert den Bezug auf ein weiteres, quasi verborgenes Referenzsystem der Bilder (vgl. Burke 2003, 24), das den Blick auf jene Regeln freigibt, die Bilder bzw. Bildfolgen in unserer unmittelbaren Ansicht strukturieren. Sichtbar werden politische Bilder in diesem Sinne erst infolge einer Rekonstruktion, die jene der Gestaltung des wahrgenommenen Bildes inhärenten Perspektiven oder Regeln ebenso wie deren Kontext dem Blick der Betrachter/innen vermittelt.

Als Gestaltung dürfen in diesem Zusammenhang nicht bloß Entwurf und Umsetzung eines sozusagen ›virtuellen‹ Bildes aus dem imaginären Auge der jeweiligen Gestalter/innen verstanden werden, wie sie künstlerischen Bildtechniken und deren Verstehen unterlegt werden. In seiner Auseinandersetzung mit der Pressefotografie hat Roland Barthes (1980) an einer Reihe weltberühmter Pressefotos mit Nachdruck gerade auf die Rolle eines ›zufälligen Zusammentreffens von Gegenständen‹

3 Zur Definition und Funktionsweise von *Schlagbildern* vgl. S. 39 f. im vorliegenden Band.

in einem Bild für dessen Wirksamkeit hingewiesen – etwa beim Zusammentreffen von Soldaten und Nonnen in einer Reportage über den Bürgerkrieg in Nicaragua (siehe Abb. 1).

Abb.1: Nicaragua. Die Armee patroulliert in den Straßen, 1979.

Gerade auch d(ies)er offenkundige ›Schnappschuss‹ vermag – in Barthes' Bildbeispiel als Gegensatz von Krieg und Frieden – in der Präsentation politischer Zusammenhänge offenbar jenen Bedeutungs*punkt* bzw. -akzent unvermittelt zu setzen, der die Berichterstattung zu einem Thema über das Bildmedium kontextualisiert.

Politische Pressefotos und folgende Bildberichtstechniken (er)fordern deshalb laut Barthes (1980) ebenso eine *Lektüre* wie die Texte, die sie begleiten: Die Bilder müssen *gelesen* werden und werden dies auch in dem Maße, in dem sie für die Rezipienten und Rezipientinnen decodierbar bzw. (re)kon*text*ualisierbar sind.

Unter zeitweiliger Vernachlässigung der Frage, inwieweit die Decodierung d(ies)er Bilder dem Prozess der Lektüre, also des Lesens von Texten im wörtlichen Sinn entspricht oder eigenen, genuinen Regeln der visuellen Wahrnehmung, wie sie die (politische) Ikonografie zu rekonstruieren versucht, soll hier an eine weitere Beobachtung Barthes' angeknüpft werden. Diese schien bereits Walter Benjamin (1968) in seiner Analyse des Kunstwerks ›im Zeitalter seiner technischen Reproduzierbarkeit‹ von zentraler Bedeutung: Beide konstatieren einen Sturz der bis zum Einsatz der Fotografie wirksamen ›Herrschaft‹ des Textes über das Bild in der Repräsentation von (politischer) Öffentlichkeit, den auch das obige Bildbeispiel exemplarisch belegt. Barthes und Benjamin knüpfen daran die Frage nach den Strukturen der visuellen Repräsentation dieser Öffentlichkeit unter derart veränderten Bedingungen ihrer Wahrnehmung. Dieser Frage geht auch der vorliegende Band im Bereich der EUropäischen Politik und ihrer Repräsentationen nach.

1.1 Iconic turn in den Politikwissenschaften?

Vergegenwärtigt man sich die zeitliche Distanz zu dem oben angesprochenen theoretisch-methodischen Ausgangspunkt Benjamins und zur Entwicklung der ikonografischen Analysen in der Zwischenkriegszeit oder selbst zu den Barth'schen Interpretationsansätzen der 1970er- und frühen 1980er-Jahre, liegt die Vermutung nahe, dass zwischen der Formulierung der Frage nach der Bedeutung und Wirkung moderner Bildkommunikation und dem Versuch, diese Frage für das Untersuchungsfeld der visuellen Politik weiterzuentwickeln, ganze Bibliotheken von einschlägigen Publikationen zu durchmessen sein müssten. Demgegenüber erscheinen die vorliegenden Untersuchungen, deren Entwicklung im Folgenden skizziert wird, überschaubar und auch gut dokumentiert. Nachgegangen werden soll hier – als Referenzrahmen für diesen Band – deshalb nicht bloß den theoretischen und methodischen Ansätzen zu einer politischen Bildanalyse. Anhand ihrer Entwicklung drängt sich auch die Frage auf, weshalb in den Politikwissenschaften von einer bildanalytischen Perspektive als Fehlstelle bei der Untersuchung unterschiedlicher Politikfelder – zum Beispiel von Wahlkämpfen oder politischen Images – zwar häufig die Rede ist, jedoch auf einen Iconic turn der Disziplin, wie er etwa für die Kulturwissenschaften mit einiger Berechtigung angenommen wird, bislang nur wenig hindeutet: ›Einigkeit besteht in der Politischen Wissenschaft offenbar nur darin, daß es sich bei den visuellen Erscheinungsformen politischen Willens um einen eher suspekten, irrationalen, sinnlich gesteuerten und deshalb unkontrollierbaren Impuls handelt, der eigentlich im politischen Geschäft nichts zu suchen habe, weil sinnliche Erkenntnis nicht wahrheitsfähig ist. Wenn die Meinung darüber eine andere wäre, dann hätte die Politische Wissenschaft diese Phänomene nicht ignoriert‹ (Warnke 1994, 177). Dass diese über ein Jahrzehnt zurückliegende Feststellung des Kunsthistorikers Martin Warnke – der mit einigem Recht als ein Begründer der Politischen Ikonografie bezeichnet werden kann – auch heute noch Gültigkeit besitzt, soll der folgende Überblick über den aktuellen Diskussionsstand, vor allem über die methodische Grenzziehung der Politologie gegenüber bild- und kulturwissenschaftlichen Ansätzen, zeigen.

Im deutschen Sprachraum ist erst vor einigen Jahren ein Sammelband erschienen, der versucht, die Politikwissenschaften in eine kulturwissenschaftliche Perspektive zu stellen: In *Politikwissenschaft als Kulturwissenschaft* (Schwelling 2004) wird die Diskussion einer ganzen Reihe von Fragestellungen und Methoden der vergangenen Jahrzehnte kulturwissenschaftlicher Entwicklung aufgegriffen, die für politikwissenschaftliche Themen und Untersuchungsfelder von Relevanz sind bzw. zu deren Weiterentwicklung beitragen könnten – darunter das Feld der ›Visualisierungen‹ von Politik (ebd., 309–372). Der Überblick, den der Band vermittelt, spannt darüber hinaus einen Bogen potenzieller Untersuchungsfelder für den Rückgriff auf kulturwissenschaftliche Ansätze in der Politikwissenschaft, der sich von der

Diskursanalyse über Symbole, politische Identität und Politische Kultur erstreckt. Die breit gefächerte Auswahl rührt auch daher, dass der in der programmatischen Absicht zusammengestellte Überblick, einen Cultural turn auch in den Politikwissenschaften einzuleiten, einen im Vergleich zu anderen Disziplinen nachholenden Versuch darstellt. Der Blick von innen auf die diesbezüglichen Entwicklungen des Faches führt auch heute zu einem vergleichbaren Urteil wie Warnkes oben zitiertem: ›Verglichen mit Fächern wie beispielsweise der Geschichtswissenschaft oder der Soziologie, reagierte die deutschsprachige Politikwissenschaft eher zögerlich auf den skizzierten Trend‹ (Schwelling 2004, 11) in Richtung kulturwissenschaftlicher, inklusive bildanalytischer Ansätze.

Das Forschungsfeld der Politischen Kultur[4] – mittlerweile allgemein als ein genuin politikwissenschaftliches Themenfeld akzeptiert – eignet sich aufgrund seiner Entwicklung seit den späten 1950er-Jahren als integraler Teil von Politikwissenschaft vermutlich am besten, um Muster dieser ›zögerlichen‹ Rezeption zu verdeutlichen. Damit können vielleicht auch jene Aspekte eines politologischen Kulturbegriffs hervorgehoben werden, aufgrund derer kulturwissenschaftliche Ansätze bislang eher als Randerscheinungen der Disziplin auftreten (vgl. etwa Horak/Spitaler 2002, Rossade et al. 2002) – und das nicht nur im deutschen Sprachraum. Ausgehend von der Frage, was in der Politikwissenschaft unter (Politischer) Kultur verstanden wird, kann auch der aktuelle disziplinäre Diskussionsstand über die Bedeutung und Funktion, die visueller Politik beigemessen wird, genauer verortet werden.

Im Rahmen dieser Untersuchung von Bildpolitiken soll freilich kein Versuch einer zusammenfassenden Diskussion der Politischen Kulturforschung unternommen werden. Dieser scheint auch nicht notwendig: Die von Gabriel A. Almond und Sydney Verba (1963, 1989) formulierten Grundlagen der Politischen Kultur(Forschung), die aktuellen Untersuchungen nach wie vor als Referenzrahmen dienen, waren bereits wiederholt einer umfassenden kritischen Diskussion ausgesetzt.[5] Einen zentralen Stellenwert in diesen Versuchen einer ›Revision‹ der Politischen Kulturforschung nimmt dabei zweifellos der politikwissenschaftliche Versuch ein, dieses Forschungsfeld zu restrukturieren: In ihrer *Cultural Theory* (1990) haben Michael Thompson, Robert Ellis und Aaron Wildavsky über eine kritische Neudeutung der Ergebnisse der Studien von Almond und Verba hinaus auch den zugrunde liegenden Kulturbegriff eingehend diskutiert. Für die folgende politologische Auseinandersetzung mit kulturwissenschaftlichen Ansätzen erscheinen zumindest zwei der dabei entwickelten Kritikpunkte an der Begrifflichkeit der Politischen Kultur bemerkens-

4 Schwelling (2004, 11) weist ebenfalls darauf hin, dass die ›Politische Kulturforschung‹ als ›Einstellungsforschung‹ bzw. Meinungsforschung anderen Kulturbegriffen sozusagen im Wege steht.

5 Postmoderne Politische Kultur: Gibbins, John R. (ed.) (1989): Contemporary Political Culture. Politics in a Postmodern Age. London (Gibbins, John R.: Introduction, 1–30) sowie Inglehart, Ronald (2000): Culture and Democracy. In: Harrison, Lawrence E./Huntington, Samuel P. (eds.): Culture Matters. How Values Shape Human Progress. New York, 80–97.

wert: zum einen die Kritik an Almond/Verbas Annahme relativ stabiler Merkmale, die eine im Wesentlichen national bestimmte Kulturgruppe charakterisieren und von anderen Nationen unterscheiden sollen, zum anderen die Kritik an der adäquaten Repräsentation dieser Merkmale in den explizit geäußerten Einstellungen und Meinungen ihrer Träger/innen.

Diese in mittlerweile fragwürdig gewordenen anthropologischen Theorien fundierten Grundannahmen (vgl. Edgerton 2000) schließen eine Reihe von Phänomenen aus, die in kulturwissenschaftlichen Analysen einen zentralen Stellenwert einnehmen (können): unter anderem Ambivalenz (anstelle von Eindeutigkeit) bzw. mehrfache Konnotation kultureller Zugehörigkeiten und Bedeutungen (diesen entspricht im Feld des Visuellen die Polysemie, die Mehrdeutigkeit von Bildern) oder auch die Widersprüchlichkeit und Kontextabhängigkeit von Einstellungen. Für die Bildanalyse von besonderer Bedeutung ist nicht zuletzt die explizite Zuweisung eines untergeordneten Stellenwertes materieller Repräsentationen von Kultur und damit aller Bildformen gegenüber verbalen Äußerungen.

In den Publikationen des US-Politologen Aaron Wildavsky (vgl. etwa 1994) wird diese Perspektive in einer durchgehenden Kritik an einem die Politikwissenschaft dominierenden Rational Choice Modell in Frage gestellt. Wildavskys Arbeiten seit den 1980er-Jahren stellen wohl den im Fach meistbeachteten Versuch dar, die impliziten Annahmen der Politikwissenschaft über Kultur einer interdisziplinären, kritischen Diskussion zu unterziehen: Im politikwissenschaftlichen Erkenntnismodell werden laut Wildavsky politische Entscheidungs- und Wahlprozesse in der Regel auf Beweggründe zurückführt, die als rationale Entscheidungen zumindest rekonstruierbar sind. In diesem Modell werden politische Entwicklungen als schlüssige Folge von relativ konstanten Interessenlagen, Überzeugungen (›Werthaltungen‹) und daraus resultierenden Einstellungen ihrer Träger/innengruppen dargestellt. Als Konsequenz dieser Perspektive, die bestehende Rahmenbedingungen auch auf zukünftige Tendenzen projiziert, werden Momente eines politischen Paradigmenwechsels in der Regel ›übersehen‹. Wildavsky beschrieb diese Momente zusammen mit der Anthropologin Mary Douglas (1983) am Beispiel des Entstehens der Umweltpolitik als neuem Politikfeld. Der deutsche Politologe Klaus von Beyme (1994, 328f.) hielt aus einer ähnlichen Perspektive der Osteuropaforschung das Nichtvorhersehen des Systemwechsels von 1989 und von dessen Folgen vor.

Wildavskys Kritik blieb für die weitere Entwicklung insbesondere der deutschsprachigen Politischen Kulturforschung lange Zeit mehr oder weniger folgenlos. Erst in der aktuellen Diskussion wurde erneut der Versuch unternommen, einen kulturwissenschaftlichen Zugang zum politischen Feld zu definieren: Auch der methodische Ansatz des vorliegenden Bandes ist daran, und nicht an der ›traditionellen‹ Politischen Kulturforschung orientiert, also an konkreten Problemstellungen, die mit kulturwissenschaftlichen Kategorien analysiert werden (vgl. Schwelling 2004, 22).

Das von Wildavsky rekonstruierte ›rationale‹ Paradigma, in dessen oft unausgesprochenem Rahmen Politikwissenschaft betrieben wird, vermag auch eine plausible Erklärung für die Vermeidung jener wissenschaftlichen turns bereitzustellen, die dem Iconic turn vorausgingen. Bereits der Linguistic turn der 1960er- und 1970er-Jahre, der die Übernahme und Weiterentwicklung sprachwissenschaftlicher Methoden in den Sozial- und Kulturwissenschaften bezeichnete, scheint aufgrund des Infragestellens der ›Eindimensionalität‹, in der politische Texte in der politikwissenschaftlichen Analyse großteils repräsentiert, das heißt einfach wörtlich genommen werden, mit einer prominenten Ausnahme wenig Beachtung gefunden zu haben: In seiner Studie über *Politik als Ritual* (1990), deren amerikanische Ausgabe bereits 1976 erschien, versuchte der US-Politikwissenschafter Murray Edelman politische Rollenbilder (etwa Regierung und Opposition) und Kontexte (wie Bürokratie, politische Versammlung, Debatte etc.) über die dafür charakteristischen ›Sprachspiele‹ zu rekonstruieren. Seine daraus entwickelte These, politischer Erfolg sei überwiegend von der Darstellung, und nicht so sehr vom Inhalt der politischen Botschaften abhängig, kann als stehende Redewendung in zahllosen politischen wie politologischen Analysen nachgelesen werden – allerdings ›befreit‹ von ihrem methodologischen Hintergrund. Folgerichtig wird ein sprachanalytischer Ansatz zur Untersuchung politischer Texte bei Schwelling (2004) in seiner Weiterentwicklung zur Diskursanalyse erneut als potenzielle methodische Innovation vorgestellt.

Bereits Edelman eröffnete auch die Perspektive eines möglichen Cultural turn für die Politikwissenschaft: im zitierten Band durch den zentralen Stellenwert, den er einer symbolischen (Repräsentation von) Politik zuschreibt, und mehr noch in seinem nachfolgenden Buch *The Political Spectacle* (1988), das die Inszenierung von Politik als Zentrum politischer Prozesse darstellt. Mit diesen Arbeiten kann Edelman vermutlich als der einzige politikwissenschaftliche Repräsentant eines Übergangs vom Linguistic turn zu dem in den 1980er-Jahren folgenden Cultural turn gelten, der zunächst im Wesentlichen als daran anknüpfender Interpretative turn entworfen wurde: als Modell einer Lesbarkeit von kulturellen Phänomenen als Text (vgl. Bachmann-Medick 2006, 349), wie sie auch in den eingangs skizzierten Arbeiten Roland Barthes' konzipiert wurde. Es erscheint aufgrund der Vernachlässigung der Edelman'schen Methode – ebenso wie vergleichbarer Ansätze aus der Soziolinguistik oder der soziologischen Sprachanalyse – nur schlüssig, dass auch dieser turn in der Politikwissenschaft keine ›Wurzeln schlagen‹ konnte.

Von dem als Gegenbewegung zu einer von decodierbaren Zeichen dominierten Welt interpretierbaren Iconic turn (vgl. ebd., 350) hat die Politikwissenschaft daher ebenso wenig Notiz genommen. Die Wende von der Fokussierung auf die Textualität von Kultur zur Wahrnehmung ihrer Bildhaftigkeit als Gegenstand der Analyse wie als Mittel der Erkenntnis hat in dieser Disziplin kaum Spuren hinterlassen. Insbesondere die Annahme einer eigenständigen Kommunikationsstruktur mittels Bilder – obwohl im Alltag etwa in der Benutzung internationaler Flughäfen ebenso wie der elektronischen Massenmedien erlebbar – steht in direkter Opposition nicht allein zu den ausformulierten Grundlagen Politischer Kultur, sondern insgesamt zu dem oft bloß mitüberlieferten Paradigma der Rationalität politischer Prozesse.

Dies wird insbesondere auch an der Mehrzahl jener Untersuchungen deutlich, in denen die Analyse kultureller und/oder visueller Elemente von Politik als Fehlstelle benannt und aufgegriffen wird. Exemplarisch sei hier vorerst nur auf die Kultur- oder ›Ideologie‹-Kritik des deutschen Politologen Thomas Meyer (1993, vgl. auch Meyer/Kampmann 1998) verwiesen, mit der dieser der Beobachtung einer zunehmenden Inszenierung symbolischer Politik, und damit zugleich der zunehmenden Bedeutung visueller Politik begegnet: Meyers erklärte Absicht ist – im Gegensatz zu Edelman – die Reduktion der Bedeutung politischer Inszenierungen durch ihre analytische Durchdringung, um rationale politische Prozesse und damit die ›wahren‹ Interessenlagen wieder in ihr Recht zu setzen.

Aber – und diese Fragestellung wird sich wie ein roter Faden durch den vorliegenden Band ziehen – hat diese Rationalität jemals als Grundlage politischer Entscheidungsprozesse funktioniert? Deren Annahme als Referenzrahmen im politikwissenschaftlichen Argumentationszusammenhang, die meist in ahistorischen, also atopischen Bezügen begründet wird, kontrastiert mit dem historischen ebenso wie mit dem kunstgeschichtlichen Diskussionsstand zum Thema visuelle Politik: ein Kontrast, der im Folgenden nicht bloß theoretisch, sondern vor allem in der Analyse der untersuchten politischen Bilder konkretisiert werden soll.

Trotz des Misstrauens gegenüber diesen ›sinnlichen‹ (Warnke 1994, 177) Elementen politischer Prozesse und vor allem der öffentlichen (Re)Präsentation von Politik kommt inzwischen keine Wahlanalyse (vgl. etwa Plasser/Ulram 2004) ohne den bereits erwähnten Hinweis auf den Einfluss der Präsenz und Präsentation der Spitzenkandidaten und -kandidatinnen in den elektronischen Massenmedien aus. In der Regel geschieht dies jedoch, ohne die dabei eingesetzten medialen Präsentationsformen selbst mit zu untersuchen; ohne die Feststellung, dass die Auftritte der Spitzenpolitiker/innen in eine Inszenierung eingebettet sind, in der ihrem Bild in diesen Medien ein zentraler Stellenwert beigemessen wird. Dass diese Bilder nicht allein dem so genannten Charisma der politischen Akteure und Akteurinnen überlassen bleiben, sondern einen zentralen Bestandteil von Kommunikationsstrategien als Teil (erfolgreicher) politischer Strategien bilden, ist ebenfalls ein generell zur Kenntnis genommenes, aber kaum untersuchtes Phänomen. Wenig thematisiert wird auch, dass die zentralen Botschaften politischer Kampagnen nicht bloß auf der Textebene, sondern ebenso auf der Bildebene vermittelt werden: Dies gilt über die oftmals dominierende Darstellung der Spitzenkandidaten und -kandidatinnen hinaus auch für die Kampagne-Themen, die als Bildsujets in Plakaten und Werbespots ebenso auftauchen wie als Schauplätze der politischen Inszenierung, und deren Einsatz nicht nur die Aufmerksamkeit, sondern zugleich einen Referenzrahmen für diese Botschaften herstellen soll.

Bevor im Folgenden versucht wird, die wenigen im Fach Politikwissenschaft selbst unternommenen Analysen visueller Politik (und Beiträge wie die erwähnte Entwicklung einer Politischen Ikonografie aus der Kunstgeschichte, der Cultural Studies oder aus einer Reflexion der Bedeutung von Bilddokumenten für den Entwurf von Geschichte) als Ausgangspunkt zusammenzufassen, scheint ein genauerer Blick auf die aktuelle Diskussion jener Bereiche angebracht, zu deren Untersuchung auch in der Politikwissenschaft eine Bildanalyse zumindest ›erwünscht‹ scheint: Im Folgenden werden deshalb der aktuelle Diskussionsstand zur Untersuchung politischer Kampagnen und – in Hinblick auf Konstruktion und Kommunikation politischer Images – die Ansätze und Kommunikationstechniken der Prägung so genannter (Marken)Brands zur genaueren Bestimmung des Kontextes der folgenden Bildanalysen dargestellt.

1.2 Politische Kommunikation, politische Werbung und Kampagnen: Strategien zur Gewinnung öffentlicher Aufmerksamkeit

Entscheidend ist nicht so sehr, was im Konferenzsaal, in Arbeitsgruppen und Plenardiskussionen stattfindet, sondern welcher Bild- und Redeausschnitt des Parteiführers in den abendlichen Fernsehnachrichten zu sehen sein wird. *Fritz Plasser/Franz Sommer 1991, 103*

Dem Motiv, Politik sichtbar zu machen, entspricht in jenen Disziplinen und Techniken, die sich mit den Strategien der öffentlichen Repräsentation von Politik und in der Folge mit deren Analyse auseinandersetzen, die zentrale Frage nach dem Erzielen massenmedialer Aufmerksamkeit. Auch die Politikwissenschaft bemisst erfolgreiche Politik und insbesondere politische Um- und Durchsetzungschancen, wie das Eingangszitat deutlich macht, zunehmend an deren medialer Verbreitung.

Die analytischen Zugänge zu den Fragen und Problemen, die von der Verbindung politischer Prozesse mit ihrer Darstellung ausgehen, erscheinen dabei ebenso vielfältig wie die Disziplinen und Praktiken – von Kampagne-Management und Werbung bis zur politischen Meinungsforschung –, die sich des meist als politische Kommunikation bezeichneten Phänomens annehmen.

Allen diesen Ansätzen ist gemeinsam, dass sie (vielfach unausgesprochen) eine Analyse jener elektronischen Massenmedien ins Zentrum der Diskussion stellen, die, wie das Fernsehen, überwiegend als visuelle Medien funktionieren. Im Folgenden werden deshalb zentrale Grundbegriffe und Modelle in Hinblick auf die Frage nach dem Beitrag dieser Ansätze zur Analyse visueller Politik zusammengefasst.

1.2.1 Politik als mediale Inszenierung

›Winken bis zum Ende der Musik‹ ist eine bekannt gewordene Anweisung der Regie an die Parteiführer Gerhard Schröder und Oscar Lafontaine für den SPD-Parteitag 1998 (vgl. http://www.nmz.de/taktlos/texte/0998hohmeyer.shtml): Politische Kommunikation und damit politische Inszenierungen sind inhärenter Bestandteil von Politik; überall dort, wo Öffentlichkeit eine Rolle spielt, sind sie von zentraler Bedeutung. Kollektiv verbindliche Entscheidungen müssen auch kommuniziert werden, so Burkhardt (2002). ›Herstellungspolitik‹ und ›Darstellungspolitik‹ sind zwei Seiten einer Medaille: Politik ist seit jeher von Darstellung und Visualisierung gekennzeichnet, ›[...] einen unschuldigen Naturzustand‹ gab es, wie Claus Leggewie (2000, 233) treffend bemerkte, ›nie‹.

In seiner bereits zitierten Untersuchung politischer Rituale beschrieb der US-Politikwissenschafter Murray Edelman schon 1976 das politische Feld als prinzipiell zweidimensional. Edelman geht davon aus, dass Politik einerseits eine *instrumentelle* Funktion hat und Folgen im Kampf um Güter, Dienstleistungen und Macht zeitigt, andererseits aber auch immer eine *expressive, symbolische* Funktion: Die Formen politischen Handelns implizieren immer auch eine Deutung ihrer selbst und der Gesellschaft als Ganzes. Diese symbolische Bedeutung und Wirkung politischer Handlungen kann unter Umständen völlig losgelöst von den tatsächlichen Auswirkungen sein: Damit würde die Aufmerksamkeit auf das politisch Imaginäre gelenkt, das Vorstellungswelten sinnhaft strukturiert.

Das Eingangsbeispiel des SPD-Parteitages wurde in Deutschland als viel zitierter Beleg dafür herangezogen, dass Politik mittlerweile vor allem als Inszenierung zu deuten sei. Verfolgt man öffentliche Auftritte von Politikern und Politikerinnen, so ist der dramaturgische, medialisierte Aspekt unübersehbar. Berichterstattungen an Wahlabenden werden von jubelnden Parteianhängern und -anhängerinnen in den jeweiligen Parteizentralen mit Applaus begleitet, sobald die Fernsehkameras auf Sendung gehen. Wahlkämpfe finden vermehrt auch in Talkshows statt. So genannte Elefantenrunden oder Konfrontationen der Spitzenkandidaten/-kandidatinnen gehören heutzutage unbestritten zum Repertoire eines ›spannenden‹ Wahlkampfes.

Dies hat seinen Niederschlag auch in der Forschung gefunden: Während politikwissenschaftliche Bildanalyse, wie bereits festgestellt, nach wie vor eine eher untergeordnete Rolle spielt, erfreut sich die politische Kommunikationsforschung steigender Beliebtheit. In einem EUropapolitischen Bezugsrahmen beschrieb etwa Hans-Jörg Trenz (2000, 333) die Dramatisierung von Politik auf EU-Ebene als an den Bedürfnissen und Erwartungshaltungen des Publikums ausgerichtete, ›symbolische Schaupolitik‹ mit appellativem und persuasivem Charakter.

Schlagwörter wie ›Politik als Spektakel‹ (Edelman 1988), ›Politainment‹ (Dörner 2001) oder ›Mediokratie‹ (Meyer 2001) gehören längst zum Alltagsvokabular politischer Kommentare. Zwar sind politische Kommunikation und politische Inszenierung keine Erfindungen des späten 20. Jahrhunderts, quantitativ und qualitativ sind dennoch Veränderungsprozesse zu beobachten.

Blumler/Kavanagh (1999) ordnen die aktuellen politischen Erscheinungsformen deshalb einer dritten Phase der politischen Kommunikation zu. Die erste Phase, die sie nach dem Zweiten Weltkrieg ansetzen, war parteiendominiert. Der Kommunikationsstil politischer Eliten folgte in dieser Phase traditionellen Mustern und bestand im Wesentlichen aus Ansprachen, Reden und schriftlichen Presseerklärungen. Die Beziehung zwischen Medien und Politik hatte tendenziell offiziösen Verlautbarungscharakter. In der zweiten Phase, die in den frühen 1960er-Jahren einsetzte, war bereits eine beginnende ›Dominanz‹ der Medien festzustellen. Die Ausbreitung des Fernsehens führte dazu, dass politische Eliten mehr und mehr eine neue, personalisierte Medienoptik akzeptieren mussten. In der gegenwärtigen dritten Phase ist von einer multimedialen Kanalvielfalt und Multiplizität politischer Nachrichten zu sprechen, was einen verschärften Wettbewerb um öffentliche Aufmerksamkeit mit sich bringt (vgl. Plasser 2004, 40). Dieses Phasenmodell ist um Heidrun Abromeits Beobachtung aus den frühen 1970er-Jahren zu ergänzen, die das Auftauchen von politischer Werbung mit dem Wandel von Honoratiorenparteien zu Massenparteien in Zusammenhang bringt: Der Anspruch, eine anonyme Wähler/innenschaft zu erreichen, machte in diesem Kontext die politische Werbung zum notwendigen Mittel politischer Eliten (vgl. Haunold/Omerzu 1999).

Während die Inszenierung von Politik selbst kein neuer Trend ist, stellt die intensivere Nutzung der Massenmedien als ›Transportmittel‹ durchaus eine aktuelle Erscheinung dar.

1.2.2 Politische Kommunikation als politologisches Analysefeld

In Anlehnung an Jarren/Sarcinelli/Saxer (1998) ist festzuhalten, dass nach wie vor kein disziplinenübergreifendes Verständnis von politischer Kommunikation existiert, vielmehr finden sich je nach Disziplin unterschiedliche Ansätze, was darunter zu verstehen sei.

Auch in politikwissenschaftlichen Analysen wird politische Kommunikation unterschiedlich gefasst: je nachdem, ob sie im Rahmen von Politik als Gestaltung (policy), Auseinandersetzung (politics) oder Ordnung (polity) beschrieben wird.

Politische Kommunikation im Bereich der Gestaltung gesellschaftlicher Verhältnisse wird primär als ein Instrument der Problemlösung angesehen. Symbolische Akte werden herangezogen, um Zustimmung für politische Vorhaben zu gewährleisten, bindende Entscheidungen durchzusetzen und zugleich Konflikte bei der Umsetzung möglichst zu reduzieren. Dafür wäre etwa das Erreichen einer mehrheitlichen Zustimmung in den Volksabstimmungen über den EU-Beitritt in den jeweiligen Staaten ein Beispiel. Das zentrale Instrument zur Durchsetzung sind hier Kampagnen, wie etwa die ungarische ›Igen!‹-Beitrittskampagne, aus der einige Sujets im vorliegenden Band analysiert werden. Je nach policy-Bereich kann politische Kommunikation unterschiedlich gestaltet sein. Es kommt darauf an, ob ein politisches Feld sehr öffentlichkeitsorientiert ist, ob sich die beteiligten Akteure und Akteurinnen als eher heterogen oder homogen verstehen und darstellen und inwiefern Politikgestaltung im konkreten Bereich auf Mitwirkung und Zustimmung der Bürger/innen angewiesen ist (vgl. Vowe 2002, 24).

Im Rahmen von politics, also im Prozess der Auseinandersetzung zwischen politischen Akteuren und Akteurinnen, spielt politische Kommunikation vor allem bei der Platzierung eines Themas auf der politischen Agenda eine besondere Rolle. Die an diesem Prozess Beteiligten konkurrieren um die knappe Ressource Aufmerksamkeit und darum, ihr Thema durchzusetzen (vgl. Plasser/Ulram 2004, Vowe 2002, 25 ff.).

Der zentrale Schauplatz politischer Kommunikation ist sicherlich der Wahlkampf (vgl. Machnig 2002). Versteht man Wahlkämpfe in Anlehnung an Andreas Dörner (2002) als ein für repräsentative Demokratien konstitutives Ritual, das den ›demokratischen Mythos‹[6], also den Glauben der Bürger/innen an ihre Mitbestimmungsmöglichkeiten (re)produziert, verweist dieser Aspekt von politischer Kommunikation auf den Bereich der polity: Politische Kommunikation bildet hier eine wesentliche Voraussetzung legitimer politischer Ordnung, beeinflusst die Identifikation mit dem politischen System und fördert ein Bewusstsein der Wirksamkeit individuellen politischen Handelns (vgl. Vowe 2002, 27 ff.). Wahlkampagnen stehen unter dem Einfluss aktueller gesellschaftlicher Entwicklungstendenzen, die auch politische Kommunikation beeinflussen. Die Erosion gesellschaftlicher Bindungen, für die der Soziologe Ulrich Beck (1986) das Schlagwort der ›Individualisierung‹ prägte, bedingt neue und intensivere Formen politischer Kommunikation[7]. An die Stelle klassischer Bindungen und Institutionen der Moderne wie Familie oder feste Berufslaufbahnen treten vielfältige Lebensstile und Milieus. Dies führt auch dazu, dass potenzielle Wähler/innen aufgrund der fortschreitenden Ausdifferenzierung der Gesellschaft nicht mehr einzelnen Parteien als Stammwähler/innen zuordenbar sind. Der Anteil an Wechselwählern und -wählerinnen nimmt kontinuierlich zu, die politische Lagermentalität erodiert. Der politische Wettbewerb stellt sich damit offener, aber auch umkämpfter dar. Daraus ergibt sich eine gesteigerte Notwen-

6 Dörner greift hier auf das Konzept des ›demokratischen Mythos‹ zurück, das bereits in den 1960er-Jahren von Gabriel Almond und Sydney Verba (1963) in die Diskussion eingebracht wurde. Der Begriff Mythos ist als eine Sinngebungsinstanz zu verstehen, die weder wahr noch falsch ist, sondern vielmehr einen Ordnungsrahmen für soziales Interagieren und Kommunikation schafft. Durch Mythen wird ein Verständnis über den Sinn der Welt innerhalb einer Gemeinschaft erzeugt bzw. durchgesetzt: ›Mythen sind, auch und gerade in der Moderne, wo das Politische zum Erben des Religiösen geworden ist, einer der wichtigsten gesellschaftlichen Sinngeneratoren‹ (Dörner 2002, 29). Zur Verankerung von Mythen im kollektiven Bewusstsein und zur Festigung ihrer Funktion als Sinngenerator gegenüber konkurrierenden Erzählungen dienen insbesondere Rituale. Der Wahlkampf als wiederkehrendes Ritual des politischen Feldes verleiht dem demokratischen Mythos eine besondere Wirkungsmacht. Durch das Ritual wird eine integrative Kraft erzeugt, die das politische Feld von anderen Alltagssphären abgrenzt. Zugleich vermittelt es Einheit von politischen Repräsentanten bzw. Repräsentantinnen und Repräsentierten.

7 Individualisierung ist als Entkoppelung des/der Einzelnen von herkömmlichen sozialen Bindungen im Sinne traditioneller Herrschafts- und Versorgungszusammenhänge oder Milieus zu verstehen. Dies bedeutet auch den Verlust von Sicherheiten in Hinblick auf Handlungswissen, Glauben und leitende Normen (vgl. Beck 1986).

digkeit der attraktiven Präsentation von Politik in der Öffentlichkeit: Politik wird zur ›Dauerwerbesendung‹ (Vogt 2002, 127f.)

1.2.3 Die These von der Amerikanisierung politischer Kommunikation

In der politikwissenschaftlichen Literatur werden diese Entwicklungen häufig mit dem Begriff der Amerikanisierung umschrieben (vgl. Plasser 2004, Pfetsch 2001, Filzmaier 1999, 27–29, Meyer 2001, 112f., Laux/Schütz 1996, 62ff.). Politische Inszenierung wird dabei tendenziell als eine Entwicklung des Medienzeitalters und moderner Kommunikationstechnologien kritisch bewertet. ›Anstelle diskursiver Konfliktkultur der demokratischen Gesellschaft scheint in zunehmendem Maße ein Spektakel zu treten, das vielfach weder vernünftig noch aufklärerisch ist‹ (Schicha 2004, zit. nach http://www.schicha.net/fileadmin/user_upload/Texte/20050630/kreyerschicha1.pdf, 5).

Der pejorative Begriff Amerikanisierung bezeichnet die Angleichung europäischer politischer Kampagnen an einen ›amerikanischen‹ Kommunikationsstil.[8] Dieser wird mit der Phrase ›governing with the news‹ (Cook 1998) beschrieben und dadurch charakterisiert, dass im Versuch, Politik durch strategische Übermittlung von Botschaften an die Medien zu steuern, die Grenzen zwischen policy making und news making zusehends verschwimmen.

Thomas Meyer (2001) prägte in diesem Zusammenhang den Begriff der Mediokratie und beschreibt damit den Prozess einer ›Kolonialisierung‹ und ›Unterwerfung‹ der Politik unter die Logik der Medien. Politische Inhalte würden durch mediale Inszenierungen ersetzt und damit würde die repräsentative Demokratie zunehmend in Frage gestellt.[9] Aufgrund der weitgehenden Medialisierung der Gesellschaft agiere Politik mehr und mehr medienzentriert, es herrsche ein ›redaktionelles Politikverständnis‹ vor. Ulrich Sarcinelli spricht von einer wachsenden Verschmelzung von Medienwirklichkeit mit politischer und sozialer Wirklichkeit; einer zunehmenden Wahrnehmung von Politik durch medienvermittelte Erfahrung; und

8 Als zentrale Merkmale der Amerikanisierung werden Personalisierung statt Themenzentrierung, Wahlkampf als Wettstreit der Kandidaten und Kandidatinnen, nicht der Parteien, Negative Campaigning (›Angriffswahlkampf‹), professionelle Steuerung durch Spin Doctors, Ausrichtung von Kampagnen auf die Ergebnisse von Meinungsumfragen und Studien (vgl. Rosenberger/Seeber 2003), Ereignis- und Themenmanagement sowie Entideologisierung von Politik genannt.

9 Bereits 1940 versuchte Paul Lazarsfeld in einer Studie, mögliche Einflüsse der Medien auf das Wahlverhalten zu messen. Die Ergebnisse zeigten, dass Massenmedien zwar durchaus Wirkung haben können, aber nicht direkt das Wahlverhalten verändern. Aktuelle Analysen kommen zu ähnlichen Ergebnissen. Ulrich Sarcinelli (2002) zeigt mit seinen Untersuchungen, dass zwar die politische Logik durchaus mit einer ›Medienlogik‹ korrespondiert, Wähler/innen aber nach wie vor nach traditionellen Verhaltensmustern agieren (vgl. auch Plasser 2004, 25). Auch Leggewie/Bieber (2000) haben darauf hingewiesen, dass Wahlen im Fernsehen weder gewonnen noch verloren werden.

schließlich einer Ausrichtung politischen Handelns und Verhaltens an den Gesetzmäßigkeiten des Mediensystems (vgl. Sarcinelli 2002, 678 f.). Ein in der Literatur dafür verwendeter Begriff ist jener der Informations- oder Kommunikationsgesellschaft. Beide Begriffe deuten an, dass Medien und Massenkommunikation mittlerweile nicht mehr die ›vierte Gewalt‹ im Sinne einer Kontrollinstanz darstellen, sondern selbst das öffentliche Leben und vor allem auch die Politik gestalten. In *Politik als Theater* attestieren Meyer/Kampmann (1998) zudem, dass einer zunehmenden Theatralisierung politischer Themen ein immer kleinerer Spielraum der Politik selbst gegenüberstünde und politische Gestaltung als Umsetzung von Inhalten daher an Bedeutung verlieren würde. Kritiker/innen des Konzepts haben jedoch darauf hingewiesen, dass von einer gleichförmigen Entwicklung nicht ausgegangen werden kann, da Unterschiede in den einzelnen Ländern nicht zuletzt aufgrund differenter Merkmale politischer Kulturen, Medienlandschaften und Akteure bzw. Akteurinnen bestünden.

Inwieweit Politik vor dem Hintergrund von Prozessen der Medialisierung über Gestaltungsmacht verfügt, ist umstritten (vgl. Filzmair 1999). Ob das Verhältnis der Politik zu den Medien als ein Abhängigkeitsverhältnis zu beschreiben ist, darüber herrscht in der politischen Kommunikationsforschung ebenfalls keine Einigkeit. Einige empirische Untersuchungen und Theorien gehen hier von einer Autonomie der Medien aus, andere schließen auf eine Instrumentalisierung der Politik durch die Medien oder umgekehrt auf eine Benutzung der Medien durch die Politik. Ein weiterer Ansatz sieht das Verhältnis von Politik und Medien als reziprokes Handlungssystem (vgl. Plasser 2004). Andreas Dörner (2001) prägte, wie bereits erwähnt, den Begriff des Politainment für die Beschreibung einer Symbiose von Politik und Unterhaltungskultur zum beiderseitigen Vorteil. Während Politik durch Nutzung moderner Unterhaltungsmedien vermehrt Kontakt zu den Wählern und Wählerinnen herstellen kann, profitieren die Medien durch erhöhte Auflagen und Einschaltquoten. Politainment rückt Politik aber auch in die Nähe anderer, populärkultureller Repräsentationsformen – ein Moment, das der vermeintlichen ›Erhabenheit‹ von Macht(Ausübung) und ihrer Repräsentation nicht unbedingt entgegenkommt.

1.2.4 Politische Werbung und Kampagnen

Im Unterschied zu kommerzieller Werbung, die als akzeptierter Bereich populärer Kultur angesehen wird, ist politische Werbung zuweilen negativ konnotiert. Konsumenten und Konsumentinnen nehmen kommerzielle Produktwerbung tendenziell eher als interessant war, politischer Werbung begegnen sie häufiger mit Skepsis: ›[...] public distaste for political advertisements may stem from the belief that electoral choice and consumer choice are not equivalent activities. Purchasing a particular brand of soap is one thing, selecting the next president or prime minister quite another. The fact that voting is a »serious« task tends to undermine the legitimacy of »non-serious« forms of political communication‹ (Iyengar/Prior 1999).

Politische Werbung gerät außerdem auch leicht in den Verdacht, eigentlich Propaganda zu sein, die mittels ›irreführender‹ Information und besonderer Betonung des emotionalen Aspekts die Zielgruppen zu beeinflussen versucht. Propaganda ist ein Begriff, der in mehreren Kulturen und gerade auch im deutschsprachigen Raum kein positives Image hat, da er Erinnerungen an politische Kommunikationsstrategien totalitärer Regime hervorruft: Der Begriff Propaganda klingt nach Manipulation, Überredung und Täuschung (vgl. Clark 1997). Propaganda wurde deshalb von Bezeichnungen wie politische Kommunikation bzw. politische Werbung abgelöst. Die Frage, ob damit auch alle ›totalitären‹ Ansprüche aus politischen Kampagnen verschwunden sind, bleibt dabei unbeantwortet: Sie soll hier zumindest auf der Bildebene als Frage nach Einsatz und Gestaltung der eingangs angesprochenen *Schlagbilder* noch weiter verfolgt werden.

Unter politischer Werbung (vgl. Kannwischer/Druwe 2003) ist ein Teilbereich politischer Kommunikation zu verstehen, der die Wahl eines Kandidaten/einer Kandidatin oder die Annahme (bzw. im Fall von Negativwerbung die Ablehnung) eines politischen Issues durch die Adressaten und Adressatinnen unterstützen soll. Zum Transport der Botschaft werden unterschiedliche Kommunikationsmedien eingesetzt, von direkten, persönlichen Kontakten mit den Angesprochenen, über Anzeigen in Printmedien, Folder, Sticker und andere Displaymaterialien bis hin zu TV-, Radio- und Kinospots oder Internetauftritten und E-Cards. Politische Werbebotschaften kommunizieren Informationen und appellieren zugleich an Emotionen, Affekte, Wünsche und Sehnsüchte (vgl. Schudson 2002–2003). Das Center for Media Literacy (2002–2003) schlägt für die Analyse politischer Werbung (für die es online einen Kriterienkatalog anbietet) vor – neben einer detaillierten Rekonstruktion einzelner Elemente und von deren Konfiguration sowie der angewendeten Kommunikationstechniken – insbesondere auch danach zu fragen, welche Zeichen und Symbole verwendet werden und welche Stimmung ein konkretes Werbesujet hervorruft.

Politische Kampagnen (vgl. Althaus 2002, Kamps 2002, Baringhorst 1998) bündeln unterschiedliche Werbestrategien mit dem Ziel, Meinungsbildungs- und Entscheidungsfindungsprozesse in einer Zielgruppe zu beeinflussen. Sie können Wahlen ebenso fokussieren wie auch politische Themen, Images von Politikern und Politikerinnen und politischen Institutionen (zum Beispiel EU) bzw. Organisationen (etwa Parteien). Im Zentrum einer Kampagne steht immer die Botschaft, ein konzises Statement, das möglichst kurz gefasst das Ziel der Kampagne vermitteln soll. Diese Message wird im Zuge der Kampagne in Varianten mittels verschiedener Träger/innen der Botschaft und auf verschiedenen Kommunikationswegen ständig wiederholt.

Politische Kampagnen können auch mehrere Ziele zugleich verfolgen. Dies gilt etwa für eine Kampagne der Europäischen Kommission zum ›Europäischen Jahr gegen den Rassismus‹ 1997, deren Ziel es nicht nur war, Rassismus und Diskriminierung von Minderheiten zu bekämpfen, sondern zugleich auch ›EUropäische Gemeinschaft‹ zu konstruieren (vgl. Trenz 2002, 107) bzw. durch die Akzeptanz gemeinsamer Werte ein Wir-Gefühl als EUropäische Bürger/innen zu entwickeln.[10]

1.3 Von Political Campaigning zu Communicating EUrope

Auf mehrere Ziele ausgerichtete politische Kampagnen sind Politikvermittlungsprozesse, die durch einen politisch-inhaltlichen, einen personalen und einen normativen Legitimationsbezug gekennzeichnet sind. Dieses umfassende Verständnis von Kampagnen verweist auf die angloamerikanische Begriffsverwendung im Sinne eines Political Campaigning, das darauf abzielt, die gewünschte(n) Botschaft(en) auf möglichst breiter Basis zu kommunizieren. Um dies zu gewährleisten, werden Kampagnen oftmals einem so genannten Campaign Management – also einer Kampagnenführung – unterstellt und nach einem langfristigen Campaign Plan durchgeführt. Die Hüter/innen dieser Campaign Plans und ausführenden Organe (Spin Doctors) sind nicht nur für strategische und taktische Entscheidungen in Bezug auf die Kampagne zuständig, sondern auch für die Akquisition und Koordination des Campaign Staff – also jener Personen, die die mühsame Arbeit des ›Klinkenputzens‹, des Materialverteilens oder des Telefonmarketings übernehmen. Zur Durchsetzung der prägnanten Kampagnenbotschaft werden unterschiedlichste Medien des öffentlichen Sektors und bezahlte Anzeigen in Radio, Fernsehen und Printmedien, auf Plakatwänden oder im Internet sowie öffentliche Auftritte und Aktionen eingesetzt. Das zentrale Anliegen – die Message – muss dabei stets den Kern der jeweiligen Maßnahme definieren (vgl. Thurber 2004, Paquette 2006). Eines der ersten Beispiele für die Umsetzung einer derartigen politischen Kampagne auf EUropäischer Ebene war der so genannte Plan D.

1.3.1 Plan D

Der negative Ausgang der Referenden zur Europäischen Verfassung in Frankreich und den Niederlanden veranlasste die Europäische Union 2005 dazu, eine ›Zeit der Reflexion‹ auszurufen, um über eine ›Vision zur Zukunft Europas‹ auf Grundlage einer ›klare[n] Bestandsaufnahme der Bedürfnisse und Erwartungen der Bürger‹

10 ›Europäische Öffentlichkeit‹ entsteht schließlich im Wechselspiel nationaler und transnationaler bzw. supranationaler Kommunikation (vgl. Eder/Kantner 2000, 323), sobald ein Problem oder Thema im Mehrebenensystem der Europäischen Union von deren Bürgern und Bürgerinnen sowie den politischen Repräsentanten und Repräsentantinnen als EUropäische Angelegenheit wahrgenommen wird.

nachzudenken und in weiterer Folge eine ›umfassendere Diskussion zwischen den demokratischen Organen der Europäischen Union und ihren Bürgern‹ anzuregen (KOM 2005, 494, 2). Die Idee zum so genannten Plan D war geboren.

Plan D für ›Demokratie, Dialog und Diskussion‹ erging im Oktober 2005 als Mitteilung der Europäischen Kommission an den Rat, das Europäische Parlament, den Europäischen Wirtschafts- und Sozialausschuss und den Ausschuss der Regionen und fügte sich in einen langfristigen Aktionsplan ein, der zum ›Entstehen einer europäischen Öffentlichkeit‹ (ebd., 3) beitragen soll. Der Plan zielt in erster Linie auf das ›Wiederherstellen des Vertrauens der Öffentlichkeit in die Europäische Union‹ ab, was umso entscheidender sei, ›als die Europäischen Organe nur allzu häufig als Sündenbock für unpopuläre Entscheidungen sowie als bürgerfern und bürokratisch angesehen werden‹ (ebd., 3). Deshalb definiert die Mitteilung ein klares Ziel, nämlich das ›Ingangsetzen einer präziseren Kommunikation über die Tätigkeit der Europäischen Union‹ (ebd., 3). Plan D soll als strukturierter Prozess eine Debatte über die Zukunft der Europäischen Union anregen und die politischen Inhalte der Debatte am Ende der Reflexionszeit zu einem Konzept zusammenführen.[11] Die Kommission sieht ihre Rolle dabei als beratend und unterstützend, während den Regierungen der Mitgliedstaaten die Funktion der ausführenden Organe zukommt. Die geplanten Diskussionsprozesse in den Mitgliedstaaten sollen strukturiert ablaufen, damit – so der optimistische Schluss der Empfehlung – ›das Feedback unmittelbare Auswirkungen auf die politische Agenda der Europäischen Union‹ nehmen könne (ebd., 6) und die ›Beteiligung neuer Akteure am europäischen Beschlussfassungsverfahren‹ anrege (ebd., 7). Gleichsam gehe es darum, ›die Aufmerksamkeit der Bürger auf die Zukunft Europas [zu] lenken‹ (ebd., 5), ihre Erwartungen zu überprüfen, und den Zusatznutzen sowie die konkreten Vorteile von Gemeinschaftsmaßnahmen aufzuzeigen. Die bedeutende Rolle der Massenmedien – insbesondere des Fernsehens und des Internets – wird dabei besonders hervorgehoben (vgl. ebd., 4).

Trotz der (beinahe formelhaften) Betonung der Anliegen von Bürgern und Bürgerinnen sowie der Idee zur Implementierung eines Feedbackverfahrens trägt Plan D in erster Linie die Züge eines markenpolitischen Programms, das auf eine Verbreitung der ›EUropäischen Idee‹ abzielt; oder – um es etwas positiver zu formulieren – das vorrangig ›die breite Öffentlichkeit für die europäische Frage zu sensibilisieren‹ trachtet (ebd., 7). Als mögliche Initiativen werden die ›Anregung einer umfassenden öffentlichen Diskussion‹, die ›Förderung der Bürgerbeteiligung am demokratischen Leben‹ sowie ›Mittel zur Einrichtung eines Dialoges über europäische Themen‹ genannt (ebd., 9). Besonders bemerkenswert erscheint die Initiative zur Zusammenarbeit mit so genannten Goodwill Ambassadors. Bei diesen ›Botschafter/innen‹

11 Als Themenkatalog sind die wirtschaftliche und soziale Entwicklung Europas, die Wahrnehmung Europas und seiner Aufgaben sowie die Grenzen Europas und Europas Rolle in der Welt angeführt, wobei der Katalog als offen und erweiterbar konzipiert ist.

handelt es sich um ›bekannte Persönlichkeiten aus dem Kultur-, Geschäfts- oder Sportleben bzw. anderen Bereichen‹ (ebd., 9), die bei einer Reihe von regionalen Veranstaltungen mit ›bestimmten Zielgruppen‹ zu EUropäischen Themen oder Programmen wie Bildung, Armutsbekämpfung, Wahlbeteiligung oder Forschung und Entwicklung zum Einsatz kommen. Die Präsentation EUropapolitischer Anliegen durch prominente Repräsentanten und Repräsentantinnen der Zivilgesellschaft hatte bereits die ungarische Regierung in ihrer erfolgreichen Kampagne für einen Beitritt des Landes zur EU als Vorbereitung der Volksabstimmung benutzt. Da sich die verfeindeten politischen Lager – sozial-liberale Regierungskoalition und nationalkonservative Opposition – nicht auf eine gemeinsame Kampagnelinie einigen konnten, wurden gesellschaftliche Gegensätze selbst zum Sujet der Kampagne als Ausgangspunkt einer diese überbrückenden Zustimmung zu Europa gemacht: Spitzenspieler der bekanntesten Fußballklubs, Opernsänger/innen und Rapper, konkurrierende TV-Stars und vergleichbare Persönlichkeiten des öffentlichen Lebens warben gemeinsam für den EU-Beitritt des Landes.

Kampagnen zur Vorbereitung der Volksbefragungen über den EU-Beitritt in den neuen Mitgliedstaaten, wie die angesprochene ungarische, oder die ehrenamtlichen UNICEF-Botschafter/innen, nennt Plan D als Vorbild. Zugleich sind Analogien zum Feld der Werbung und des Marketing unverkennbar, wo so genannte Testimonials für ein bestimmtes Produkt oder eine Marke ins Rennen um sorgfältig ausgelotete Zielgruppen geschickt werden. Auch für Plan D ist die Zielgruppe definiert: ›Besondere Aufmerksamkeit sollte den Ansichten junger Menschen gewidmet werden‹ (ebd., 11).

1.3.2 ›Ich sag ja zu Europa. Europa ist die Zukunft‹

Als erstes Etappenziel des Strategieplans wurde der 9. Mai 2006 festgelegt. Mit Jänner 2006 übernahm Österreich für ein Halbjahr die Präsidentschaft des Rates der Europäischen Union. Eines der ehrgeizigsten Ziele dieser Präsidentschaft war es, im Sinne von Plan D Ergebnisse der ›Reflexionsphase über die Zukunft Europas‹ zusammenzufassen. Europa sollte den Bürgern und Bürgerinnen wieder nähergebracht werden, um das Vertrauen in das EUropäische Projekt zu stärken. Mit diesem Ziel wurde von 26.–28. Jänner eine Konferenz zur Zukunft EUropas mit dem Titel ›The Sound of Europe‹ abgehalten.

Veranstaltungsort war Salzburg, die Geburtsstadt von Wolfgang Amadeus Mozart und damit der ideale Ort für eine Verknüpfungsmöglichkeit mit dem so genannten Mozartjahr 2006.[12] Bei der Konferenz sollten ›grundlegende Fragen der

12 Die Konferenz wurde durch die Sektion für Kunstangelegenheiten im Bundeskanzleramt organisiert. Wissenschaftliche und gestalterische Impulse kamen von Experten/Expertinnen und Institutionen aus Österreich, den Niederlanden und den USA. Der Konferenztitel ruft auch den populären Film ›The Sound of Music‹ (USA 1965) in Erinnerung, der über die Darstellung der singenden Trapp-Familie ein positives Image Österreichs verbreitete (vgl. Breuss et al. 1995, 206).

Zukunft Europas, der europäischen Werte, Identität und Kultur‹ erörtert werden und sie sollte zugleich den Auftakt ›für eine möglichst breite Debatte über die zukünftige Entwicklung Europas darstellen‹ (The Sound of Europe 2006). Mehr als 300 Persönlichkeiten aus Politik, Wissenschaft, Kunst und Medien waren geladen, um über Perspektiven und Vorschläge zu diskutieren, wie das EUropäische Projekt angesichts globaler Herausforderungen vorangebracht werden könnte – ganz in der angesprochenen Kampagnelinie, prominente Persönlichkeiten aus der Zivilgesellschaft dafür als Botschafter/innen einzusetzen.

In der Begleitbroschüre zur Konferenz betonte der österreichische Bundeskanzler und amtierende Ratsvorsitzende Wolfgang Schüssel bereits im Vorwort, dass die Stärke einer Gesellschaft oder eines ganzen Kontinents ›immer auch in der Fähigkeit zur Beziehung‹ bestehe (The Sound of Europe 2006, 8). EUropa mit seinen Mitgliedstaaten sei ›wie ein Orchester, das nur im Zusammenspiel seine ganze Wirksamkeit und somit seinen Mehrwert, seinen vollen Klang, den idealen »Sound« Europas entfalten‹ könne (ebd., 8). Wie dieser Sound klingen könnte, wird in einem Spot auf dem Begleitmedium[13] der Konferenz – der DVD ›Generation Europe. Junge Europäer und ihr Europa‹ – deutlich. Der Spot orientiert sich in seiner visuellen Gestaltung und der schnellen Schnittfolge an der Ästhetik von Musikclips, indem er Elemente aus dem Musikvideo ›Amadeus, Amadeus‹ des Popstars Falco Mitte der 1980er-Jahre mit eigens gedrehten Sequenzen arrangiert. Im Rahmen der Handlung sind Jugendliche aus ganz EUropa zur ›Audienz‹ bei Ratspräsident Schüssel geladen, um ihre Vorstellungen von EUropa zu artikulieren (zum Beispiel EUropa als Friedensprojekt, Gleichberechtigung für Minderheiten, Jobangebote für Jugendliche, Kampf gegen Rassismus etc.). In der Gesprächssituation ist Schüssel als ein Ratspräsident inszeniert, der im Kreis der Jugendlichen Platz genommen hat, weil er ihre Anliegen und Interessen ernst nimmt und den Austausch sucht.

Gleich einem Drehbuch folgt der Spot scheinbar Punkt für Punkt den Empfehlungen von Plan D: Ein Goodwill Ambassador – die deutsche Sängerin und Schauspielerin Yvonne Catterfeld – bekräftigt im Intro ihr in der Überschrift dieses Kapitels zitiertes ›Ja‹ zu EUropa, der Ratsvorsitzende lässt sich auf ein Feedbackgespräch mit jungen Menschen ein, um ›über gemeinsame europäische Themen‹ (ebd., 9) zu diskutieren und ›Meinungen der Bürger zu europäischen Fragen‹ einzuholen (ebd., 8). Der Campaign Plan hat reibungslos funktioniert. Ob diese glatte Umsetzung die Message allerdings auch zu transportieren vermag, bleibt dahingestellt.

13 Gerade im Begleitprogramm und den Begleitmedien der Konferenz werden Vorstellungen und Leitbilder besonders verdichtet tradiert. ›Um eine kulturelle Klammer um das sozial zerfallende Europa zu schließen, ersann der österreichische EU-Vorsitz das »Café d'Europe«‹ (ebd.). Nach einer Literaturlesung wurden ortstypische Mehlspeisen kredenzt: Guglhupf (Wien), Topfengolatsche (Prag) und Tiramisu (Rom) ›lenkten wirksam von Dienstleistungsrichtlinie, Standortwettbewerb und Umfragetief ab‹ (ebd.) und rekurrierten auf ›österreichische Qualitäten‹ der Kaffeehauskultur und Gemütlichkeit.

1.4 Branding

> Man sollte nicht vergessen, dass der Vorgang des Branding damit beginnt, dass Menschen um einen Tisch sitzen und versuchen, ein ideales Image heraufzubeschwören.
> *Naomi Klein 2005, 169*

> Wir hier in Brüssel bemühen uns alle, unser Produkt bestmöglich zu verkaufen, Marken zu schaffen, die nicht nur das Hirn, sondern auch das Herz der Menschen erobern.
> *Franz Fischler 2004, 17*

Der Begriff des Branding wird in jüngster Zeit immer häufiger im Kontext der Debatte um EUropäische Identität und um ein vermeintliches Kommunikationsdefizit der EU genannt.[14] Denn das ›Thema Europa‹ – so der ehemalige Agrarkommissar Franz Fischler – sei angesichts seiner Komplexität immer noch schwer zu verkaufen. Deshalb liege es an einer guten Kommunikationspolitik, den ›Zusatznutzen der EU-Mitgliedschaft‹ zu erklären und eine Europäische Union zum Vorschein zu bringen, ›die sehr wohl sexy für den Bürger sein kann‹ (Fischler 2004, 16). Die EU brauche ›ein gutes »Branding«, welches das »Produkt« EU mit Emotionen‹ verbinde (ebd., 14).

Branding bezeichnet das Stiften von Markenidentität, das einem Produkt oder einer Dienstleistung durch das Hinzufügen emotionaler Komponenten den Charakter des Unverwechselbaren, Glaubwürdigen und Authentischen verleihen soll. Obwohl die Begriffe Markenpolitik bzw. Branding und Produktwerbung oft synonym verwendet werden, bezeichnen sie keineswegs dasselbe. Die Werbung für ein Produkt ist genau wie das Sponsoring oder die Lizenzerteilung für die Verwendung eines Logos nur Teil eines großen markenpolitischen Programms (vgl. Klein 2005, 27). Werbung bedeutet, mit einem Produkt ›hausieren‹ zu gehen. Bei der Markenpolitik in ihrer entwickelten Form aber geht es um ›unternehmerische Transzendenz‹ (ebd., 41f.). Das so genannte Corporate Branding vertraut auf eine ganzheitliche und integrierte Führung der Unternehmens- bzw. Konzernmarke bei gleichzeitiger Koordination aller Marken des Unternehmens hinsichtlich übergeordneter Zielsetzungen (Umbrella Branding). Stimmige Botschaften, die über mehrere Kanäle verteilt werden, sollen die Werte für Bekanntheit und Image eines Unternehmens steigern (vgl. Primosch 2004, 36).

Traditionell der Sphäre der Ökonomie zugeordnet, gewinnt das Konzept des Branding nach und nach auch für die Politik an Relevanz. Beim so genannten Nation Branding sollen die Bekanntheit und das Vertrauen in ein Land positiv beeinflusst werden, um Tourismus, Exportwirtschaft und Auslandsinvestitionen zu fördern, und sowohl in politischen Beziehungen als auch im kulturellen Wettbewerb als ein positiver Akteur wahrgenommen zu werden (vgl. van Ham 2001). Ziel ist es,

14 Nicht zufällig beschäftigte sich ein Panel der bereits erwähnten Konferenz ›The Sound of Europe‹ mit dem Thema ›The EU's image: Does EU need branding and PR?‹.

durch gebündelte Aktivitäten die Wettbewerbsposition eines Landes zu verbessern. Dabei bedienen sich Nation Brands aus einem reichhaltigen Fundus an kulturellen Vorstellungen und Länderstereotypen.[15]

Die Branding-Experten Savas Kyriacou und Thomas Cromwell gehen davon aus, dass jeder Staat per se auch als eine Marke verstanden werden kann, da er in der Vorstellungswelt anderer schon hinsichtlich der Qualität seiner Waren und Dienstleistungen, der Attraktivität des kulturellen oder touristischen Angebots und den politischen und ökonomischen Rahmenbedingungen mit positiven oder negativen Attributen besetzt ist, die zu einem gewissen Grad auch seinen Handlungsspielraum abstecken (vgl. Cromwell/Kyriacou o.J.): ›Stars and Stripes, der Union-Jack, das verschachtelte Grün-Gelb-Blau der brasilianischen Fahne funktionieren nicht unähnlich wie der Nike-Swoosh – jeder kennt und erkennt sie, und jeder hat ein Bild im Kopf, das sie repräsentieren‹ (Misik 2006).

Wenngleich Nation Branding in vielen Fällen als eine Begleiterscheinung des nationalen Tourismusmarketings entstanden ist, macht Tourismus bei Weitem nicht den gesamten Markenwert eines Landes aus. Als entscheidende Benchmarks gelten vor allem stabile politische und ökonomische Verhältnisse sowie eine entwickelte Infrastruktur. Deshalb kümmern sich die meisten Staaten um ein umfassendes Brand Management, das neben Tourismus vor allem die Bereiche von Handel und Investment berührt und neben der jeweiligen Regierung im Idealfall auch unterschiedliche Akteursgruppen und Stakeholder[16] einbindet.

Manche Staaten haben allerdings das Pech, auf ihr Brand nur wenig Einfluss zu haben, da es buchstäblich für sie ›gemacht‹ wurde. Vornehmlich auf bad news ausgerichtete Vermittlungsformen wie Medienberichte, aber auch einseitige Geschichtsnarrative können einen Staat auf ein bestimmtes Image festlegen. Der Sudan etwa wird ebenso häufig mit Bürgerkrieg, Religionskonflikten und Armut in Verbindung gebracht wie der Irak mit Selbstmordanschlägen und weit verbreiteter Gewalt (vgl. Cromwell o.J.). Für Staaten mit einem Imageproblem (beispielsweise in Folge eines politischen und ökonomischen Transformationsprozesses) kann der Prozess des so genannten Re-Branding – also des Umdeutens eines bestehenden Markenimages – relevant werden. Nach Ende der Balkankrise etwa war Kroatien in der internationalen Staatengemeinschaft mit einem durchwegs negativen Image besetzt. Eine bis heute andauernde Kampagne, die in erster Linie auf den Tourismussektor abzielt und die malerische Küste Kroatiens in den Fokus der Aufmerksamkeit rückt, sollte das Image des Staates verbessern. Als erfolgreiches Beispiel gilt Spaniens Umdeutungsprozess nach Ende des Franco-Regimes, der unter dem

15 ›A brand is best described as a customer's idea about a product; the »brand state« comprises the outside world's ideas about a particular country‹ (van Ham 2001, 2).

16 Als ›Stakeholder‹ werden Akteursgruppen und Institutionen (zum Beispiel NGOs, Konsumenten und Konsumentinnen, Mitarbeiter/innen etc.) gefasst, die Interessen und Ansprüche gegenüber einem System haben oder von Entscheidungen des Systems direkt oder indirekt betroffen sind (zum Beispiel bei Unternehmen, bei Projekten etc.).

bekannten Sonnenlogo Joan Mirós ein modernes, freundliches und einladendes Image tradierte und Barcelona 1992 zu erfolgreichen Olympischen Spielen verhalf.

Um die Folgen des Nation Branding zu messen, entwickelte der Brandingexperte und Regierungsberater Simon Anholt 2005 den so genannten Nation Brands Index (NBI), dessen Ergebnisse vierteljährlich auf der Website www.nationbrandindex.com veröffentlicht werden. Die repräsentativen Stichproben umfassen jeweils zwischen 200 und 1000 Teilnehmer/innen in 35 Ländern, die nach Alter, Geschlecht und, wenn geeignet, Region und Volksgruppenzugehörigkeit ausgewählt werden (vgl. Nation Brands Index 2007).[17] Für die Ausgabe des ersten Quartals 2007 wurden 25 756 Verbraucher/innen mithilfe einer Datenerfassungsplattform entlang des so genannten Nation Brand Hexagons befragt, das die Bereiche Tourismus, Bevölkerung, Kultur und Erbe, Investitionen und Einwanderung, Governance sowie Export berücksichtigt.

1.4.1 Die EU als Strichcode

Peter van Ham, Senior Research Fellow am Netherlands Institute of International Relations, konstatierte bereits 2001 in der Zeitschrift ›Foreign Affairs‹, dass sich auch die EU inmitten einer Brandingkampagne befinde. ›Knowing that Europe will never inspire affection in its citizens similar to that enjoyed by the nation-state, the EU is in the midst of a campaign to brand itself as a beacon of civilization and prosperity in an otherwise disorderly and disoriented world‹ (van Ham 2001, 5). Van Ham ordnet die EU einer Reihe von ›Superbrands‹ zu, zu der er auch CNN, Microsoft und die Katholische Kirche zählt. Der EU-Mitgliedschaft hafte nicht nur das Image von Selbstvertrauen und Wohlstand an, sie markiere auch einen bestimmten Status in der internationalen Gemeinschaft (vgl. ebd.).

Der bislang prägnanteste Versuch, dem supranationalen Gebilde der EU einen Markenwert zu verpassen, wurde vom niederländischen Architekten Rem Koolhaas unternommen. Die Idee, die Fahnen der Mitgliedstaaten in einem Strichcode aufzulösen und aneinanderzureihen, wurde von Koolhaas und seiner Denkfabrik AMO ursprünglich im Rahmen eines gemeinsamen kreativen Nachdenkens im Jahr 2001 entwickelt, das auf Initiative des damaligen Kommissionspräsidenten Romano Prodi und des Belgischen Premierministers Guy Verhofstadt initiiert worden war. Ziel des Ideensammelns war es, die Vielfalt und Einzigartigkeit EUropas visuell darzustellen. Der dabei kreierte Strichcode vereint die EU-Mitgliedstaaten in einem einzigen Symbol. Die Konzeption des beliebig erweiterbaren Strichcodes entspricht den EUropäischen Merkmalen Weiterentwicklung, Dynamik und Bewe-

17 Die teilnehmenden Länder waren Ägypten, Argentinien, Australien, Belgien, Brasilien, China, Dänemark, Deutschland, Estland, Frankreich, Großbritannien, Indien, Indonesien, Irland, Italien, Japan, Kanada, Malaysien, Mexiko, Neuseeland, die Niederlande, Norwegen, Polen, Portugal, Russland, Schweden, die Schweiz, Singapur, Spanien, Südafrika, Südkorea, die Tschechische Republik, die Türkei, Ungarn und die USA.

gung. So wurde der ursprüngliche Entwurf von 2001, der die Fahnen der damaligen EU 15 darstellte, im Jahr 2004 um die Flaggen der zehn neuen Mitgliedstaaten erweitert, die entsprechend der geografischen Lage von Westen (links) nach Osten (rechts) aneinandergereiht sind. In dieser Form fand der Strichcode als Logo der österreichischen EU-Ratspräsidentschaft 2006 zum ersten Mal eine offizielle Verwendung (siehe Abb. 2). Der Umstand, dass das Logo bisweilen schon für ein offizielles Markenzeichen der EU gehalten wurde, war laut Rem Koolhaas zumindest nicht intendiert, erscheint allerdings als ein Nebeneffekt der Brandingstrategie.

Abb. 2: Einsatz des Strichcodes im Rahmen der Österreichischen EU-Ratspräsidentschaft 2006.

1.4.2 No Logo?

Aber kann man Staaten oder suprastaatliche Einheiten überhaupt als eine Marke behandeln und sie mit einem Image versehen? Die Anwendbarkeit von Brandingkonzepten auf Staaten ist jedenfalls höchst umstritten. Während Produkte nach einem verfehlten Branding vom Markt genommen werden, um zu einem späteren Zeitpunkt wieder lanciert werden zu können, ist ein so genannter Relaunch für Staaten natürlich nicht möglich. Dennoch ortet eine Reihe von Marketingfachleuten im Nation Branding die große Chance (vgl. Olins 2000, van Ham 2001, Anholt 2005). Peter van Ham (2001) etwa sieht in den Branded Images von Staaten den Vorteil einer graduellen Verdrängung nationalistischer Tendenzen. Seine optimistische Prognose lautet, dass Branding sogar einen Beitrag zur nachhaltigen Befriedung Europas leisten könne. Denn für van Ham bedeutet Branding schlicht ›a shift in political paradigms, a move from the modern world of geopolitics and power to the postmodern world of images and influence‹ (ebd., 2).

Kritiker/innen gehen wiederum davon aus, dass Staaten – und umso mehr suprastaatliche Gebilde wie die EU – viel zu komplexe Entitäten sind, um wie eine Marke geführt zu werden, da sich die Gesamtheit ihrer Kommunikationsformen als schlicht unkontrollierbar erweist. Naomi Klein, die wohl exponierteste Kritikerin von Brandingstrategien, betont in ihrem zum Klassiker avancierten Buch *No Logo* (2005), dass die Logik des Branding darauf abziele, Länder, Städte und Regionen als Waren anzusehen, die positioniert und vermarktet werden müssen, um im interurbanen, regionalen oder (inter)nationalen Wettbewerb bestehen zu können.

Die Möglichkeiten dazu sind schier grenzenlos – zumindest, wenn es nach dem Marketinglehrbuch *Positioning* geht. Was tun, wenn die Fluglinie ›Sabena Belgium World Airlines‹ auf ihren Transatlantikflügen um Gäste buhlen muss, aber ihre einzige Destination die – im Vergleich zu anderen europäischen Metropolen[18] in den USA relativ unbekannte – Stadt Brüssel ist? ›Position the country, not the airline!‹ (Ries/Trout 2001, 138). Die entsprechende Kampagne setzte Belgien in Szene, indem sie die fünf attraktivsten Städtedestinationen des Landes, darunter Gent und Antwerpen, in einen Vergleich zur ungleich bekannteren holländischen Metropole Amsterdam brachte: ›In beautiful Belgium, there are five Amsterdams‹ (ebd., 140). Der Vergleich funktionierte auf der Bildebene über jene drei Sterne, die die Städte allesamt vom berühmten *Guide Michelin* verliehen bekommen hatten. Die ›three-star cities‹-Kampagne wurde sowohl als Plakat- als auch als Fernsehsujet zum durchschlagenden Erfolg – allerdings nur für kurze Zeit. Über Details zur Einstellung der Kampagne und die dabei involvierten Verantwortungsträger/innen

18 Mit ›[s]ay »Amsterdam« and it's tulips, Rembrandt, and those wonderful canals. Say »France« and it's food and the Eiffel Tower and the dazzling Riviera‹ hilft das Buch der Assoziationskette auf die Sprünge. Und damit keine Missverständnisse aufkommen: ›Obviously, London, Paris, and Rome are all top-of-the-ladder destinations that are most popular with first-time travellers to Europe‹ (Ries/Trout 2001, 139).

hüllt sich das Buch in Schweigen. Man erfährt lediglich, dass ›[n]ew management not committed to the program arrived on the scene, and when headquarters in Brussels wanted to change the strategy, they quickly acquised‹ (ebd., 142). Das erforderliche ›long-term commitment by the people in charge‹ (ebd., 142) war nicht eingetreten. Damit muss auch das euphorische *Positioning*-Buch zum – unvermeidlichen? – Schluss kommen: ›In a constantly changing political environment, this is difficult to accomplish‹ (ebd., 142).

Was bleibt, ist die Frage, ob die Kolonisierung des öffentlichen Raums mit einem Logo überhaupt die gewünschte ›Transzendenz‹[19] entwickeln kann, bevor die ›Marke EU‹ im öffentlichen Bewusstsein mit aktiver Bürger/innenschaft und politischer Partizipation besetzt ist. Ruth Wodak und Sonja Puntscher Riekmann betonen, dass EUropäische Handlungsweisen oft zu opak bleiben und sich bis jetzt noch nicht zu ›sinnvollen‹ Symbolen verdichten lassen (Wodak/Puntscher Riekmann 2003, 290): ›Was zu fehlen scheint, ist ein großes überzeugendes Symbolsystem, in dem die politische und sozio-ökonomische Realität in Erscheinung tritt‹ (ebd., 289). Die Wissenschafterinnen monieren, dass die Union bisher mit Ausnahme von Flagge und Hymne die Erfindung von Symbolen weitgehend unterlassen habe – ein Umstand, der mit dem Widerstand nationaler Regierungen zu tun hat[20], aber auch mit dem Willen der Gründerväter, EUropa angesichts der fatalen politischen Symbolangebote des 19. und 20. Jahrhunderts in einem pragmatischeren Geist zu konstruieren.

Dennoch können Identitätsfragen nicht einfach als obsolet abgetan werden. Denn Identitätskonstruktionen sind für politische Entitäten nötig – eine Erkenntnis, die zunehmend auch zu EU-Politikern und -Politikerinnen durchdringt. Glaubt man den offiziellen Reden über EUropa, so ist eine EUropäische Identität möglich, die sich nicht im Widerstreit mit nationalen Identitäten befindet und für die die Abgrenzung zu anderen Kollektividentitäten eine untergeordnete Rolle spielt (vgl. ebd., 283). Doch die Forderung nach der Ermöglichung multipler Identitäten gibt noch keine Antwort auf die Frage, wie eine EUropäische Identität in möglichst inklusiver Form geschaffen werden kann, die von problematischen – weil ausgrenzenden und/oder assimilierenden Aspekten – absieht.

Abgesehen von einem bunten Logo – worauf könnte ein erfolgreiches EU-Brand aufbauen, um an ›unternehmerischer Transzendenz‹, wie es Naomi Klein formuliert, zu gewinnen? Kann die Kommunikation eines ›europäischen Mehr-

19 Der Begriff verweist auf das gleichsam ›automatische‹ Assoziieren einer Marke mit bestimmten Attributen, wie etwa Sportlichkeit, Jugendlichkeit, Beständigkeit.

20 In einem Kommentar in der österreichischen Tageszeitung ›Der Standard‹ vom 19. Oktober 2007 verweist die Journalistin Alexandra Föderl-Schmidt auf den Umstand, dass der nunmehr beschlossene ›Reformvertrag‹ zwar die zentralen Errungenschaften der EU-Verfassung enthalte, jedoch alles, ›was einen europäischen Esprit bewirken und ausdrücken hätte können – eine Flagge, eine Hymne und auch das Wort Verfassung‹ aus dem ›spröden Textkonvolut‹ gestrichen wurde.

werts‹ allein, wie dies beispielsweise vom ehemaligen Agrarkommissar Franz Fischler angeregt wird, schon tragfähige Strukturen etablieren?

Der Kommunikationsexperte Ernst Primosch, Sprecher des deutschen Unternehmens Henkel International, plädiert jedenfalls für Kommunikationskonzepte, die langfristige, starke Visionen beinhalten (vgl. Primosch 2004, 30), um mittels durch mehrere Kanäle versandte Botschaften Bekanntheit und Image der Union zu fördern (vgl. ebd., 38). In diesem Zusammenhang ergeben sich für die Politikwissenschaft eine Reihe von relevanten Fragestellungen: Welche Bilder sind es, die beim Branding produziert werden, welche werden ausgelassen? Wie werden diese Bilder eingesetzt und auf welche Weise tragen sie zur Profilierung der jeweiligen Räume bei? Da Branding sich durch seine starke visuelle Orientierung auszeichnet, ist nicht zuletzt immer auch die Rolle von Medien als Vermittler auf unterschiedlichste Weise zu diskutieren und zu hinterfragen.

1.5 Visualisierungen des Politischen oder visuelle Politik? – Ansätze und Methoden der Analyse I

> Images are certainly not powerless, but they may be a lot weaker than we think.
> The problem is to refine and complicate our estimate of their power and the way it works.
> *W.J.T. Mitchell 1996, 71–82*

Sowohl die Strategien und Techniken des Marken Brandings wie die Konzeption und Umsetzung von (politischer) Kommunikation und Kampagnen weisen Visualisierungsstrategien eine zentrale Rolle zu: Dies wird nicht bloß an den im Alltag allgegenwärtigen visuellen Marken-Zeichen und -Symbolen deutlich – ein im EUropapolitischen Zusammenhang etwa von Koolhaas' Strichcode aufgenommenes Phänomen –, sondern auch am allgegenwärtigen Diskurs über die ›Medialisierung‹ von Politik, der vor allem die zunehmende Bedeutung der elektronischen Massenmedien thematisiert. Die Perspektive, in die Visualisierung von Politik in diesem Zusammenhang gestellt wird, reicht von der bloßen Präsenz – also der bereits angesprochenen Sichtbarkeit politischer Repräsentanten und Repräsentantinnen (und ihrer Botschaften) – bis hin zu Strategien ihrer ›Inszenierung‹, als deren Ergebnis eben das daraus resultierende Ansehen entstehen sollte. Insbesondere die Analyse politischer Inszenierungsstrategien mündet häufig in eine politikwissenschaftliche Kritik, die das Ziel einer Kommunikation politischer Inhalte in einen Gegensatz zu deren Präsentationsformen stellt. Vor allem in der deutschen Politikwissenschaft gängige Begriffe wie Politainment (vgl. Dörner 2001) oder Mediokratie (vgl. Meyer 2001) sollen ein inhaltliches Vermittlungsdefizit zum Ausdruck bringen, für das die mediale Dominanz dem politischen Feld fremder, teils populärkultureller Entertainment-Formate verantwortlich gemacht wird. In dieser Kritik wird der medialen Präsentation – und damit wohl auch der dafür zentralen Rolle von Bildern – eine Wirkungsmacht unterstellt, der gegenüber die politik- oder sozialwissenschaftliche Analyse eine geradezu ›aufklärerische‹ Rolle einnimmt. Die Kritik an der überwältigenden Macht der Darstellung bzw. des Visuellen steht aber selbst in einer politischen Tradition: ›Pictures are a popular political antagonist because one can take a tough stand on them and yet, at the end of the day, everything remains pretty much the same‹ (Mitchell 1996, 74).

In der Annahme eines Gegensatzes zwischen Politik und deren Repräsentation fällt Letzterer und ihrer visuellen Darstellung allzu oft die Rolle einer die Kommunikation beherrschenden, zugleich aber ›falschen‹ oder zumindest verkürzenden Form zu. Diesem Argument begegnet man wiederholt auch in der politischen Diskussion, wenn Präsentationsfehler oder Kampagnemängel für Wahlniederlagen oder das Scheitern politischer Maßnahmen verantwortlich gemacht werden.

Die politikwissenschaftliche Kritik an der Macht der Bilder ist auf deren Re-Kontextualisierung gerichtet, sozusagen auf eine ›Wiederherstellung‹ des politischen Diskurses: In dieser Perspektive werden visuelle Repräsentationen von Politik zur Illustration diskursiver Fehlstellen, deren Konzeption und Gestaltung selbst deshalb kaum je zur Diskussion stehen. Dieses Verständnis von politischen Visualisierungsstrategien entspricht jenen Kampagnen oder Brands, die von verbalen Aussagen bzw. Botschaften beherrscht werden und deren visuelle Elemente eine möglichst unmittelbare bildhafte Umsetzung der Kampagnen-Inhalte wiedergeben sollen.

Dieses Konzept lässt sich im politischen Bereich teils auch an den oben beschriebenen EUropäischen Kampagnen nachvollziehen, wie etwa am Beispiel der Begleitprodukte der ›Sound of Europe‹-Konferenz: Wenn der damalige Ratsvorsitzende Schüssel als aufmerksamer Partner im Gespräch mit EUropäischen Jugendlichen gezeigt wird, soll das Bild die Aussage der Dialogfähigkeit der EU mit vor allem jungen Bürgern und Bürgerinnen verdeutlichen – als Gegensatz zu der häufig in der Öffentlichkeit kritisierten ›Bürger/innenferne Brüssels‹. Zugleich soll das der Konferenz zugrunde liegende Konzept einer Debatte mit führenden europäischen Intellektuellen deren Beteiligung an der politischen Entwicklung der EU darstellen und ihnen die Funktion der angesprochenen Botschafter/innen für EUropa zuweisen.

Dass auf dieser Grundlage tatsächlich so etwas wie politische Brands geprägt werden (können), lässt sich etwa an der ›visuellen Rhetorik‹ (Ulrich 2006, 152) Silvio Berlusconis nachvollziehen, in der die Darstellung der Person – erfolgreicher Unternehmer, Karriere unabhängig vom traditionellen politischen Parteiensystem der Nachkriegszeit, positive Attribute aus der Identifikation mit Fußball als Präsident von AC-Milan u. Ä. m. – unmittelbar in politische Aussagen bzw. Versprechen umgedeutet wird: Sports- und Teamgeist in der Politik (anstelle von Unfairness und Intrige), Unternehmergeist, Effizienz, Ablehnung von Klientelismus etc. Diese Aussagen wurden in der politischen Kommunikation Berlusconis als Kandidat und/oder Amtsinhaber vor allem mit Bildern aus seinem Privatleben bzw. als öffentliche Person außerhalb des politischen Feldes visualisiert und sollen die Authentizität der damit verknüpften politischen Botschaften belegen. Laut Ulrich nimmt politische Visualisierung in diesem Zusammenhang die Funktion von *Schlagbildern* ein (vgl. ebd., 152). Über biographische Momente und persönliches Verhalten als unmittelbar *sichtbare* individuelle Attribute sollen der Wahrheitsgehalt der politischen Aussagen vermittelt und diese der öffentlichen Debatte entzogen bzw. direkt – unter Ausschluss politischer Auseinandersetzungen – kommuniziert werden: ›Teil der visuellrhetorischen Strategie der »imago berlusconica« ist jedoch auch die Unsichtbarkeit, ja, die Undurchsichtigkeit von Machtkonstellationen und Medienpolitik des Orators Berlusconi‹ (ebd., 152). Berlusconis wechselvolle politische Karriere verweist auf die Wirksamkeit eines derartigen politischen Marketingkonzeptes, jedoch ebenso auf dessen Grenzen. Die Mediokratie – als deren genuiner Vertreter Berlusconi unzweifelhaft und zu Recht angesehen wird – erscheint so als *ein* bestimmter und bestimmbarer Typ visueller Politik.

Dies gilt ähnlich auch für die ebenso häufige Bildkritik als politische Propaganda, die ebenfalls eine einfache Beziehung von verbaler Botschaft und visueller Darstellung unterstellt (vgl. D'Almeida 1995). Unterzieht man die darunter verstandenen Bildrepräsentationen, etwa autoritärer Regime, einer genaueren Betrachtung, so wird deutlich, dass nur ein Teil des Materials – etwa Aufrufe, positive Gruppensymbole wie ein Arbeiter als Repräsentant einer Arbeiterpartei etc. – unter diese Kategorie der ›Umsetzung‹ von Text in Bilder fällt: Es finden sich ebenso politische Symbole, die Bildtraditionen übernehmen und umdeuten (siehe Kapitel 2.1 *Landschaft*), wie Konstruktionen von ›Feindbildern‹, die auf formale Bildtraditionen der Erkennbarkeit eines Gegners zurückgreifen, die über den Rahmen des aktuell visualisierten Konflikts hinausgehen (vgl. Burke 2003, 137 ff.).

Die Wirkung von *Schlagbildern* – und damit von Kampagnen oder Brands – wird anhand dieser unmittelbaren visuellen Umsetzung verbaler Botschaften also nur teilweise erfasst: Werbekampagnen oder politische Kommunikation können in ihrem Versuch, eine Marke zu prägen, mittels *Schlagbildern* auch einen weiteren, symbolischen Bedeutungszusammenhang ansprechen. In seiner eingangs bereits zitierten Untersuchung dieser visuellen Ausdrucksform unersuchte Michael Diers unter anderem die Bilder einer Benetton-Kampagne Anfang der 1990er-Jahre, mit denen Benetton unmittelbar auf den aktuellen Prozess der Vereinigung der beiden deutschen Staaten reagierte: Werbesujets wie das friedliche Zusammentreffen von Wolf und Schaf angesichts einer Schafherde oder ›das Bild eines christlich-jüdischen Soldatenfriedhofs im Sonnenlicht der Versöhnung‹ (Diers 1997, 153 ff.) enthalten Anspielungen auf Deutsche Politik und Geschichte, aber zweifellos keine unmittelbar produktrelevante Werbebotschaft des Textilunternehmens. Sie wirken dennoch, allein schon durch die Öffnung der Perspektive über das Feld der Produktwerbung hinaus, aufgrund des damit verbundenen Überraschungsmoments als *Schlagbilder*: Als Elemente einer Image-Kampagne, die durch ihre ›Einmischung‹ in das politische Feld charakterisiert ist, setzen sie den Aufmerksamkeit hervorrufenden *Schlag* als ›Schock‹ des ›Unkonventionellen‹ (ebd., 153ff.) – trotz der harmonischen, versöhnlichen und positiv besetzten Botschaften – bzw. als Verletzung der gängigen Kontextregeln kommerzieller Werbung. Die Kampagnen von Benetton, die im Rahmen einer langjährigen Werbestrategie das Prinzip der Produktwerbung zugunsten politischer Bildsujets verlassen haben (vgl. ebd., 153ff.), gelten deshalb weithin als exemplarisches Beispiel langfristiger Imagekampagnen – und zwar nicht bloß im kommerziellen, sondern auch im politischen Feld, in dem im Rahmen der Benetton-Werbung Themen wie Aids oder Krieg und vor allem das Thema von Gleichheit und Differenz visualisiert wurden.

Der Einsatz dieser politischen Bilder in der kommerziellen Werbung verletzt zwar deren Rahmenregeln, ist darüber hinaus aber an der Logik der politische Kommunikation beherrschenden elektronischen Massenmedien orientiert, in denen die ›Zirkulation‹ visueller Symbole zwischen unterschiedlichen Repräsentationssphären – wie etwa kommerzieller und politischer Werbung – ein höheres Maß an Aufmerksamkeit sichert (vgl. D'Almeida 1995, 183), etwa durch den Überraschungseffekt eines *Schlagbildes*. Im Rahmen EUropäischer Kampagnen verfolgte das von Koolhaas in Form eines Strichcodes entworfene EU-Symbol dieselbe Strategie unter umgekehrten Vorzeichen– ebenfalls mit der unzweifelhaften Folge öffentlicher Diskussion und Aufmerksamkeit.

Die Analysen des Funktionierens von *Schlagbildern* in der öffentlichen Kommunikation verweisen einerseits darauf, dass die Zirkulation von Bildern und Symbolen zwischen unterschiedlichsten Feldern, wie etwa dem politischen Feld und anderen Bereichen der (massenmedialen) Populärkultur zu den Charakteristika ihrer Wirkung gehören. Damit erscheint eine prinzipielle Kritik an der wechselseitigen Offenheit dieser Felder oder der (Re)Präsentation ›fremder‹ Bilder und Symbole bzw. Kommunikationsstrukturen in der politischen Kommunikation als arbiträr. Andererseits können *Schlagbilder* als Hinweis darauf dienen, dass die konkret, das heißt hier an visuellen Beispielen nachvollziehbaren Übergänge zwischen unterschiedlichen Feldern der Repräsentation einen wesentlichen Teil der Analyse visueller Politikstrategien ausmachen (müssen).

Schlagbilder ›verletzen‹ zwar die eingespielten Rahmenregeln eines Feldes, das bzw. in dem sie repräsentieren, können aber durchaus als Träger verbaler bzw. verbalisierbarer Botschaften in Erscheinung treten: ob es sich dabei um die komplexere Form der Fabel vom Wolf im Schafspelz und ihre Umdeutung, also um ein metaphorisches Bild handelt, oder einfach um eine Illustration des ›United Colors‹-Slogans unter vielen diesbezüglichen Sujets (vgl. Diers 1997), oder die Kombination der ökonomischen Rolle der EU mit dem Slogan der ›Einheit in Vielfalt‹ des Verfassungsentwurfs im Strichcode.

Die jüngst einsetzende, intensivere politikwissenschaftliche Diskussion von Bildpolitik – wie auch der Titel des Bandes *Bildpolitik – Sprachpolitik* (Hofmann 2006), dem die skizzierte Berlusconi-Analyse entnommen wurde, nahelegt – ist überwiegend an einer Bestimmung des beschriebenen Naheverhältnisses von politischem Diskurs und seiner visuellen Umsetzung orientiert: eine Orientierung, die als Ergebnis ihrer Entwicklung aus sprachanalytischen Ansätzen bzw. Begriffen zur Untersuchung des politischen Feldes erscheint.

Marion G. Müller – die wesentlich zur Dokumentation der bisherigen politologischen und sozialwissenschaftlichen Diskussion ebenso wie der darüber hinausgehenden, interdisziplinären Ansätze der Untersuchung von visueller Politik beigetragen hat (vgl. Müller 2003) – führt dies auf die Entwicklung einer visuellen Aufmerksamkeit der Politologie aus dem Interesse an und der Entwicklung von Ansätzen zur Untersuchung ›Symbolischer Politik‹ zurück (vgl. Müller 2004, 338), die mit Edelmans Untersuchungen der symbolischen Dimension politischer Diskurse einsetzen. Diese symbolische Dimension wird – wie bereits erwähnt – sowohl als zentrales Element der aktuellen politischen Kommunikation (vor allem in politischen Öffentlichkeitskampagnen) rekonstruiert (vgl. Sarcinelli 2002, Meyer 2001) als auch als visuelle Symbolik in der politischen Ideengeschichte anhand von Werken der bildenden Kunst und Architektur (vgl. Münkler 1994, 1996, 1998).

Den Versuch, aus einer politikwissenschaftlichen Perspektive die symbolische Dimension der zeitgenössischen, massenmedialen Kommunikation von Politik in einen theoretisch-methodischen Rahmen zu stellen, der über die Einheit bzw. Übereinstimmung von Text- und Bildrhetorik hinausreicht – und damit auch dem erwähnten metaphorischen Einsatz von Bildern Rechnung trägt –, hat vor allem Wilhelm Hofmann (2004, 2006) unternommen. Für Hofmanns Überlegungen bildet das Ungenügen an der Interpretation von ›Bildern‹ in ›Analogie zu Sprache‹ den Ausgangspunkt der Frage nach einer ›politischen Kultur des Auges‹ (Hofmann 2004, 313), die auch für komplexere visuelle Repräsentationsformen, wie etwa die Pressefotografie, einen Zugang eröffnen soll. In seiner Formulierung dieser Fragestellung wird eines der anthropologischen Defizite der Politischen Kulturforschung (vgl. Edgerton 2000) – und darüber hinaus auch einer Reihe anderer Ansätze von Politik(feld)analysen – angesprochen, die Definition des homo politicus als Träger sprachlicher (in Form von Meinungen und Einstellungen), nicht aber sinnlicher Erfahrungen.[21] Seine Frage nach einem theoretisch-methodischen Rahmen ist daher auf jene Bereiche gerichtet, in denen die sinnlichen Dimensionen des Politischen – und damit in erster Linie Sehen und Sichtbarkeit als anthropologischer Orientierungsrahmen – im Feld der Politik rekonstruierbar werden.

Hofmann greift dafür auf zwei Ansätze zurück, die (aktuelle) visuelle Kommunikationsformen als eigenständige Symbol- und Zeichensysteme definieren bzw. decodierbar (und damit ›lesbar‹) zu machen versuchen. In Zusammenfassung jener (teils verstreuten) Überlegungen Niklas Luhmanns, die sich auf die herausra-

21 Ein Überblick zur ideengeschichtlichen Rekonstruktion dieser sinnlichen Dimension von Politik verweist darauf, dass die Abwesenheit dieser Dimension in der aktuellen politikwissenschaftlichen Diskussion als Verlust eines wesentlichen Teils ihres theoretischen Rahmens zu verstehen ist (vgl. Hofmann 2004, 316–326).

gende Rolle der elektronischen Massenmedien zur Selbstvergewisserung der zeitgenössischen Gesellschaftsformen beziehen, entwickelt er den Begriff einer selbstreferentiellen visuellen ›Wahrnehmungskultur, [die] in wesentlichen Teilen die Schriftkultur [...] überholt‹ habe und deren Bedeutung darin bestehe, ›die binäre Codierung der Sprache in Ja/Nein erheblich [zu] relativieren‹ (Hofmann 2004, 327): Aus dieser Differenz zwischen Sprach- und Schriftkultur sowie einer davon durch die technische Entwicklung der Medien losgelösten visuellen ›Wahrnehmungskultur‹ – wie sie die (Be)Deutung der elektronischen Massenmedien bei ihren Produzenten/Produzentinnen wie Konsumenten/Konsumentinnen voraussetzt – entwickelt er die Forderung nach analytischen Zugängen, die den Eigengesetzlichkeiten des visuellen Ausdrucks gerecht werden.

Einen Ansatz zur Lektüre von Bildern, die das Format der Textillustration überschreiten, findet Hofmann in Roland Barthes' Entwurf zu einer Analyse der Fotografie (vgl. Hofmann 2006, 168–178): Über die bereits skizzierte Bedeutung dieses Mediums für die Entwicklung visueller Politik hinaus, die eine politologische Beschäftigung damit unabdingbar erscheinen lassen, steht für Hofmann vor allem Barthes' zeichentheoretische Rekonstruktion jener Bildkonzeption im Vordergrund des politikwissenschaftlichen Interesses, die eine Beschreibung der Wirkungsweise komplexer *(Schlag)Bilder* eröffnet. Barthes' Ansatz – der hier über das eingangs zitierte Beispiel hinaus aufgrund seiner speziellen, überwiegend kunsthistorischen Ausrichtung nicht in allen Details diskutiert wird – systematisiert den Verweiszusammenhang unterschiedlicher Repräsentationsfelder, den ›Eklektizismus‹ vor allem der (politischen) Pressefotografie. Davon ausgehend beschreibt er das Grundproblem des (ebenfalls bereits angesprochenen) *Bedeutungstransfers* in einer Parallele zwischen der Referenz des jeweiligen Bildes auf andere Bilder und der Referenz der – damit ins Bild gerückten – Betrachter/innen auf eben diese ›imaginären‹ Referenzbilder, die Grundlage einer unvermittelten Lesbarkeit visueller Repräsentationen sind (vgl. Barthes 1980, 12ff.). Beide stellen (einen Teil der) Elemente eines spezifischen Wahrnehmungscodes der Fotografie dar, dessen passive Kenntnis als *kultureller Code* die Grundlage ihrer Verbreitung und dessen reflexive *Decodierung* die Grundlage ihrer (Be)Deutung bilden.

Auch die von Hofmann vorgeschlagenen Ansätze zu einer genuinen Bildlektüre verbleiben – wie der Barthes'sche Begriff des Codes deutlich macht – in einem sprachtheoretischen Rahmen, den sie allerdings wesentlich weiter spannen als die Analogien zwischen diskursiver und visueller politischer Symbol-Sprache: Visuelle Codes oder Wahrnehmungskulturen sprechen über die semantische Bedeutungsdimension politischer Sprache hinaus, die im Wesentlichen im Mittelpunkt politikwissenschaftlicher Analysen steht, auch deren semiotische Dimension als eigenständige Bedeutungsträger an, die sozusagen nach den jeweiligen Gesetzen einer *Kunst*sprache lesbar werden.

Einem derart erweiterten, ›sprachanalytischen‹ Zugang zu visueller Politik sind auch eine Reihe von Einzelanalysen verpflichtet, die metaphorische Sprachbilder (vgl. Wesel 2006) oder den Zeichencharakter politischer Visualisierungsstrategien (vgl. Uhl 2005) ins Zentrum der Analyse stellen.

Hofmanns Argumentation macht darüber hinaus deutlich, dass ›gegen den bildkritischen Diskurs der Sozialwissenschaften‹ (Hofmann 2006, 178), und insbesondere der Politikwissenschaft, Ansätze zur Analyse visueller Politik nur aus jenen Disziplinen zu gewinnen sind, die – wie die Visuelle Semiotik – in der aktuellen Diskussion als Bildwissenschaften bezeichnet werden.

Für politikwissenschaftliche Fragestellungen ist es in erster Linie die Entwicklung einer Politischen Ikonografie, die in einer Reihe exemplarischer Analysen einen historischen Deutungszusammenhang der Repräsentationsformen aktueller politischer Bildwelten rekonstruiert hat. Auf diese – aus kunsthistorischen Methoden am Rande der Sozialwissenschaften entwickelte – Tradition verweist auch Müller, wenn sie ebenfalls die Frage der ›kulturellen‹ Orientierung als Grundlage politischer Einstellungen und Repräsentationsformen aufnimmt: Die Verankerung von Politik in ›*belief systems*‹ (Müller 2004, 336) erfordere einen über konkrete Visualisierungsformen als Element politischer Strategien hinaus weisenden Blick, der auf die in der politischen Repräsentation angesprochenen Referenzsysteme gerichtet wird. Der ikonografische Blick auf politische Bilder als Elemente eines solchen Referenzrahmens kann jedoch nicht bloß additiv anderen Methoden hinzugefügt werden, er impliziert einen ›Blickwechsel‹: ›The most far-reaching shift signaled by the search for an adequate concept of visual culture is its emphasis on the social field of the visual [...]‹ (Mitchell 1996, 82).

1.6 Politische Repräsentation im Feld visueller Kultur(en) – Ansätze und Methoden der Analyse II

In der Politikwissenschaft steht die Frage nach *belief systems* als Rahmen von Politik in der Politischen Ideengeschichte deutlicher im Zentrum der Analysen als in anderen Bereichen, schon aufgrund von deren Strukturierung anhand von Epochenbegriffen, denen bestimmte Politikauffassungen und die damit verbundenen politischen Systeme zugeordnet werden. Hier sollen deshalb jene ideenhistorischen Entwürfe diskutiert werden, die Elemente visueller Politik mit einbeziehen.

Dass gerade in kulturhistorisch orientierten Versuchen einer politischen Ideengeschichte visuelle Ausdrucksformen thematisiert werden, mag mit deren Anspruch auf die Entwicklung aktueller Phänomene aus einer historischen Perspektive ebenso zusammenhängen wie mit der Notwendigkeit, aufgrund der zeitlichen Distanz zum Gegenstand diesen über seine Verankerung in einer Lebenswelt und Weltanschauung verständlich zu machen. So hat etwa der Literaturhistoriker und

Psychoanalytiker Jean Starobinski (1997) in einer Rekonstruktion der zentralen, vor allem visuellen Embleme (aus Bildender Kunst, Architektur und Musik) der Französischen Revolution gerade jene symbolischen Elemente hervorgehoben – wie etwa die Symbole von Freiheit, Gleichheit und Brüderlichkeit oder die zu ihrem Entstehungszeitpunkt utopischen Entwürfe moderner Architektur –, die auch heute noch als Bedeutungsträger für diese Zusammenhänge wirksam sind. Starobinskis Entwicklung dieser Embleme – als zentrale politische und intellektuelle Symbole des Wandels – aus einer breit angelegten Kulturgeschichte der Französischen Revolution (vgl. Starobinski/Staub 1964) deutet den politischen Systemwechsel als Teil bzw. Ergebnis eines alle Lebensbereiche umfassenden kulturellen Wandels. Die Rekonstruktion der emblematischen Zeichen dieser Entwicklung aus der Fülle veränderter Kulturformen verweist darauf, dass die Suche nach den Referenzsystemen visueller Politik den Blick geradezu zwangsläufig von den jeweiligen Aktualitäten der (medialen) Bildkreisläufe auch auf deren Epochen übergreifende Konstanten lenkt. Angesichts eines gängigen Politikbegriffs, der spätestens seit der Französischen Revolution Politik als permanenten Veränderungs- bzw. Entwicklungsprozess und -diskurs[22] versteht, erhält die Perspektive auf *visuelle* und zugleich potenzielle politische Konstanten eine besondere Bedeutung.

Eine solche Perspektive auf visuelle und zugleich diskursive Konstanten der Repräsentation von Politik untersuchte Herfried Münkler anhand einer Auswahl politischer Metaphern und deren (künstlerischer) Visualisierung, die einen ideenhistorischen Bogen von der antiken griechischen Polis (›Arzt und Steuermann: Metaphern des Politikers‹, Münkler 1994, 125–140) und biblischen Motiven über republikanische Revolutions- und Nations-Symbolik bis zu den totalitären politischen Systemen des 20. Jahrhunderts spannen. Bereits im Titel seiner Essaysammlung – *Politische Bilder, Politik der Metaphern* (1994) – verdeutlicht Münkler einen Ansatz, der von einer Gleichwertigkeit und einem wechselseitigen Einfluss sprachlicher und visueller Ausdrucksformen dieser Metaphern ausgeht: Münkler relativiert damit in (s)einer ideenhistorischen Perspektive das in den Analysen politischer Kommunikation dominierende Bild einer sekundären, nachgeordneten visuellen Repräsentation des politischen Diskurses, indem er eine eigenständige Wirkung visueller politischer Symbole rekonstruiert. So macht er etwa anhand der Analyse von ›Feindbildern‹ deutlich, dass dem visuellen Ausdruck, dem Bild selbst die Rolle des Entwurfs, die Rolle eines Auslösers von bestimmten politischen Strategien zugeschrieben werden kann: ›Ist nämlich die Benennung, die Verbildlichung des Feindes damit gleichbedeutend, daß man den Feind als solchen erst schafft, so ist das Feindbild mehr als bloß das Bild des Feindes: Es ist die Herstellung von Feindschaft in einer Welt, die ansonsten womöglich auch ohne Feindschaft auskommen könnte‹ (ebd., 22).

22 Unter Entwicklung wird hier auch die Perspektive einer fortschreitenden ›Ausdifferenzierung‹ der Gesellschaft verstanden, wie sie die Systemtheorie zugrunde legt (siehe Kapitel 1.5 *Visualisierungen*).

In seinem exemplarischen Überblick der metaphorischen Repräsentation und Überlieferung zentraler politischer Ideen macht Münkler damit wenigstens zwei Prinzipien deutlich, die – trotz der Sprachgebundenheit auch seiner Bildanalysen[23] – über das gängige politologische Verständnis von visueller Politik hinausgehen. Münkler zeigt zum einen, dass die Analyse von Bildern einen wesentlichen Beitrag zum Verständnis politischer Ideengeschichte zu leisten imstande ist, indem aus dieser Perspektive neue, topologische bzw. themenorientierte Strukturen der Entwicklung politischer Ideen rekonstruiert werden können. Zum anderen weist er – etwa anhand der politischen Verwendung von ›Feindbildern‹ – darauf hin, dass Kultur(geschichte) als Referenzrahmen von politischen Ideen und des politischen Feldes insgesamt durch eine Rekonstruktion jener Bezüge, die über das jeweils konkrete Beispiel hinausweisen, zur Rekonstruktion der (Be)Deutungen des Politischen selbst beizutragen vermag.

Einer vergleichbaren Auffassung scheint auch Klaus von Beyme verpflichtet, der eine Reihe von Einzelanalysen der politischen Bedeutung künstlerischer Ausdrucksformen und deren Aussagewert für die Formulierung politischer Ideen widmete (vgl. Beyme 1996, 1998, 2004): Beyme setzt sich in diesen Essays vor allem mit der architektonischen Visualisierung politischer Macht- und Herrschaftsansprüche als auch mit der Darstellung des Widerstands gegen diese in der Bildenden Kunst auseinander. Beyme sieht die Aussagekraft künstlerischer Artefakte für das politische Feld allerdings in zweifacher Weise begrenzt: einerseits aus einer kunsthistorischen Perspektive, in der er eine Loslösung der Beziehung von Politik und Bildender Kunst in demokratischen Staatsformen (vgl. Beyme 1998, 27) ebenso wie von Politik und moderner bzw. spätmoderner Architektur durch einen Bedeutungsverlust symbolischen Bauens konstatiert (vgl. Beyme 2004, 360ff.). Andererseits sind seine im Wesentlichen auf diese beiden Ausdrucksformen fokussierten Essays auch von einer deutlich ambivalenteren Haltung gegenüber einem politologischen oder sozialwissenschaftlichen Zugang zu visuellen Ausdrucksformen geprägt als die Herfried Münklers (vgl. Beyme 1998, 18).

Beymes Hinweis folgend, der – ebenso wie Müller (2004) – ein Einbeziehen von bildwissenschaftlichen Ansätzen, und vor allem jenen der Politischen Ikonografie, für unabdingbar für die polit(olog)ische Bildanalyse hält (vgl. ebd., 10), soll hier der Versuch einer präziseren Bestimmung des Verhältnisses von politikwissenschaftlichen und bildwissenschaftlichen Zugängen zu visueller Politik unternommen werden. Gerade auch wegen der von Beyme angesprochenen Grenzen einer politischen Bild-Deutung sollen diese Ansätze im Folgenden anhand eines Beispiels diskutiert werden: Eugène Delacroix' ›Die Freiheit führt das Volk‹ (1830/1831), einer zur Ikone gewordenen Revolutionsdarstellung, die unter anderem auch Beyme und – an der Ikonografie orientiert – der Kulturhistoriker Peter Burke analysiert haben.

23 Bei den untersuchten Beispielen handelt es sich jeweils um Topoi, die sowohl als sprachliche wie als visuelle Metaphern im selben Bedeutungszusammenhang auftreten.

Abb. 3: Eugène Delacroix: ›28. Juli 1830: Die Freiheit führt das Volk‹.

In einem Beitrag zur Diskussion des Verhältnisses von Politik bzw. ›Macht‹ und Kunst versucht Klaus von Beyme an diesem Beispiel nicht bloß die Grenzen einer politikwissenschaftlichen Analyse politischer Bilder aufzuzeigen, er relativiert zugleich auch die politischen Deutungsmöglichkeiten der Ikonografie. Die politische Bedeutung des Bildes – und damit dessen politikwissenschaftliche Deutung – wird von ihm aus einer angenommenen zeitgenössischen Rezeptions-Perspektive in Frage gestellt: Zeitgenossen und -genossinnen hätten den Mann mit dem Zylinder kaum als Studenten oder Bürger gelesen, auch Ähnlichkeiten mit einem Politiker (Lafitte) seien zeitgenössisch nicht wahrgenommen, sondern später unterstellt worden. Vor allem aber die inzwischen berühmt gewordene Frauengestalt sei zeitgenössisch als ›schmutzige‹ Provokation empfunden worden, Kritiker/innen hätten in deren entblößten Brüsten eine Darstellung der ›Verworfenheit des aufrührerischen Weibes‹ gesehen (Beyme 1998, 16). Schließlich sei der Aufstieg der Darstellung zu einer Ikone der Französischen Revolution wesentlich später, im 20. Jahrhundert erfolgt – durch deren Verbreitung in Schulbüchern der Dritten Republik bzw. auf dem Hundert-Franc-Schein (1979) –, was für Beyme auch die Bedeutung des Bildes in einer ikonografischen Tradition der Symbole der Französischen Revolution relativiert: ›Gerade die Geschichte dieses Bildes, gemalt von einem progressiven, aber eher unpolitischen Grandseigneur ohne aufrührerische Neigungen, wirft die Frage nach der Validität der ikonologischen Deutungen auf. Viele der scharfsinnigen wissenschaftlichen Deutungen waren den zeitgenössischen Kennern fremd. Wessen Meinung soll Vorrang haben: die Meinung der Kenner unter den Zeitgenossen (die ja irren konnten oder aus erotischer oder politischer Prüderie sich gewisse Assoziationen nicht erlaubten) oder die der Connaisseurs, die mit der ikonologischen Methode ex post facto herangingen?‹ (ebd., 17).

Hier soll Beymes Frage nun sozusagen beim Wort genommen und die ›Meinung‹ eines solchen ›Connaisseurs‹ mit Beymes Deutung verglichen werden. Burke stellt seine Interpretation des Delacroix-Gemäldes in den Zusammenhang der Darstellung politischer Ideen, genauer der Idee der Freiheit: ein Kontext, den er – wie Münkler – als metaphorischen, das heißt in enger Verbindung mit einschlägigen Texten bestimmt, wie dem von Beyme als Quelle für Delacroix' Darstellung angegebenen Gedicht Auguste Barbiers.

Burkes Deutung der Bildsymbolik stellt diese aber in einen anderen Zusammenhang als Beyme: ›Delacroix zeigt die Freiheit halb als Göttin (nach dem Vorbild einer griechischen Siegesstatue), halb als Frau aus dem Volk, mit [...] entblößten Brüsten und einer phrygischen Mütze (eine klassische Anspielung), Symbol jener Freiheit, in deren Namen die Julirevolution gemacht wurde. Was das »Volk« betrifft, so wurde der Mann im Zylinder aufgrund eben dieser Kopfbedeckung bisweilen als Bourgeois interpretiert. Tatsächlich aber trug ein Teil der französischen Arbeiterklasse damals durchaus Zylinder. Und bei näherer Betrachtung der Kleidung, vor allem des Gürtels und der Hose, offenbart sich diese Figur als Handarbeiter – ein weiteres Beispiel dafür, wie wichtig kleine Details sind‹ (Burke 2003, 71). Das ausführliche Zitat dieser Detailinterpretation soll hier nicht so sehr zur Infragestellung von Beymes Deutung dienen, als vielmehr dazu, Differenzen des ikonografischen Vorgehens zu den diskutierten politikwissenschaftlichen Bildanalysen deutlich zu machen: Die Ikonografie interpretiert ausgehend von einzelnen Elementen eines Bildes anhand von deren oft unterschiedlichen Darstellungstraditionen, die sich sogar in ein und derselben Gestalt finden können – wie etwa hier die volksverbundenen und göttlichen Bezüge der die Freiheit symbolisierenden Frauengestalt.

Auch der historische Kontext, in den Burke das Gemälde stellt, ist ein anderer: ›Das Gemälde liefert uns eine zeitgenössische Interpretation der Ereignisse von 1830 [...] nach der Erhebung der Pariser Bevölkerung vom 27. bis 29. Juli 1830 und dem Sturz Karl X. [...] Hier wird ein Zusammenhang mit den Idealen der Revolution von 1789 hergestellt, der der neue »Bürgerkönig« Louis Philippe dadurch seine Anerkennung zollte, daß er die Trikolore als Symbol Frankreichs wieder einführte‹ (ebd., 71), die wir auch im Bild von Delacroix in der ausgestreckten Hand der *Freiheit* sehen. Auch diese historische Zuordnung des Gemäldes wird hier nicht als Berichtigung zitiert, sondern dient vor allem als Hinweis auf die ebenfalls zur politischen Ideengeschichte unterschiedliche Perspektive: Während in Letzterer das Bild vor allem als Ausdruck seines (epochalen, zeitgenössischen) Entstehungszusammenhangs erscheint, stellt die ikonografische Perspektive seine symbolischen Elemente und Figuren in den Kontext von Darstellungstraditionen – hier zwischen der Französischen Revolution 1789 und jener von 1830 –, die über die Variation(en) der Darstellung die (politische) Deutung dieser Traditionen im jeweils aktuellen Kontext zu rekonstruieren versuchen.

Schließlich wirft Beyme noch die Frage der Rezeption von Delacroix' Gemälde auf, die von Burke ebenfalls unterschiedlich beantwortet wird. ›1831 wurde das Werk vom Staat erworben, 1833 verschwand es in einem Keller, tauchte 1849 kurz wieder auf, nur um wenig später, nachdem Louis Napoleon fest im Sattel saß, erneut verbannt zu werden. Der heikle Punkt war der, daß das Bild bei einigen zeitgenössischen Betrachtern die Erinnerung an die Republik von 1792 heraufbeschwor, die nach der Hinrichtung Ludwig XVI. ausgerufen worden war, womit es für ein monarchistisches Regime unbequem werden mußte‹ (ebd., 208). Im Fall von Delacroix' ›Freiheit‹ ist die unmittelbare Rezeption offenbar von einer Bildlektüre geprägt, die der Deutung dieser Figur als visuelle Reminiszenz an die Französische Revolution entspricht und dadurch eine Abfolge – im gegenständlichen Fall – widersprüchlicher Bezüge zu dem Gemälde auslöst.

Die Frage der Bild-Rezeption stellt sich gerade auch in einer ideen- oder kulturhistorischen Perspektive über die jeweils einzelnen Beispiele hinaus in Hinblick auf die Bedeutung eines Bildbeispiels im weiteren kulturellen Kontext. Noch dringlicher erscheint die Rezeptionsfrage zweifellos in politischen Kampagnen, wo sie als entscheidend für Erfolg oder Misserfolg angesehen wird: Dementsprechend werden im Rahmen von Werbe- und Wahlstrategien auch eine Reihe von Testmethoden eingesetzt, um etwa mittels Fokusgruppen oder psychologischer Assoziationstests sicherzustellen, dass die Botschaft die potenziellen Rezipienten und Rezipientinnen auch erreicht (vgl. Frey 2007).

Burkes Rekonstruktion der Rezeption des Delacroix-Gemäldes weist aber auch auf die Widersprüchlichkeit und Kontextabhängigkeit von Rezeptionsprozessen hin: Die Wirkung von vor allem veröffentlichten Bildern – und dementsprechend auch von visueller Politik – lässt sich nur schwer auf einen bestimmten Zeitpunkt (zu dem sie etwa getestet wird) oder entlang der Grenzen der zeitgenössischen sozialen Distinktionen aus anderen Lebensbereichen festmachen. Im ikonografischen Zusammenhang werden deshalb Verfahren der Rekonstruktion von Rezeptionsprozessen diskutiert, die auch Burke im zitierten Band anhand einzelner, beispielgebender Untersuchungen als Forschungsdesiderat zusammenfasst (vgl. Burke 2001, 206f.): Sie sind an einer (geradezu akribischen) Dokumentation der *öffentlichen* Rezeption von Bildern orientiert, die negative Reaktionen ebenso wie deren (zeitweiliges) Ignorieren oder Vergessen umfassen soll, um so die ›Auswirkungen von Bildern auf die Gesellschaft‹ (ebd., 206) zu erfassen. Freilich erscheint dieser Zugang zu Rezeptionsfragen für den Entwurf politischer Kampagnen aus der Perspektive ihrer Konstrukteure/Konstrukteurinnen oder Auftraggeber/innen verspätet, obwohl selbstverständlich auch in deren Entwurfsprozesse die Erfahrungen vorhergehender Kampagnen einfließen. Das muss jedoch keineswegs bedeuten, dass eine derart nachfolgende Analyse nach kulturhistorischen Mustern für politikwissenschaftliche Fragestellungen nicht aufschlussreich sein könnte.

Auch Roland Barthes' (eingangs zitierter) Ansatz zu einer Lektüre der Fotografie versucht die Frage der Rezeption zu beantworten. In Barthes' Ansatz ist es die ›Rhetorik des Bildes‹ selbst, die die Aufmerksamkeit des Betrachters/der Betrachterin zunächst anzieht und damit zu einer im Bild mit eingeschlossenen Lektüre lenkt – etwa durch die Identifikation mit einer bestimmten Figur im Bild: Im eingangs zitierten Bildbeispiel aus dem nicaraguanischen Bürgerkrieg sind es die potenziellen Opfer der Kriegsgewalt, also die Nonnen, aus deren Perspektive das Bild gelesen wird. Barthes' Methode kann jedoch, so zwingend sie am gewählten Beispiel eines *Schlagbildes* auch erscheinen mag, selbst für diese – auf eindeutige Wirkung und Lesbarkeit ausgerichtete – Bildkategorie den Fall einer ›Fehldeutung‹ oder eines Missverständnisses der Bildintention nicht ausschließen; sie vermag deshalb den Rezeptionsprozess nicht in allen seinen Facetten zu erfassen. Für eine kulturhistorische Betrachtung der Bildrezeption – wie die oben skizzierte – kann dagegen auch eine ›falsche‹ Bildlektüre gleichrangiger, das heißt gleichermaßen aufschlussreicher Bestandteil der Rezeptionsgeschichte sein (vgl. ebd., 208).

Die Frage der Rezeption stellt sich im ikonografischen Ansatz aber vor allem in anderer Form: als Frage nach der Rezeption der Bildmotive, also dem Verhältnis zur (Re)Präsentation des Sujets – im vorhin dargestellten Fall der *Freiheit* – in vorausgehenden und folgenden Darstellungen. Als *eine* Repräsentation der *Freiheit* stellt Burke Delacroix' Darstellung sozusagen als Variation eines Themas in einen größeren Zusammenhang, der von den angesprochenen antiken, griechischen Götterbildern über die Freiheitsstatue in New York[24] bis zu der, von chinesischen Studierenden 1989 während der Proteste am Platz des Himmlischen Friedens in Peking errichteten, Göttin der Demokratie reicht (vgl. ebd., 69ff.): Es sind derartige Traditionszusammenhänge, die im Zentrum der (Politischen) Ikonografie stehen und die in der vergleichenden Deutung der jeweiligen Realisierung des Sujets zugleich einen Zugang zu deren spezifischer Bedeutung eröffnen.

Die hier in einer Art Collage-Technik an einem Bildbeispiel exemplarisch zusammengefasste Kontroverse spricht darüber hinaus eine weitere Frage der Darstellung politischer Ideen(geschichte) an, die für die Analyse visueller Politik von Bedeutung erscheint. Sie bezieht sich auf das Material bzw. die Bestimmung des Gegenstandsbereichs solcher Analysen: Während Beyme selbst sich in seinen Essays – wie auch Münkler in den oben skizzierten, ideengeschichtlichen Analysen – mit Artefakten auseinandersetzt, die den Schönen Künsten bzw. deren kanonisierten Werken zugerechnet werden, bedauert er generell die Schwierigkeiten, die die Werke ›hochrangiger Künstler‹ (Beyme 1998, 17) politischen Deutungen entge-

24 Die New Yorker Freiheitsstatue wurde ebenfalls von einem französischen Künstler, dem Bildhauer Frédéric Auguste Bartoldi, entworfen und 1886 eingeweiht.

genbringen. Er spricht damit explizit eine Trennung von ›hoher‹ und Gebrauchskunst an, die in der politikwissenschaftlichen Diskussion visueller Repräsentationen in der Regel wirksam zu sein scheint: Beyme meint, dass einerseits ›stark politisierte Künstler‹ ›keine großen ikonologischen Rätsel‹ aufgäben, weshalb polit(olog)ischen Analysen die ›Niederungen der Gebrauchskunst in graphischer Symbol-, Emblem- oder Ereignisbild-Produktion von Leviathan-Illustrationen bis zur Revolutionsgraphik‹ am nächsten lägen (ebd., 8) – eine Formulierung, in der politische Kunst vor allem in der Funktion als Propaganda wahrgenommen wird. Diese Einschätzung entspricht der in der Analyse von politischen Kampagnen (siehe oben) verbreiteten Annahme, dass deren Bildelemente einfach(e) Visualisierungen ihrer verbalen Botschaften wären.

Diese Entgegensetzung von Gebrauchs- und Schönen Künsten wird jedoch sowohl aus einer kulturhistorischen wie aus einer ikonografischen Perspektive relativiert, da beide eng mit der Entwicklung der Reproduktionstechniken visueller Kultur verflochten sind. So schließen auch Burkes oben erwähnte Beispiele für die Darstellung der *Freiheit* mit der von den chinesischen Studenten und Studentinnen eilig aus Gips hergestellten *Demokratie* politische Gebrauchskunst in die Reihe einer Bildtradition ein.

Gerade die Repräsentation des Politischen scheint sich in einer ständigen Wechselwirkung dieser unterschiedlichen Ausdrucksformen zu entwickeln. In seiner (oben zitierten) Diskussion der Funktion von ›Bilder[n] als historische Quellen‹ greift Burke (2003) durchgehend auf diese Wechselbezüge zwischen Gebrauchskunst und kanonisierten Werken der Kunstgeschichte zurück, um für eine Reihe genuin politischer Bildthemen – wie ›Macht und Protest‹, ›Stereotype der anderen‹ oder ›Visualisierte Ereignisse‹ – die ikonografischen Verweis- und Deutungszusammenhänge zu rekonstruieren.

Besonders die Entwicklung der Ikonografie als kunsthistorische Methode hat auch für andere visuelle Überlieferungsthemen als politische das Augenmerk auf die oft enge Verbindung von Gebrauchskunst und kanonisierten Bildwerken, ja auf den Statuswechsel bestimmter Werke zwischen den beiden Wahrnehmungszuordnungen gelenkt. Erwin Panofsky rekonstruiert in seiner umfangreichen und nicht bloß für die einschlägige Forschung epochalen ›Dürer‹-Studie (1977), einem der Schlüsselwerke dieses Ansatzes, anhand von Albrecht Dürers Arbeit mit Drucktechniken als Vervielfältigungsmöglichkeit seiner Werke den Zusammenhang von deren Verbreitung und künstlerischem Rang.[25] Dieser Zusammenhang kann in Abwandlungen seit der Renaissance am Beispiel prominenter Künstler-Werkstätten bis ins 20. Jahrhundert und die aktuelle Kunstszene (Nitsch, Spoerri) verfolgt werden, gerade auch bei einigen der von Beyme als ›hochrangig‹ angeführten Künstler, wie Ernst, Picasso oder Dalí. Die beiden Letzteren wurden über den Kunstmarkt

25 Zum Einsatz der Drucktechnik für ›politische Kommunikation‹ siehe Kapitel VI, Dürers Tätigkeit für Maximilian I.

auch durch Entwürfe für eine Massenproduktion von Gebrauchskunst (Geschirr, Möbel etc.) bekannt. Vor allem Aby Warburg – einer der Begründer der Ikonografie – rückte, in bewusstem Gegensatz zur Mehrzahl der kunsthistorischen Traditionen, die Analyse der Verbindung unterschiedlichster visueller Darstellungsformen ins Zentrum einer als Kulturgeschichte verstandenen Kunstgeschichte: ›Es war stets ein Grundsatz des Warburgschen Forschungsprogramms gewesen, dass der Kulturhistoriker sich nicht auf die Werke der großen oder »schönen« Kunst beschränken dürfe, sondern auch andere Formen der Symbolik in seine Arbeit aufnehmen müsse. Die ephemeren Künste des Festwesens, aber auch Propaganda- und Flugschriften waren solch ein Gebiet, das Warburg der Aufmerksamkeit der Historiker empfahl‹ (Gombrich 2006, 353).

Der Hinweis auf die Verbindung von Gebrauchskunst und kanonisierten Werken erscheint für die Fragestellungen visueller Politik darüber hinaus zentral, weil diese Verbindung in der visuellen Repräsentation republikanischer Staatsformen noch an Bedeutung gewinnen dürfte. In diesem Sinne wurde die Französische Revolution von der Historikerin Lynn Hunt (1989) als nicht bloß politisches Ereignis, sondern in ihrer darüber weit hinausgehenden, lebensweltlichen Dimension rekonstruiert. Als wesentliches Element dieser Entwicklung wird von ihr die Verbreitung von Symbolen und Bildthemen der Revolution auch über Alltagsgegenstände wie Geschirr, Tabaksdosen u.v.a.m. nachgezeichnet, ebenso wie die Aufladung alltäglicher Ausdrucksformen, wie revolutionärer Festkultur und Kleidung, mit politischer Bedeutung. Hunt entwickelt aus diesen Erscheinungsformen des Politischen die Grundstrukturen einer bis heute wirksamen, republikanischen Politischen Kultur, deren Bürger/innen politische Anschauungen nicht nur verbal, sondern auch habituell zum Ausdruck bringen.

Das historisierende Bild der Französischen Revolution, das von Delacroix' Gemälde vermittelt wird, gilt für die Politische Kultur europäischer Nationalstaaten wie auch der Europäischen Union bis heute als emblematisch. Es mag daher als ein passender Ausgangspunkt erscheinen, um nicht bloß die Frage nach *beliefs* bzw. nach Referenzkulturen und deren (Be)Deutung zu konkretisieren, sondern auch die nach ihrer Deutbarkeit und deren Grenzen in unterschiedlichen wissenschaftlichen Ansätzen.

Das hier untersuchte Material visueller EUropapolitik ist im Großen und Ganzen der politischen Gebrauchskunst, wie sie in Wahl- und Image-Kampagnen eingesetzt wird, zuzurechnen: Es soll im Folgenden aber anhand von Beispielen deutlich werden, dass diese Zuordnung nur zu einem geringen Teil auf propagandistische *Schlagbilder* mit eindeutigen Botschaften zurückgreift, ja in Abgrenzung dazu mitunter sogar in ihrer Gestaltung selbst Referenzpunkte europäischer Kunst- und Kulturgeschichte aufsucht. Das gilt insbesondere für die Problematik der offiziellen Repräsentation der EU in Symbolen und Ritualen, die wiederum als Darstellungs- und Inszenierungselemente in Image- und Wahlkampagnen einfließen.

1.7 Politische Repräsentation: Spuren – Elemente – *Vorbilder*

Es mag nunmehr am Versuch, einen Überblick über den Diskussionsstand der Analyse visueller Politik zu gewinnen, deutlich geworden sein, dass es sich bei der politikwissenschaftlichen Beschäftigung mit Bildmaterial um eine Spurensuche im doppelten Sinn handelt. Das betrifft einerseits die – trotz der erwähnten Ansätze zu einer methodischen bzw. theoretischen Grundlegung durch Müller (2003) und Hofmann (2006) – notwendigerweise heterogenen Verweise in ein multidisziplinäres Feld der Bildwissenschaften. In diesem wurden in den letzten Jahren nicht bloß abseits der Politik-, sondern großteils der Sozialwissenschaften insgesamt, vor allem in Geschichte (Burke), Kunstgeschichte (Warnke) und den Visual Studies (Mitchell), Ansätze zur Analyse visueller Politik entwickelt. Als Spurensuche kristallisiert sich aus der Diskussion dieser Ansätze auch die Auseinandersetzung mit Bildmaterialien selbst heraus, was deren Interpretation ebenso wie den methodischen Zugang zu den einzelnen Bildanalysen betrifft.

Dass die Metapher der Spur in ihrer Verwendung hier nicht originell ist, muss natürlich zugestanden werden: Schon der Historiker Carlo Ginzburg übertitelt einen Beitrag zu einem wissenschaftsgeschichtlichen Sammelband, in dem er unter anderen Ansätzen eine Diskussion der ikonografischen Methode in der Geschichtswissenschaft propagiert, als ›Spurensicherung‹ (Ginzburg 1983). Er versteht darunter die Wiederaufnahme dieses kunsthistorischen Forschungsansatzes, der durch den Nationalsozialismus und das Exil seiner wichtigsten Vertreter bzw. von deren Sammlungen (Erwin Panofsky, Aby Warburg, Ernst H. Gombrich) unterbrochen worden war. Ebenso charakterisiert er mit diesem Begriff aber auch deren Methode.[26]

Die ikonografische Methode wird in den oben erwähnten, bildwissenschaftlichen Beiträgen – die im Verlauf dieser Untersuchung immer wieder als Referenzwerke dienen – in unterschiedlicher Weise für die Analyse politischer Bilder weiterentwickelt. Hier sollen deshalb einige methodologische Grundsätze festgehalten werden, deren Spuren auch die folgenden Analysen visueller EU-Politik durchgehend begleiten: ein Fokus auf Elemente der visuellen Gestaltung bzw. Bildthemen (statt etwa auf politische Botschaften) und deren Variation(en), deren Repräsentationen sich in unterschiedlichen Medien, bis hin zu Ritual und Inszenierung, rekonstruieren lassen; die Frage nach den (Be)Deutungskontexten, in die derartige visuelle Referenzen die untersuchten Abbildungen stellen, und nach deren visueller

26 In den vorliegenden Band wurde, da für eine ausführliche Gesamtdarstellung der thematischen Orientierung entsprechend kein Platz ist, über inhaltliche Bezüge hinaus (die sich vor allem im abschließenden Teil finden) keine zusammenfassende Darstellung der Ikonografie aufgenommen: Solche Darstellungen finden sich in den zitierten Werken von Müller (2004, 336f.), Burke (2001, 69f.) und Warnke (1994). Der im Folgenden verwendete Begriffsgebrauch Ikonografie oder Politische Ikonografie folgt Warnke und Burke im Absehen von der von Panofsky eingeführten Differenzierung zwischen einer ›ikonografischen‹ Bild- und einer ›ikonologischen‹ Deutungs-Dimension.

Sinnstiftung als integraler Teil der vermittelten politischen Inhalte; und schließlich die Suche nach jenen lebensweltlichen Verweisen, in denen die Visualisierungen des Politischen vorgestellt werden.

Ginzburg (1983) fügt den hier versammelten Spuren mit dem Begriff des sozialen Gedächtnisses eine weitere hinzu, die sozusagen den ›Ort‹ der Bedeutungskonstitution in den Blick nimmt und *eine* Bestimmung der bereits zitierten Aufforderung Mitchells, den Blick auf dieses ›soziale Feld des Visuellen‹ zu richten, erlaubt. Ginzburg bezieht sich mit diesem Begriff auf Aby Warburgs in mehreren Schriften unternommene Versuche, die Wiederaufnahme von Bildmotiven und vor allem -symbolen der Antike in der Renaissance, die nicht auf unmittelbarer ›Nachahmung‹ beruhen, nachvollziehbar zu machen. In seiner ›intellektuellen Biografie‹ Warburgs fasste Gombrich diese Ansätze als ›Theorie des sozialen Gedächtnisses‹ (Gombrich 2006, 325f.) zusammen: Warburgs theoretische Ansätze, aus kunsthistorischen Entwicklungsverweisen ein Bildgedächtnis zu rekonstruieren, das nicht so sehr an den Beziehungen zwischen einzelnen Werken als zwischen deren Elementen wie Körperhaltungen, Gesten oder der Verwendung bestimmter Symbole orientiert ist, war, seiner Zeitgenossenschaft entsprechend, in großen Teilen an evolutionären oder psychologischen Erklärungen orientiert. Über diese Orientierung hinaus – die auch aus dem Untersuchungszusammenhang der Begründung individueller, künstlerischer Tradierung erklärbar sein mag – verbindet Warburg diesen Begriff aber in Reflexionen über Nietzsches Kulturtheorie bzw. Burckhardts Kulturgeschichte mit der Perspektive auf bestimmte – und bestimmbare – kulturelle Zusammenhänge und darin verbindliche Anschauungs- bzw. Darstellungsformen (vgl. ebd., 342ff.). Spuren eines derartigen Bildgedächtnisses, das auf visuelle im Sinne von kulturellen *Vorbildern* in der Gestaltung aktueller Visualisierungen von Politik zurückgreift, dienen auch als ›Leitbilder‹ der folgenden Analysen.

Die Spuren-Metapher nutzt auch Peter Burke zur Begründung seines kulturgeschichtlichen Interpretations-Verfahrens historischer Bilddokumente (vgl. Burke 2003, 13f.): Indem er diese Metapher jener der historischen Quelle entgegensetzt, schließt er nicht bloß die bereits eingangs diskutierte Authentizitäts-Vermutung gegenüber visuellen Dokumenten aus; die Metapher der Spuren führt ihn auch – unter Ausschluss der Frage nach der individuellen ›Täterschaft‹ – zur ikonografischen Detailanalyse (vgl. ebd., 16ff.).

Burke nimmt seine Detailanalysen allerdings an einem Materialkorpus vor, dessen Bedeutung in historischen Traditionen sozusagen gesichert erscheint – ähnlich wie auch der Kunsthistoriker Martin Warnke in seiner Rekonstruktion der Entwicklung der politischen (Be)Deutung von Landschaftsdarstellungen (vgl. Warnke 1992). *Gesichert* bedeutet in diesem Zusammenhang, dass die analysierten Bilder jeweils bereits mit bestimmten, kanonisierten historischen Narrativen verknüpft sind und die ikonografische Interpretation also eine Restrukturierung, in manchen Fällen eine Umdeutung dieser Narrative anhand der neuen Verknüpfung von Bildelementen und ihrer Kon*texte* vornimmt.

Das Bildmaterial, mit dem politische Kampagnen und Kommunikationskonzepte arbeiten, kann schlüssigerweise nicht im selben Maß als Teil etablierter Narrative gelten, steht es doch im aktuellen Wettbewerb um politische Macht, Einfluss und Mehrheiten und erfüllt damit auf Grundlage derselben Abbildungen höchst unterschiedliche, widersprüchliche Funktionen. Die Spurensicherungen einer Politischen Ikonografie aktueller Visualisierungsstrategien vermögen deshalb wohl nur in Teilen Verweiszusammenhängen von ›langer Dauer‹ nachzugehen, wie sie Burke etwa an den Traditionen der Herrscher/innendarstellungen von der römischen Antike bis zu den totalitären Machthabern des 20. Jahrhunderts, Hitler und Stalin, nachvollzieht (vgl. ebd., 74ff.).

Eine auf die Analyse aktueller politischer Kommunikation gerichtete Ikonografie scheint mehr auf die Rekonstruktion von Bruchstücken bzw. Elementen von Verbindungen zu verweisen, die unter Umständen selbst erst einen Beitrag zur Entwicklung solcher Narrative erbringen. Diese Differenz soll hier anhand von Marion Müllers an der ikonografischen Methode orientierten Analysen eines Mitterand-Bildes deutlich werden.

Müller beginnt ihre Interpretation eines Wahlplakats der französischen Sozialisten zur Präsidentschaftswahl 1981 (unter dem Motto ›La force tranquille‹, ›Die ruhige Kraft‹) mit einem ganz anderen Bild, das einen Nachruf auf den Politiker im Feuilleton der ›Süddeutschen Zeitung‹ illustrierte: ›Der Spaziergänger Mitterand 1994 auf der Belle Ile. Im Hintergrund Strand, Felsen und Meer, vor sich die landschaftliche Leere. Entspannt und zugleich entschlossen wirkt der französische Präsident. Mit seiner linken Hand greift er fest in den Mantelrevers und blickt in die Ferne‹ (Müller 2003, 68). Was wie ein zufälliger, en passant hergestellter Schnappschuss wirkt, hat laut Müller eine lange Vorgeschichte. Derselbe Gestus und ein ähnliches Bildmotiv waren bereits im Wahlplakat zu den Kommunalwahlen von 1977 zu sehen, das unter der Ägide von zwei der bekanntesten Wahlkampfmanager Frankreichs von der Agentur George Segala produziert wurde.

Müller sieht Mitterands politische Positionierung in das von ihr untersuchte Landschaftsplakat des Präsidentschaftswahlkampfes 1981 übersetzt: ›Er steht dem Betrachter frontal zugewandt in der linken Bildhälfte. [...] Ungewöhnlich ist der Hintergrund des Plakats – eine Küstenlandschaft –, die eher den von Parteien aus dem bürgerlichen Lager vertretenen Wert »Freiheit« verkörpert, als den für den Sozialismus typischen Wert der »Gleichheit«. Im rechten Hintergrund markieren Fußspuren den Weg, den Mitterand zurückgelegt hat. Die bestimmende Geste des Plakatmotivs ist der feste Griff mit der linken Hand in das Mantelrevers‹ (ebd., 68).

Ein *Vorbild* für diese Geste ortet Müller in Gerassimows Lenin-Gemälde (›Lenin auf der Tribüne‹) – einem weit verbreiteten Postkartenmotiv aus dem Jahr 1930. Als ›bewusstes oder unbewusstes *Vorbild*‹ sei Lenin ›motivisch und ideologisch treffend‹ gewählt (ebd., 68) – als ein ›dynamischer, übermächtiger Führer [...], der am Erfolg des sozialistischen Weges keine Zweifel hegt‹ (ebd., 68).

Mitterands Bezugnahme zeige, wie bildbewusst der scheidende Präsident gewesen sei: ›Die zupackende Geste ideologischer Entschlossenheit ist geblieben – linke Hand, Ehering, Mantelrevers – nur die Seitenzuweisung und die Blickrichtung haben sich geändert. Am Anfang war die Konfrontation, am Ende geht er aus dem Bild, verlässt die politische Bühne‹ (ebd., 68).

Für Müller verweisen die Bildbeispiele auf die Bedeutung von Motivgeschichte für die erweiterte Interpretation der Politischen Ikonografie. Darstellungstypen und Motivtraditionen helfen laut Müller zudem dabei, den zeitgeschichtlichen Kontext zu rekonstruieren und Veränderungen festzustellen (vgl. ebd., 69).

Das Beispiel verdeutlicht darüber hinaus, dass es sich in der politischen Aktualität um keine sozusagen *geschlossenen*, sondern um *offene* Motivtraditionen handelt: ›Die repetitive Bündelung von Widersprüchen ist die Rezeptur für Mitterands Image-Erfolg‹ (ebd., 69). Dem von Müller als *Vorbild* für den Mitterand'schen Gestus gewählten Lenin-Bild entspricht kein historisches Narrativ, das die beiden Figuren in eine Tradition stellen würde – es funktioniert als *Vorbild* dennoch zur Deutung der Mitterand'schen Haltung, die in einen anderen Kontext übersetzt wurde.

Müllers Interpretationsansatz des Mitterand-Bildes, der die ikonografische Detailanalyse auf die visuelle Imagekonstruktion eines politischen Zeitgenossen anwendet, impliziert eine Adaptierung dieser Methode aufgrund des Untersuchungsmaterials: Die Heterogenität der Verweise, die Müller im Mitterand-Bild gebündelt findet, lässt sich an zahlreichen politischen Visualisierungsstrategien verfolgen und wird deshalb auch in den folgenden Bildanalysen einen wesentlichen Anteil ausmachen. Diese Heterogenität – die zu ebenso heterogenen Bild(be)deutungen führt – mag ein Resultat der Repräsentation in elektronischen Massenmedien sein. Die Verweise, die in den politischen Inszenierungen Verwendung finden und in politischen Bildern angebracht sind, werden wohl auch deshalb in politikwissenschaftlichen Analysen gerne mit Theatermetaphern verdeutlicht: So spricht bereits Edelman (1988) vom *Political Spectacle*, Meyer/Kampmann (1998) bemühen in ihrer Analyse der Inszenierung des Images des ehemaligen Deutschen Bundeskanzlers Schröder eine ganze Reihe von dramaturgischen Begriffen, und auch Dörners *Infotainment* (2001) verweist auf die Darstellung von Filmhelden als *Vorbild* einer politischen Darstellungskunst.

Für die ikonografische Methode bedeutet diese Beobachtung, dass offenbar das Bildmaterial der politischen Kommunikation die Funktion von – bisweilen unterschiedlichsten – Requisiten aus dem historischen Fundus der Politik- bzw. politischen Ideengeschichte hat, ebenso wie auch andere Alltagsbezüge versammelt werden, um – im Falle Mitterands – das Image einer Person oder eines Ereignisses mit Bedeutung gleichsam ›aufzuladen‹.

Die Kontexte, auf die einzelne Bilder bzw. deren Elemente verweisen, sind also widersprüchlich und verlangen deshalb auch nach unterschiedlichen Interpretationsansätzen. Als Konsequenz der Einbeziehung solcher Materialien schlägt deshalb auch Burke in seiner Untersuchung der ›Augenzeugenschaft‹ einen ›dritten

Weg‹ einer offenen Methode der Bildanalyse vor (vgl. Burke 2001, 212ff.), die vor allem ikonografische mit semiotischen Ansätzen kombiniert: eine Verbindung, die den Blick auf historische Bezüge ebenso wie jenen auf die Aktualitäten der medialen Bildzirkulation eröffnen soll. Eine derartige Methodenkombination – die auch in Müllers Mitterand-Analyse zumindest implizit angedeutet erscheint, etwa im Verweis auf eine gängige parteipolitische Zuordnung von Landschaftsbildern – wird die folgenden Bildanalysen (in unterschiedlicher Weise) strukturieren und soll deshalb hier als Abschluss der einleitenden Überlegungen zur Methode an einem Bildbeispiel aus dem untersuchten Material exemplarisch vorgestellt werden.

1.8 Auf der Spurensuche nach visuellen Traditionselementen des EUropäischen

Auf eine Spurensuche nach jenen Bildelementen, die das EUropäische ausmachen (sollen), begibt sich nicht bloß der vorliegende Band – auf dieser Suche begleiten wir sozusagen die ›Her- und Darsteller/innen‹ EUropas: Zu den bereits erwähnten Ansätzen einer planvollen EU-Imagepolitik, die visuelle Elemente mit umfasst oder sogar ins Zentrum stellt – der Plan D zur politischen Kommunikation der Kommission und das vom Architekturbüro Rem Koolhaas entwickelte Branding-Konzept der EU –, wurde im Oktober 2007 noch die Eröffnung des Europa-Museums in Brüssel mit der Ausstellung ›It´s our history! 50 Jahre europäisches Abenteuer‹ als vor allem visuelle Repräsentation der Entwicklung EUropas hinzugefügt.

Unsere Spurensuche setzt mit diesen aktuellen Visualisierungsstrategien der EU ein, die auch zwei wesentliche Veränderungen der Union reflektieren: die mit ihren kurz zurückliegenden Erweiterungen (1995, 2004, 2007) nach dem Wegfall des Eisernen Vorhangs sozusagen kontinentale Dimension, zu der die EU angewachsen ist; und die damit verbundene Veränderung ihrer politischen Rolle, am deutlichsten durch die Entwicklung einer gemeinsamen Außen- und Sicherheitspolitik repräsentiert, die den Entwurf eines Bildes bzw. einer visuellen Strategie der EU in einen größeren Zusammenhang stellt.

Gerade Koolhaas' Konzept einer neuen Visualisierung der EU geht unter anderem vom Thema der Erweiterung aus, wenn etwa die kartografische Repräsentation der EU als Ausweitung des ›Blue Europe‹ im Strichcode durch die Verbindung der Nationalfarben ersetzt, also Vielfalt statt Vereinheitlichung betont werden soll. Koolhaas hatte diese Bildelemente eines neuen EUropa-Brands in einer Ausstellung kontextualisiert, die neben Artefakten wie einem visuellen EUropäischen Reisepass auch eine Serie von Bildtafeln nach Größe und Art der Historienmalerei des 19. Jahrhunderts präsentiert, die europäische Geschichte in der Form einer Collage zusammenfassen. In einem Interview zur Präsentation dieser Ausstellung in München machte er auf eine Entgegensetzung seines Konzepts zu politischen Repräsentationstraditionen aufmerksam, indem er seine Entwürfe mit der aktuellen Inszenierung des Nationalstaats kontrastierte: Er benutzte dazu das ›mission accomplished‹-Bild von US-Präsident Bushs Auftritt als Sieger im Irakkrieg. In diesem Bild inkarniert der Staatslenker als Kriegsherr die nationalstaatliche Macht. Koolhaas definierte die Aufgabe visueller EU-Politik als das Auffinden von Bildern, die eine vergleichbare Funktion ausüben, aber dennoch die ganz anders gelagerten Stärken der EU – neben der erwähnten Vielfalt etwa deren ›pragmatisches‹ Politikverständnis – betonen (Süddeutsche Zeitung 235, Wochenende S. VIII, 9./10. Oktober 2004).

Koolhaas' Repräsentationen bzw. Überlegungen dazu sprechen zwei Elemente an, die auch in der bisherigen Methodendiskussion deutlich hervorgetreten sind: Die Visualisierungen europäischer Geschichte in den Bildtafeln (siehe Abb. 4) reflektieren durch die Zufälligkeit der Zusammenstellung historischer Figuren und Symbole zu einer Collage in visueller Form das Phänomen des ›Eklektizismus‹ aktueller (politischer) Medienkommunikation, das zuvor mit der Metapher der politischen Bühne beschrieben wurde. Das rhetorisch von Koolhaas zur Beschreibung des Nationalstaats gewählte Bild des US-Präsidenten soll mit Nachdruck darauf hinweisen, dass die bisherige Repräsentation der EU die existenzielle Differenz – gerade auch zu den Mitgliedern, den EUropäischen Nationalstaaten – nicht genügend sichtbar macht.

▶ 113

Übernehmen wir also Koolhaas' Frage nach einer spezifischen Visualisierung der Union als ein mögliches Leitbild für unsere Spurensuche. Über die bereits beschriebenen Entwürfe visueller EU-Politik hinaus findet sich im Brüsseler Europa-Museum ein zentrales ›Bild‹, das versucht, eine Grundcharakteristik der Union zu visualisieren: Im Zentrum des Ausstellungsteils ›Das Werden Europas‹[27] ist ein Verhandlungstisch errichtet, um den herum auf Videobildschirmen die historischen Epochen und Akteure, die zur Entwicklung der EU geführt haben, vorgestellt werden. In Schaukästen findet man die verschiedenen Verträge, die diese Entwicklungsstufen repräsentieren.

Diese Bildmotive – Verhandlung und Vertrag – nehmen auch im politischen Selbstverständnis der EU einen zentralen Platz ein. Medial darstellbare Dramatik ist im EUropäischen Zusammenhang am ehesten von schwierigen Verhandlungen zu erwarten, in denen – wie bei unzähligen Sitzungen des Europäischen Rates – bis zuletzt um Kompromisse gerungen wird, mitunter bei angehaltener Uhrzeit, wie beim Abschluss des Vertrages von Nizza.[28] Das dazugehörige Erfolgsbild wesentlicher Entwicklungsschritte wird dann in der folgenden feierlichen Vertragsunterzeichnung dargestellt.

[27] Beschrieben werden hier Elemente der virtuellen Ausstellung des Europa-Museums, die unter www.expo-europe.be besichtigt werden können.

[28] Um einen Vertragsabschluss innerhalb der für die Ratssitzung vorgesehenen Tagungsdauer und damit juridisch während dieser zu gewährleisten, wurde die Verhandlungsdauer durch Anhalten der Uhren im Verhandlungssaal verlängert.

Dieser Ablauf begleitet das ›EUropäische Projekt‹ offenbar seit dessen Gründung. Es kommt etwa in einer Feuilleton-Retrospektive des ›25. März 1957‹, an dem sich ›die Schaulustigen am Kapitol [...] drängen‹, zum Ausdruck: ›Gegen 18 Uhr treffen die ersten Politiker ein. In dunkle Mäntel gehüllt, eilen sie die Treppen hinauf, bis in den hohen Saal der Horatier und Curatier. Dort gleißt das Licht. Etwa 500 Fotografen, so berichtet der französische Diplomat Maurice Faure, blitzen die entscheidende Szene: Ernste Männer in dunklen Anzügen unterschreiben mit dicken Füllern die Geburtsurkunde der Europäischen Union, die Römischen Verträge‹ (Pinzler 2007). Bereits diese Beschreibung der ›entscheidenden Szene‹ macht deutlich, dass die *Inszenierung* kaum (mediale) Begeisterung zu wecken vermag: ›Das Bild geht um die Welt. Ein Bild, das schon viel vom Glanz und Elend des neuen Europas verrät: Wichtige Regierungsvertreter, die auf einer wichtigen Konferenz wichtige Papiere unterzeichnen – Europa als protokollarisches Ritual, geregelt, verlässlich und ungeheuer langweilig‹ (Fritz-Vannahme 2004). Dennoch ist genau dieses Bild (siehe Abb. 5) von der Unterzeichnung der Römischen Verträge zu einem bis heute regelmäßig verwendeten Topos zur Darstellung der EU-Geschichte und somit zu einer (medialen) Bild-Ikone der EU geworden.

▶ 115

Die im (zitierten) Feuilleton zum Ausdruck gebrachte Wirkung von Langeweile gilt, wie eingangs erwähnt, nicht bloß den Ritualen der EU, sie haftet protokollarischen Staatsakten insgesamt an, wenn sie nicht etwa – wie in Koolhaas' oben erwähntem Beispiel – von der Dramatik des Krieges ihre Bedeutung erhalten. Dennoch werden derartige Bilder von den Medien zuverlässig verbreitet und anthropologische Überlegungen (vgl. Rivière 1988, Abélès 1989) weisen darauf hin, dass deren nachlässige Betrachtung bzw. die nachlässige Teilnahme an solchen Ritualen ihre Wirkung als Repräsentation institutioneller Macht nicht schmälert. Das bedeutet, dass in diesen Ritualen nicht so sehr die jeweiligen (Vertrags)Inhalte als die Bedeutung der Institution selbst zelebriert wird, die sich darüber zum Ausdruck bringt.

Dass auch die ›Zeremonienmeister‹ und ›Branding-Strategen‹ der EU auf diese Wirkung vertrauen, geht nicht nur aus der erwähnten Musealisierung hervor, sondern auch aus der Wiederholung bzw. Re-Inszenierung des *Vorbildes*: Für die Unterzeichnung des inzwischen gescheiterten Entwurfs einer Verfassung der Europäischen Union durch die Mitglieder des Europäischen Rates wurde derselbe Schauplatz gewählt. Darauf weisen auch Popularisierungsversuche der Bilder hin, wie das Beispiel einer Übernahme bzw. Transformation des fotografischen Dokuments in die Ästhetik der Illustrationen von Kinderbüchern als Teil einer EU-Informationsbroschüre für Kinder zeigt (siehe Abb. 6).

▶ 115

Sehen wir uns also Details der Inszenierung der Römischen Verträge auf unserer Spurensuche an: Da wäre einmal die Wahl des Ortes, am Kapitolinischen Hügel in Rom, der bereits in der Römischen Antike durch Befestigung und Tempel in das symbolische Zentrum der Stadt integriert war. ›Der »Saal der Horatier und Curatier« liegt im Konservatorenpalast aus der Renaissance. Dieser befindet sich auf dem Kapitolshügel, auf dem sich auch das römische Rathaus und die Kapitolinischen

Museen befinden. Die gigantischen Wandgemälde zeigen unter anderem eine Episode aus der Gründungsgeschichte des antiken Rom. Zudem beherbergt der Saal auch Fragmente einer bronzenen Kolossalstatue des Kaisers Konstantin‹ (Daniel 2004). Und weiter: ›Der Konservatorenpalast [...] wurde 1568 von Giacomo della Porta nach Plänen von Michelangelo erbaut‹ (ebd.).

Der Schauplatz scheint mit dem doppelten Verweis – auf die Gründung des antiken Rom und die Renaissance als Rückgriff auf diese Gründung und Länder übergreifende europäische Stilepoche – passend für ein EUropäisches Gründungsritual gewählt. Können die beiden Referenzen doch als narratives Muster gelten, das für die historische Darstellung eines *Vorbildes* des EUropäischen Einigungsprozesses regelmäßig herangezogen wird. Beide Epochen finden sich dementsprechend auch auf den Euro-Banknoten (siehe Kapitel 2.2 *Architektur*) oder in den Koolhaas'schen Bildtafeln wieder, die der Renaissance eine eigene Tafel widmen.

Folgen wir diesem Verweis, so führt er uns zu den republikanischen Traditionen dieser Epochen, wie sie sich etwa in den Stadtstaaten der italienischen Renaissance und in der Folge den Niederlanden entwickelt haben. Eine der wohl bedeutendsten kulturhistorischen Darstellungen dieser Entwicklung – ›Das Mittelmeer und die mediterrane Welt in der Epoche Philipps II.‹ des französischen Historikers Fernand Braudel (2001) – folgt einem zentralen Gedanken, der sich vorzüglich in die von der Repräsentation der EU beanspruchte Entwicklungslogik einfügt: die Entstehung eines neuen Kunst- und Wissenschafts- und vor allem auch eines republikanischen Politikverständnisses aus der Entwicklung des Handels und der (öffentlichen) Verwaltung der daraus erwachsenen Reichtümer.

Braudel sieht (zusammen mit den politischen Veränderungen in England) vor allem die Gründung der Niederlande als Höhe- und Endpunkt dieser im Mittelmeerraum der Renaissance entstandenen Entwicklung an, und zwar gerade in politischer Hinsicht: durch die Gründung dieses Staates aus dem freien Entschluss seiner Generalstände heraus, die in einem Vertragswerk besiegelt wird. Braudel findet diesen zentralen Moment der europäischen Geschichte dargestellt im Gemälde ›Die Generalstände der Vereinigten-Provinzen, versammelt in Amsterdam 1631, mit dem vollständigen Zeremoniell eines souveränen Staates‹ (Braudel 1979, 146) (siehe Abb. 7).[29]

▶ 114

29 Die Homepage des Amsterdamer Rijksmuseums (vgl. http://www.rijksmuseum.nl/aria/aria_assets/SK-C-1350?lang=en) nennt im Gegensatz zu Braudel Den Haag anstelle von Amsterdam als Ort des Geschehens: ›In 1651 the full States General met from January to August to debate the constitutional situation within the Republic. This was necessary following the sudden death of Stadholder Prince William II in November 1650. This extraordinary assembly took place in the Great Hall of the Binnenhof in The Hague, the former court of the counts of Holland, built in the thirteenth century. Its present name, »Ridderzaal« or Knight's Hall, is nineteenth-century.‹

Dieses ›Zeremoniell‹ hat mit der Gründung der Niederlande einen wesentlichen Bedeutungswandel erfahren: Im Zentrum des Bildes findet sich keine Herrscherfigur oder deren Symbol, der *neue* Staat wird an dessen Stelle von den Bänden des Vertragswerks vorgestellt. Die Akteure, die dessen Souveränität repräsentieren, sind – wie auch in der zitierten fotografischen Ikone der Römischen Verträge (siehe Abb. 5) – an den Rand des Geschehens (des Saales) gerückt, ›in schwarze Mäntel gehüllt‹. In ihrer protokollarischen Uniformität geben sie dem Bild einer Gemeinschaft von Gleichen Gestalt. Damit wird die Differenz dieses Gründungsaktes von anderen souveränen (Staats)Gründungsritualen visualisiert. An die Stelle einer mitunter auch symbolischen Gestalt des Souveräns – wie sie das Bild der Freiheit aus der Französischen Revolution in seiner Transformation in der Gestalt der ›Marianne‹ als nationales Symbol tradiert (vgl. Agulhon 1997) – ist als Akteur eine anonymisierte Gruppe getreten, die ihrem *Pakt* diesen zentralen Platz des Souveräns einräumt.

Dem Bild des Vertrages und der Gruppe gleichberechtigter Repräsentanten, die ihn abschließen, kommt in der politischen Darstellung bzw. Visualisierung der Europäischen Union ein zentraler Stellenwert zu. Die (Be)Deutung kulturhistorischer *Vorbilder* wie dem zitierten, auf die diese (visuelle) Repräsentationsform zurückgreift, verweist auf eine wesentliche Differenz der EU zu den Traditionsbezügen wie zu der aktuell gängigen Symbolisierung der Nationalstaaten, die der personalen Repräsentation des Souveräns einen zentralen Stellenwert einräumt: Einer ›Individualisierung‹ (Burke 2001, 74ff.) der Herrscher/innengestalt oder der führenden Politiker/innenrolle – die deshalb auch von Koolhaas als Gegenbild mit der Gestalt des US-Präsidenten angesprochen wurde – stehen allenfalls herausgehobene Funktionen, wie die des Kommissionspräsidenten (oder des künftigen Ratspräsidenten) gegenüber, die auch dessen visuellen Stellenwert im Gruppenbild verorten (siehe Kapitel 2.5 *Familie*).

Es scheint, als wäre die erste Spurensuche dieses Bandes mit diesem kulturhistorischen *Vorbild* künftiger politischer Vertragsordnungen Europas – das Narrativ, in dem auch Braudel (1979, 145ff.) das Gemälde vorstellt – an ein Ziel gelangt: ein *Vorbild* für das beschriebene EUropäische Vertragsritual.

Vergleicht man diese Referenz mit dem zitierten Beispiel der Mitterand-Kampagne, so wird deutlich, dass die Frage, inwieweit es sich bei diesen Zusammenhängen um ein ›bewusstes oder unbewusstes‹ *Vorbild* handelt, hier ebenso wenig zu beantworten ist. Ähnlich wie im Entwurf des Mitterand-Images geht es aber in jenem der EU ebenfalls um eine historische Geste, die der eigentlich dargestellten zusätzliche Bedeutung verleiht und sie damit aus dem politischen Alltag heraushebt: Das Ritual der EU-Vertragsabschlüsse und dessen Bilder sollen das Zentrum des Europäischen politischen Selbstverständnisses visuell vergegenwärtigen. Die von der Symbolik der Figur(en) und/oder des Schauplatzes ableitbaren Referenzen sollen zudem – wiederum ›bewusst oder unbewusst‹ – diese Aussage des Bildes bzw. Rituals unterstützen.

Vermittelt wird der verfolgte historische Verweiszusammenhang – der der Stringenz der direkten Referenz (wie sie hier anhand Burkes zitierter Interpretation nachvollzogen wurde) entraten muss – durch den Begriff eines ›sozialen Gedächtnisses‹, der auf ein ›kollektives Bildarchiv‹ verweist. Dieses Bildarchiv – und hier fügt sich der im Anschluss verfolgte Ansatz wiederum in eine bestimmte Lesart der Ikonografie, wie sie etwa Mitchell (1996) vorstellt – hat (vorläufig) keinen anderen Ort als die Bilder selbst.

2.1 Landschaft

> Die politische Landschaft ist den jeweiligen politischen Kräften und Sinnansprüchen genauso ausgesetzt wie jedes politische Symbol, nur verknüpft sie die politischen Zeichen so mit einer besonderen Ausprägung der Landschaft, dass ihrem jeweiligen Sinn dann etwas von der Selbstverständlichkeit der Naturkräfte mitgeteilt wird.
> *Martin Warnke 1992, 26*

Bis ins 14. Jahrhundert kommen in der europäischen Malerei Landschaftsdarstellungen kaum vor. Religiöse, aber auch profane Szenen, die im Freien dargestellt wurden, ›entfalteten sich zunächst im ungestalteten Raum, ganz ohne Eingrenzung, architektonische oder vegetabile Rahmung‹ (Kopp-Schmidt 2004, 164). Wenn Landschaften in der mittelalterlichen Malerei repräsentiert sind, dann um den ›herrscherliche[n] Verfügerblick‹ (Warnke 1992, 47) deutlich zu machen: So stehen etwa Burgen, ›einst markanteste Zeichen einer politisch besetzten Landschaft‹ (ebd., 47) oder Wegmarken für die unmittelbare Verknüpfung mit Symboliken von Macht und Herrschaft, für die Einheit von Naturbeherrschung und politischer Ordnung. Auch höfische Kalenderbilder der frühen Neuzeit visualisieren den Zugriff des Herrschers auf sein Territorium, ›das sich wie ein politisches Tableau darbietet, auf dem Signale für Rechte und Pflichten, Dispositionen und Funktionen eingetragen sind‹ (ebd., 13).

Erst die Maler aus der Generation Giottos bezogen Naturwahrnehmungen und durch diese konstruierte Landschaften in ihre Arbeiten ein. Dies entspricht einer ›Wahrnehmung von Natur als [...] Akt der Selbstwahrnehmung des Menschen‹ (Kopp-Schmidt 2004, 165), wie sie etwa in den Texten der Humanisten Dante und Petrarca zu finden ist. Im Laufe des 15. Jahrhunderts wurde es in der italienischen Malerei üblich, Heiligenlegenden und biblische Szenen in Landschaften anzusiedeln, die auf die Wahrnehmung der örtlichen Umgebung durch die jeweiligen Künstler zurückgreifen: ›Das Geschehen der Geburt Christi vor einer flämischen Stadt des 15. Jahrhunderts anzusiedeln [...] setzte nicht nur dem Auftraggeber ein Denkmal, der ohnedies betend vor dem Stall kniete, sondern aktualisierte das biblische Geschehen, verankerte es in der Jetztzeit der Lebenden, indem die Niederlande an die Stelle des Heiligen Landes traten‹ (ebd., 171).[30]

Zur Zeit der Aufklärung und der Französischen Revolution erfuhr die Verbindung von natürlicher und politischer Ordnung neue Bedeutung, nunmehr nicht länger im Sinne feudaler Herrschaft und ihrer Repräsentanten und Repräsentantinnen, sondern in Bezug auf die Nation und die Legitimation ihrer Machtstrukturen und Herrschaftsansprüche (vgl. Warnke 1992, 172): ›Am 12. Juli 1789 waren die ersten Zeichen der Freiheit nicht Kokarden, sondern Kastanienzweige aus den Gärten des Palais Royal, die als Symbole der Wiedergeburt und Wiederauferstehung auf Hüte und Mäntel gesteckt wurden‹ (Schama 1995, 98). Das Beispiel verweist auf die Verknüpfung von Freiheit der Natur und politischer Freiheit in der Inszenierung revolutionärer Feierlichkeiten (vgl. Warnke 1992, Hunt 1989) – ›als Gegenstück zur Ordnung und Gezwungenheit der absoluten Monarchie, wie sie in den symmetrischen Gartenanlagen von Versailles [...] zum Ausdruck kam‹ (Burke 2003, 51).

Die Metaphorik von Landschafts- und Naturbildern hat neben ihrer Bedeutung für nationale Identitätskonstruktionen seit der Zeit der Aufklärung auch als Kritik Eingang in die (Selbst)Darstellung republikanischer bzw. demokratischer Traditionen gefunden. Jean Starobinski beschreibt dies in seiner Reflexion zur Politischen Ikonografie und Emblematik[31] der Französischen Revolution bzw. ihrer ›Selbstdarstellungen‹: In den *Emblemen der Vernunft* (1997) analysiert er am Beispiel der Verwendung von Bildern wie Hagel, Gewitter und Frost in zeitgenössischen politischen Schriften, dass diese mehr bedeuten als nur eine Naturkatastrophe. Sie können auch als ›Bilder, durch die hindurch sich der drohende Bankrott, der Verfall der Institutionen und die Not des Volkes auf der Ebene der physischen Welt ausdrücken,‹ gelesen werden: ›Dieselbe düstere, unvernünftige und feindliche Macht zeigte sich darin. Dieselbe dunkle Böswilligkeit herrschte im Himmel, in den öffentlichen Einrichtungen und in der Verwaltung‹ (Starobinski 1997, 18). Auch die sowohl bildhafte als auch literarische Verwendung der Sonnenmetapher in Darstellungen der Französischen Revolution (vgl. ebd., 31ff.) sowie deren spätere Bedeutung für die politische Symbolik der Arbeiterbewegung (vgl. Warnke 1992, 137ff.) kann hier als Beispiel angeführt werden. Ein weiteres – in diesem Fall architektonisches – Landschaftselement sind Brücken (siehe Kapitel 2.2 *Architektur*), die als ›markante menschliche Eintragungen in die Landschaft‹ im 17. Jahr-

30 Kopp-Schmidt (2004, 169) führt diese Tendenzen auf die ›»Entdeckung der Wirklichkeit« [...] als Kennzeichen der beginnenden Neuzeit‹ zurück, die auch zur Entwicklung des modernen Porträts und der perspektivischen Raumdarstellung geführt hat.

31 Embleme können als ›Bilder, denen über ihre Anschaulichkeit hinaus ein Diskurs eingelegt ist‹ beschrieben werden (Kittler, Vorwort in Starobinski 1997, 12).

hundert besondere Beachtung in der Malerei erfuhren. In Entsprechung zu verkehrspolitischen Entwicklungen (vgl. ebd., 19) dienten Brücken als Symbole der ›Überwindung von Abgründen‹, visualisierten die ›optimistische Erfahrung bewältigter Naturwiderstände‹ (ebd., 20) ebenso wie auch (politische) Verbundenheit und Kooperation: In der Landschaftsmalerei treten ›Straßen und Wege als Medien erobernder, handelnder, verbindender und erschließender Aktivität [...] als markante Motive vor das Auge‹ (ebd., 20).

Seit der Wende vom 18. zum 19. Jahrhundert dienen Landschaftsbilder als beständige und dauerhafte Repräsentationsformen aber vor allem der Legitimation nationaler Herrschaftsansprüche auf ein bestimmtes Territorium (vgl. Veichtlbauer et al. 1997). Zugleich wird spätestens seit dieser Zeit bestimmten Landschaften bzw. Landschaftstypen symbolische Bedeutung für die jeweilige Nation zugeschrieben. Insbesondere im 19. und beginnenden 20. Jahrhundert ›wurde die Landschaft gewissermaßen nationalisiert und zu einem Symbol des Mutter- bzw. Vaterlandes‹ (Burke 2003, 51). Der Historiker Fernand Braudel (1986, 267ff.) hat diesen Prozess am Beispiel der Interpretation der Ile de France als symbolisches Kernland Frankreichs nachgezeichnet, der Kunsthistoriker Simon Schama (1995, 1996) die Bedeutung einzelner Landschaftselemente wie Berge, Flüsse oder Bäume bzw. Wälder für die Identitätsstiftung europäischer Nationen herausgearbeitet. Das vom habsburgischen Thronfolger Rudolf herausgegebene *Kronprinzenwerk* (24 Bände 1885–1902) kann ebenfalls als Beispiel erwähnt werden: Es geht auf eine Idee Kronprinz Rudolfs aus dem Jahr 1883 zurück und beansprucht als ein mit zahlreichen Landschaftsabbildungen versehenes ›wahres Volksbuch‹ (Basch-Ritter 1989, 7) in einer mehrbändigen Publikation sowohl die Kronländer der Österreich-Ungarischen Monarchie vorzustellen als auch die politische und kulturelle Bedeutung der Monarchie insgesamt zu würdigen. In dem vom Thronfolger verfassten ›Promemoria‹ begründet dieser seine Unternehmung mit dem Ziel einer Hebung des ›Gesammt-Patriotismus‹ (ebd., 6), ein Indiz für die These Peter Burkes, der konkreten Räumen gedächtnisvermittelnde Funktionen zuschreibt (vgl. Burke 1991, 292ff.).

Der Rückgriff auf ›Natur‹ diente jedoch nicht nur zur Symbolisierung der Nation an sich, sondern auch zur Beschreibung politischer Systeme, wenn etwa die britische Verfassung im 18. Jahrhundert als natürlich gewachsener Baum im Gegensatz zur ›geometrischen‹ Verfassung des revolutionären Frankreich dargestellt wurde (vgl. Burke 2003, 51).

In Diskursen über nationale Identität – vor allem auch in Zusammenhang mit deren angeblicher Bedrohung bzw. der Notwendigkeit von deren Erhalt innerhalb eines größeren, supranationalen politischen und kulturellen Referenzrahmens – kommt Landschaftsbildern als Ikonen nationaler Souveränität und Selbstbehauptung nach wie vor besondere Bedeutung zu. So stellt sich beispielsweise Österreich nicht nur touristisch über Bilder von ›unberührter Landschaft‹ und Natur dar, greift nicht nur im Bereich der Fremdenverkehrswerbung auf reine, klare Seen mit Trinkwasserqualität als nationale Ikonen und auf sein Image als ökologisches Musterland zurück: Vielmehr treten Landschaft und Landschaftselemente in verschiedenen Kontexten als nationale Topoi auf.

Im Europaparlaments-Wahlkampf 2004 nahm etwa die SPÖ – im Rahmen einer verschiedenen Themen gewidmeten Serie von Schriftplakaten – mit einem Sujet auf mediale Diskurse Bezug, die eine Bedrohung österreichischer Trinkwasservorräte durch einen angeblich geplanten Ausverkauf dieser Ressource im Zuge neoliberaler EUropäischer Politik zum Thema hatten. Das Plakat appellierte an ›postmaterialistische‹ gesellschaftliche Werthaltungen bei den Wählern und Wählerinnen, die unter anderem die Erhaltung von Umweltressourcen und den Wunsch nach ›Natürlichkeit‹ als Bestandteil des (hedonistischen) Konsums ins Zentrum stellen. Als Vorkämpfer gegen die Privatisierung österreichischen Trinkwassers stilisierte sich die Sozialdemokratische Partei in diesem Wahlkampf zu jener gesellschaftlichen Kraft, die nationale österreichische Interessen in Brüssel am besten vertreten kann. Die ›Linke. Opposition für ein solidarisches Europa‹ verfolgte die Gegenstrategie, mittels abgewandelter Slogans zentrale Aussagen der Kampagne der Sozialdemokratischen Partei zu ironisieren, wenn nicht gar lächerlich zu machen. Vorwiegend im Internet kursierten Variationen der von der SPÖ im Wahlkampf eingesetzten Plakate: Der Slogan ›Unser Wasser darf nicht privatisiert werden‹ wurde durch Ersetzung eines einzigen Buchstabens zu ›Unter Wasser darf nicht privatisiert werden‹ (siehe Abb. 8 und Abb. 9)

Abb. 8: SPÖ-Plakat aus dem Wahlkampf zum Europäischen Parlament 2004.

Abb. 9: Satirische E-card zum SPÖ-Plakat (Abb. 8).

Das Thema der Bedrohung ›natürlicher‹ Ressourcen Österreichs war bereits im Vorfeld der EU-Beitrittsdebatte prominent vertreten, vor allem in Zusammenhang mit der Frage des Grunderwerbs durch Nicht-Österreicher/innen: ›Ausverkauf der Heimat‹, ›Ausverkauf österreichischen Grund und Bodens‹ oder gleich ›Ausverkauf Österreichs‹ waren Schlagwörter, die in dieser Debatte Verwendung fanden. Dieser ›Überfremdungsdiskurs‹ wurde – wenn auch in abgestuftem Ausmaß – letztlich von allen politischen Parteien getragen (vgl. Der Standard, 24.2.1994, 20). ›Das Ende‹ dieser österreichischen Schreckensvision ›wäre dann tatsächlich ein »ausverkauftes« Land, das – seiner bäuerlichen Wurzeln entkleidet und ethnisch überfremdet – neben der wirtschaftlichen auch seine kulturelle Identität völlig verloren hätte‹, fassten etwa Hummer/Schweitzer (1990, 17) diesen Diskurs zusammen.

In der ungarischen EU-Beitrittskampagne findet sich dasselbe Motiv. In einer Plakatserie (zu der auch das im Kapitel 2.2 *Architektur* beschriebene Kettenbrücken-Plakat gehört) fungieren unter anderem ›typisch ungarische‹ Feld- und Flusslandschaften als Symbole der nationalen Selbstvergewisserung. Kampagnen, in denen ›typische oder symbolische Landschaften, die die jeweiligen Nationen durch ihre charakteristische Vegetation symbolisieren‹ (Burke 2003, 49), präsentiert werden, wirken nicht nur als Imageträger nach außen, sondern vermitteln auch Selbstbewusstsein nach innen. Schließlich ist das Konzept nationaler Integration mit der symbolischen Besetzung identitätsstiftender territorialer Einheiten verbunden.

Eines der Plakate (siehe Abb. 10) zeigt ein gelbes Getreidefeld, begrenzt von einem grünen Ackerrain, sowie einen blauen Himmel mit Wolken. Die abgebildete Landschaft könnte in der ungarischen Tiefebene zu finden sein – ein Teil Ungarns, der besondere identitätsstiftende Funktion besitzt und auch im (literarischen und touristischen) Fremdbild sofort mit Ungarn identifiziert wird. Gefragt wird, ob Ungarn in der EU vor spekulativen Grundaufkäufen geschützt sei, die Antwort ist – wie bei allen Fragen, die in der Kampagne aufgegriffen werden – das den Bildhintergrund dominierende ›Igen!‹/›Ja!‹.

▶ 116

Das im Plakat der EU-Beitrittswerbung gezeigte Landschaftsbild präsentiert eine national konnotierte Kulturlandschaft zugleich als ›intakte Natur‹ und spielt damit auf einen Wunsch- und Sehnsuchtsraum des ›modernen‹ Menschen an, in dem Landschaft gerne ›als etwas, was uns einen Verlust ausgleicht‹, wahrgenommen wird. In den Landschaften suchen wir, wie Martin Warnke bemerkt, ›was uns nicht mehr selbstverständlich gegeben ist‹ (1992, 171). Die in diesem Zitat angesprochene Entwicklung ging mit der Veränderung der Produktionsbedingungen und der beginnenden Industrialisierung im 18. und 19. Jahrhundert einher. Landschaften wurden nun vermehrt als traditionelles Idyll dargestellt: ›Offenbar war die Zerstörung der Natur – oder zumindest ihre drohende Zerstörung – die notwendige Voraussetzung ihrer ästhetischen Würdigung‹ (Burke 2003, 51).

Die Darstellung von Landschaften in politischen Werbekampagnen ist aber auch noch vor dem Hintergrund weiterer Einflussfaktoren zu lesen, etwa der Wirkung, die gemalte Landschaften auf die Wahrnehmung realer Landschaften haben. Seit 1900, bemerkt Peter Burke (2003, 50), würden Touristen und Touristinnen in der Provence die dortige Landschaft so betrachten, als sei sie von Cezanne gemalt. Der Blick auf ein (bekanntes) Kunstwerk – wie etwa Vincent Van Goghs ›Kornfeld mit Zypressen‹ (1889, siehe Abb. 11)[32] – beeinflusst nach dieser These weitere Blicke bzw. Perspektiven des Betrachters/der Betrachterin auf ›natürliche‹ Landschaften. In einem aus der abendländischen Kunstgeschichte bekannten Oppositionsschema von friedlicher und stürmischer Landschaft würde dann etwa ein ›Kornfeld als Friedensbereich‹ wahrgenommen (Warnke 1992, 141).

▶ 117

Im Sinne einer metaphorischen Kettenbildung versprechen die beiden in der ungarischen EU-Beitrittskampagne eingesetzten Landschaftssujets (siehe Abb. 10 und Abb. 12) den Wählern und Wählerinnen den Fortbestand intakter Kulturlandschaften, im Falle der Flusslandschaft (siehe Abb. 12) sogar eine Verbesserung von deren Wasserqualität. Darüber hinaus rufen sie nationale Konnotationen bestimmter Landschaften oder Landschaftselemente (wie Autonomie und Selbstbestimmung oder die Stabilisierung kultureller Identität) ebenso ins Gedächtnis des Betrachters/der Betrachterin, wie sie auch generell Assoziationen zur angesprochenen politischen Symbolik der Landschaft erwecken (vgl. Burke 2003, 50).

▶ 117

Auch durch die Plakatserie zur slowakischen EU-Beitrittskampagne, die unterschiedliche Sujets mit EUropasymbolik zeigte (vgl. auch das Coverbild dieser Publikation), zieht sich als durchgängiges Bildelement ein topographisches Motiv: ein blaues Quadrat mit einem stilisierten Berggipfel in weißer Linienführung, umrahmt von einem gelben Sternenkranz (siehe Abb. 13). Für Slowaken und Slowakinnen leicht erkennbar stellt es den höchsten Gipfel der slowakischen Tatra, den Berg Krivan dar, der im nationalen Symbolhaushalt und Mythenrepertoire (als Souveränitäts- und Freiheitssymbol) eine bedeutende Rolle spielt und in zahlreichen Sagen und Legenden vorkommt. Der Berggipfel steht in dem für die Beitrittskam-

32 Van Gogh wiederholte dieses Motiv in mehreren Variationen.

pagne verwendeten Logo als pars pro toto für die Slowakei. Die gelben Sterne vor blauem Hintergrund, die ihn umkränzen, symbolisieren die Europäische Union, in die sich die Slowakei harmonisch einfügt, in der sie zugleich aber auch ihre Eigenständigkeit bewahrt.

Abb. 13: Ausschnitt aus einem Plakat der slowakischen EU-Beitrittskampagne.

Landschaftsbilder scheinen sich besonders zum Transport gesellschaftlich zugewiesener Bedeutungen zu eignen. Im selben Maß, in dem der praktische Wert von Landschaft als Produktionsfaktor an Bedeutung verliert, wird – so scheint es – ihre Rolle als Speicher des kulturellen Gedächtnisses verstärkt. Politisch prekär werden solche Zuordnungen dann, wenn sie als unhintergehbare organische Zusammenhänge gedacht werden.

Landschaften als Medium politischer Konnotationen und Vermittler politischer Botschaften zu dekonstruieren, sie zu lesen und zu entziffern, erfordert reflexive Distanz und eine Perspektive, die Landschaft nicht mit Natur gleichsetzt. Landschaften sind immer Kulturlandschaften, in denen sich gesellschaftliche Ordnungssysteme und Kräfteverhältnisse spiegeln: ›Danach umfaßt der Landschaftsbegriff allerdings nicht nur die natürlichen Elemente und Faktoren eines bestimmten Ausschnitts der Erdoberfläche, sondern auch Wirtschaft, Kultur und Tradition der dort lebenden Menschen‹ (Wrbka 1992, 5).

Die Rekonstruktion jener politischen Kräftematrix, in der reale Landschaften und ihre visuellen wie diskursiven Repräsentationen angesiedelt sind, eröffnet auch einen Blickwinkel auf Landschaften in politischen Werbungen: ›[...] was wir etwa mit einem Blick oder innerhalb unseres momentanen Horizontes überschauen, ist noch nicht Landschaft, sondern höchstens der Stoff zu ihr – wie eine Menge nebeneinandergestellter Bücher noch nicht »eine Bibliothek« sind, dies vielmehr [...] erst werden, wenn ein gewisser vereinheitlichender Begriff sie formend umfaßt‹ (Simmel 1995, 27).

Fasst man Landschaften als kulturelles Konstrukt innerhalb historischer Prozesse und Machtkonstellationen auf, so entsteht ein Netz politischer Bezüge, das mögliche Lesarten eröffnet und manche davon besonders nahelegt. Die Kontextgebundenheit der Deutungsmöglichkeiten ist zu betonen: ›Im Falle der Landschaft enthalten Bäume und Felder, Felsen und Flüsse bewusste oder unbewusste Assoziationen für die Betrachter. Wobei zu präzisieren wäre: für Betrachter an bestimmten Orten und zu bestimmten Zeiten. In manchen Kulturen löst die unberührte Natur Widerwillen oder sogar Angst aus, während sie in anderen Gegenstand der Verehrung ist‹ (Burke 2003, 50).

Die Projektion nationaler Identität auf positiv besetzte Landschaften bzw. so genannte ›natürliche Grenzen‹ hat in der europäischen Geschichte eine lang zurückreichende und immer wieder konfliktreiche Tradition: Braudel (1986) hat dies anhand der Entwicklung des ›Hexagons‹ zur idealen symbolischen und in der Folge zur realen territorialen Form Frankreichs beschrieben. Vermutlich der am deutlichsten mit Landschaft verbundene territoriale Identitätskonflikt in der europäischen Geschichte ist mit der politischen Symbolik des Rheins als Grenze oder ›Brücke‹ verbunden (vgl. Fèbvre 2006). Auch die landschaftliche Umschreibung der Habsburgischen Herrschaft als ›Donaumonarchie‹ sollte den Zusammenhalt des, weniger verheißungsvoll auch als ›Vielvölkerstaat‹ bezeichneten, Reiches symbolisieren. Dass sich gerade diese nationalen Besetzungen von Landschaftsbildern in der Visualisierung EUropäischer Politik wiederfinden, mag als Ambivalenz gegenüber der EUropäisierung selbst bei ihren Befürwortern und Befürworterinnen angesehen werden – ist das EUropäische Projekt doch von Beginn an gerade durch die Überwindung solcher ›Grenzkonflikte‹ wie des deutsch-französischen charakterisiert.

2.2 Architektur

Wenn im Fernsehen von EUropäischen Entscheidungen die Rede ist, so der Journalist und Brüssel-Korrespondent Joachim Fritz-Vannahme, dann seien es die Bilder von ›Bollwerken‹, die für die Zuschauer/innen von Polen bis Portugal zur Inkarnation EUropas werden. Nur verbinde niemand etwas mit ihnen – abgesehen von Bürokratie (vgl. Fritz-Vannahme 2004). Denn wer an die Hauptstadt EUropas denkt, dem falle ›auch nach einem halben Jahrhundert kein Weißes Haus, kein Reichstag, keine Hofburg ein‹ (ebd.).

Dieser Umstand erscheint bemerkenswert, zeichnet die EU sich doch in ihrer Selbst- als auch Fremddarstellung durch prägnante Orts- und Architekturbezüge aus. Zum Beispiel wird die Gesamtheit der Organe, Institutionen, Verträge und gewohnheitsrechtlichen Beziehungen, die die EU ausmachen, als ihre ›Architektur‹ bezeichnet und mit einer Dreisäulenkonstruktion[33] veranschaulicht, die für die ver-

33 Die Gemeinschaftspolitik in der ersten Säule ist geprägt durch supranationale Zusammenarbeit, deren Grundlagen im EG-Vertrag festgeschrieben sind. In der zweiten und dritten Säule sind es die Regierungen der Mitgliedstaaten, die im Rat Beschlüsse fassen, wobei in der Regel das Konsensprinzip gilt. Die Kommission und das Parlament sind als EU-Organe zwar beteiligt, aber ihr Einfluss ist geringer als in der ersten Säule. Die Bestimmungen für diese Zusammenarbeit sind im Vertrag zur Gründung der Europäischen Union verankert. Das ›Dach‹ bildet die Europäische Union als übergeordneter politischer Verbund der Mitgliedstaaten. Der Unionsvertrag enthält Rechtsvorschriften, die allen drei Politikbereichen gemeinsam sind:

schiedenen Kooperationsbereiche innerhalb der EU steht und durch ein gemeinsames Fundament bzw. ein Dach verbunden ist (siehe Abb. 14). Während die großen EUropäischen Vertragswerke nach Lissabon, Nizza, Amsterdam, Maastricht oder Rom – also den Orten ihrer Unterzeichnung – benannt sind, bemüht das Sprechen über EUropa gerne Gebäudemetaphern, die sich im Spannungsfeld zwischen den Assoziationen eines ›gemeinsamen Hauses‹ und einer ›Festung Europa‹ bewegen. Diese Zuschreibungen verweisen einerseits auf einen kontinuierlichen Erweiterungs- und Integrationsprozess sowie andererseits auf eine rigide Abschottungspolitik an den Grenzen der Union (vgl. dazu Milborn 2006). EUropäische Entscheidungsfindungsprozesse, Vertragsunterzeichnungen und Feierlichkeiten werden auf der Bildebene über die Darstellung emblematischer Gebäude des jeweiligen Orts visualisiert, an dem sie stattfinden.[34] Und gerade auch die ›populärste‹ EUropäische Symbolik – die der Euro-Banknoten – ist von architektonischen Bezügen auf Brücken, Tore, Fenster etc. geprägt (siehe auch Kapitel 2.1 *Landschaft*). Selbst wenn EU-bezogene Umfrageergebnisse von mangelnder Zustimmung zur Politik der Union gekennzeichnet sind, hilft offenbar ein architektonischer Verweis, um dies zu illustrieren: Die Stimmung sei ›im Keller‹ angelangt, bemerkte etwa die österreichische Außenministerin Ursula Plassnik 2005 in einer Tageszeitung (vgl. Plassnik, zit. nach Uhl 2005, 141).

The European Union is founded on its Treaties. Its three 'pillars' represent different policy areas with different decision-making systems.

Abb. 14: Säulenarchitektur der Europäischen Union.

Bestimmungen in Bezug auf die Organe, gemeinsame politische Prinzipien wie Menschenrechte und Demokratie sowie die Regelungen zur Änderung der Verträge und zur Aufnahme neuer Mitgliedstaaten. Die Trennung zwischen den drei Säulen wurde durch die Vertragsreformen von Amsterdam (1997) und Nizza (2001) etwas aufgeweicht, im Grundsatz bestehen die Säulen jedoch fort. Der EU-Reformvertrag fasst die verschiedenen Verträge zu einem einheitlichen Vertragswerk zusammen.

34 Vrääth Öhner (2005, 81) illustriert anhand des Dublin Castle, das heißt jenes Ortes, an dem die Staats- und Regierungschefs anlässlich des so genannten ›Enlargement Day's‹ zusammentrafen, dass das Bild ohne den Verweis auf den tatsächlichen Anlass der Zusammenkunft in der Bildlegende nicht auf diese Bedeutung hin zu decodieren wäre.

Sprache bietet demnach ein deutliches Indiz für die Bedeutung architektonischer Verweise zur Repräsentation politischer Zusammenhänge an. Ob von der ›Basis‹ oder dem ›Fundament‹ einer gesellschaftlichen Formation die Rede ist, von einem ›Überbau‹ und einem ›Mittelbau‹ oder von den ›Säulen des Staates‹ – immer liefern architektonische Metaphern Bilder für den Zustand politischer und sozialer Stabilität (vgl. Warnke 1984, 16). Lediglich das Wort ›Fassade‹ – so der Kunsthistoriker Martin Warnke (1994) – habe seit deren Infragestellen als Architekturmotiv durch das Bauhaus einen negativen und kritischen Anklang bekommen.

Woher aber gewinnt Architektur diese besondere Bedeutung als metaphorisches Bild von Politik? Martin Warnke (1984, 12ff.) verweist in diesem Zusammenhang auf mehrere allgemeine Gesichtspunkte, die Architektur zu einem politischen Faktor werden lassen: Bauen hatte zu allen Zeiten deshalb politische Bedeutung, weil es einen wichtigen wirtschaftlichen Faktor darstellt. Eine elementare politische Aufgabe erwuchs der Architektur aber auch dadurch, dass sie faktisch oder symbolisch die Sicherheit politischer Machtträger/innen gewährleistete. Wehrkirchen, Burgen, Stadtmauern, Wachtürme, Graben, Wälle und Bunker, Geschlechtertürme, Sockelgeschosse mit Buckelquadern, Portale und Eisengitter – kurz: Architektur, die nicht mehr nur gegen die Unbilden der Natur, sondern Personen oder Institutionen gegen ›innere‹ oder ›äußere Feinde‹ schützen soll, ist von politischer Relevanz. Durch Gebäude schafft der Mensch sich einen funktional-praktischen Rahmen, den realen Raum politischer Öffentlichkeit (vgl. Hipp/Seidl 1996, 7). Architektur kann aber auch explizit zu einer politischen Demonstration genutzt werden, indem durch sie Machtverhältnisse zum Ausdruck gebracht werden. Die Erscheinungsformen dieser demonstrativen Funktion von Architektur sind vielfältig. Während die geläufigste Art, eine soziale oder politische Überlegenheit geltend zu machen, das Imponieren durch (quantitative) Größe ist, können sich machtpolitische Willensbekundungen auch programmatisch äußern. Die so genannte ›architecture parlante‹ gibt in ihrer Struktur Bedeutungen kund. Aussagen über Rechte, Anspruch und Status können sich aber auch durch bildliche Darstellungen mitteilen, wozu auch plastischer Schmuck wie Wappen, Säulen, Reliefs oder Fresken dient.

Warnke betont, dass sich diese politischen Äußerungsformen räumlich und zeitlich differenziert ausgeprägt haben. Für die Neuzeit etwa ist im Vergleich zum Mittelalter zunächst das Hervortreten einer profanen, meist antikisch gefärbten politischen Architektursprache bezeichnend, die dazu beiträgt, die staatliche Sphäre als einen eigenständigen Wertebereich gegenüber kirchlichen und partikularen Traditionsbeständen aufzubauen und durchzusetzen. Dies geschieht laut Warnke in zwei Entwicklungsschüben: In einer ersten Phase repräsentiert sich der Staat in der Person eines Herrschers, auf den sich alle Sinnaussagen von ›Herrscherarchitektur‹ konzentrieren können, während sich in einer zweiten Phase die Einheit des Staates an nicht-personalen, abstrakten Werten und Normen orientiert – an ›Volk‹, ›Nation‹ oder ›Gerechtigkeit‹. Dadurch werden die öffentlichen Gemeinschaftsbauten zu Trägern eines staatlichen Gesamtwillens (vgl. Warne 1984, 15).

Wie eingangs erwähnt, ist es ein weitreichender Bedeutungsumfang, in dem EUropäische Themen mit architektonischen Bezügen wirksam (gemacht) werden können. Um diesen etwas genauer zu bestimmen, sollen deshalb im Folgenden einige Beispiele aufgegriffen und soll deren Bedeutungskontext rekonstruiert werden.

2.2.1 Euro-Banknoten und Berlaymont

Gerade der wohl gängigste EUropäische Symbolträger – der Euro – kommt nicht ohne architektonische Verweise aus. Die Euro-Banknotenserie umfasst sieben verschiedene Werte, die im gesamten Währungsgebiet als gesetzliches Zahlungsmittel gelten. Auf der Vorderseite zeigen die Banknoten Fenster und Tore, die laut einer Kurzbeschreibung der Europäischen Zentralbank (vgl. http://www.ecb.int/bc/euro/banknotes/html/index.de.html) den Geist der Offenheit und Zusammenarbeit in EUropa repräsentieren sollen. Die zwölf Sterne der Europäischen Union stehen für die Dynamik und Harmonie in EUropa, während die Brücken auf der Banknotenrückseite die Verständigung zwischen den Völkern EUropas sowie zwischen EUropa und der übrigen Welt symbolisieren sollen.

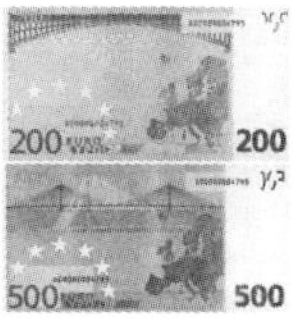

▶ 118

Die Euro-Banknoten (als Beispiele siehe Abb. 15 und Abb. 16) wurden von Robert Kalina von der Österreichischen Nationalbank entworfen, der 1996 den europaweiten Gestaltungswettbewerb gewonnen hat (vgl. ebd.). Um keine Nation zu brüskieren und allen Ländern gleichermaßen gerecht zu werden, verzichten die Motive auf jeglichen Bezug zu tatsächlich vorhandenen ›nationalen‹ Bau- und Kunstwerken. Anstelle dessen verweist die Symbolik auf die zentralen Epochen der europäischen Kunstgeschichte, nämlich Klassik (5 Euro), Romanik (10 Euro), Gotik (20 Euro), Renaissance (50 Euro), Barock und Rokoko (100 Euro), Eisen- und Glasarchitektur (200 Euro) sowie moderne Architektur des 20. Jahrhunderts (500 Euro). Der Bezug auf die Antike als ›Wiege der europäischen Kultur‹ bzw. deren Renaissance, das christliche Mittelalter, und die zumindest partiell katholisch konnotierte Barockarchitektur stellt das stringente visuelle Narrativ einer universalen europäischen Kultur vor, wie die Historikerin Heidemarie Uhl (2005, 152f.) kritisch herausstreicht. Durch den klar abgrenzbaren Wirkungsraum dieser Stile wird die Absicht einer ›offenen‹ Geschichtserzählung relativiert, wie sie die Europäische Zentralbank deklariert.

Das Beispiel der Euro-Banknoten zeigt, dass sich anhand der ›Lektüre‹ visueller ›Narrative‹ der EU-Symbolik Bedeutungszusammenhänge rekonstruieren lassen, auf die Selbst- und Fremddarstellung der Europäischen Union rekurrieren. Auch die Website des Audiovisuellen Dienstes der EU[35] stellt nicht nur jene Kategorien vor, nach denen die EU ihre Selbstdarstellung strukturiert, sondern eröffnet auch Bezüge, in denen diese Repräsentationen in der Öffentlichkeit Verwendung finden.

35 Der Audiovisuelle Dienst der Europäischen Union stellt der Öffentlichkeit offizielle Materialien über die EU zur Verfügung, die über die aktuellen Presseinformationen der Kommission hinausreichen (vgl. http://ec.europa.eu/avservices/home/index_en.cfm).

▶ 119

Eines dieser Bilder, das in der medialen Repräsentation der EU häufig vorkommt, ist das Berlaymont-Gebäude in Brüssel, das vornehmlich zur Visualisierung des bürokratischen Aspekts der EU-Politik – oft mit einem kritischen Unterton – herangezogen wird. Das Berlaymont, in dem unter anderem das Präsidium der Europäischen Kommission untergebracht und das nach dem Augustinerkloster der ›Damen von Berlaymont‹ benannt ist (vgl. dazu die Website der Betreiberfirma des Gebäudes http://www.berlaymont2000.com), das sich an der Stelle des heutigen Gebäudes befand, gerät zumeist mit einem Ausschnitt der Fassadenansicht als Hintergrund der EUropäischen Fahnen in den Blick der Öffentlichkeit (siehe Abb. 17). Als architektonische Repräsentation der EU, die mit öffentlicher Verwaltung identifiziert wird, erinnert diese Bedeutung der Berlaymont-Abbildungen an die Selbstdarstellung der Florentinischen Adelsrepublik in den Uffizien – einem Gebäudekomplex, der von 1559 bis ca. 1581 für die Unterbringung von Ministerien und Ämtern (Uffizi) in Florenz errichtet wurde. Wie für die Errichtung des ›Europa-Bezirks‹ in Brüssel ließ auch Cosimo Medici für den Bau ein ganzes Stadtviertel abreißen bzw. eine bestehende bauliche Struktur in den Komplex integrieren (vgl. Berti/Petrioli/Tofani/Caneva 1993). Der Fokus auf eine Visualisierung der Konzentration von Verwaltungshandeln und bürokratischen Prozessen in einem Gebäudekomplex als Ausdruck staatlicher Macht findet in den zahlreichen zeitgenössischen Darstellungen der Uffizien eine frühe Analogie. Die mittlerweile museale Funktion des Bauwerkes hat es allerdings von seiner ursprünglichen Bedeutung losgelöst. Auch in einem kulturhistorischen Kontext, etwa in Fernand Braudels Analysen der europäischen Zivilisationsprozesse, werden die Uffizien als symbolischer Bau für die neue Rolle eines bürokratischen Staates im Rahmen einer frühkapitalistischen Gesellschaft gedeutet. Der Staat nahm hier eine gleichrangige *Funktion* für das Gemeinwesen unter den ›Artes maggiores‹ ein – zu denen etwa der Handel und die Politik ebenso wie die Schönen Künste zählten (vgl. Braudel 1966, 70). Zugleich kann diese Bausymbolik in Braudels Deutung aber auch als bloße ›Fassade‹ dienen, hinter deren Bedeutung sozusagen verborgen die Medicis im 17. Jahrhundert höfische Strukturen wieder errichtet hätten (vgl. Braudel 1979, 458). Es scheint, als würde diese Mehrdeutigkeit eines Verwaltungsbaus – als zeitgenössische, republikanische Repräsentations- und als abweisende Machtarchitektur – den Deutungskontext bürokratischer Bauten immer noch definieren.

Eine Auffassung von Architektur, die Botschaften verkündet, schien lange einem überwundenen Stadium europäischer Kunstgeschichte anzugehören (vgl. Warnke 1984, 7). Dennoch kann man Architektur eine gewisse ›Bedeutungsanfälligkeit‹ nicht absprechen (vgl. ebd., 8). Dem Programm einer bedeutungsfreien Architektur entspricht in der Kunstwissenschaft eine Wahrnehmung, die vor allem an der ästhetischen Erscheinung der Architektur interessiert ist – so wie sie heute etwa die Wahrnehmung der Uffizien bestimmt. Dadurch wurde es möglich und üblich, Kirchen, Paläste, Schlösser und Burgen ohne Rücksicht auf ihre historische Bedingtheit und inhaltliche Aussageabsicht als reine Formereignisse zu sehen (vgl. ebd., 9).

Ebenso wenig jedoch, wie die Bauhausarchitektur oder die abstrakte Malerei aus heutiger Sicht die allein gültigen Tendenzen der künstlerischen Entwicklung einer Epoche waren, hat die Form- oder Stilanalyse die methodischen Alternativen der Kunstwissenschaft außer Kraft gesetzt: ›In der privaten Bibliothek Aby Warburgs und von ihr ausstrahlend sind gegen die reine Stilgeschichte gewichtige Argumente und Forschungsergebnisse erarbeitet worden, die gegen die Sehgeschichte eine Kulturgeschichte setzten, welche den inhaltlichen, bildungsgeschichtlichen, themen- und bedeutungsbestimmten Traditionsvorgaben ein neues Gewicht verliehen‹ (ebd., 9).

Auf die Architekturforschung wirkte dieser Ansatz erst relativ spät, ermöglichte aber unter anderem eine Hinwendung zur politischen Symbolsprache von Architektur und zum politischen Bedeutungsumfang, in dem Architektur wirksam werden kann (vgl. ebd., 12). Zu Letzterem zählt auch die gezielte Inszenierung politischer Botschaften unter Verwendung von symbolischen Referenzbauten bzw. deren Abbildungen, die sowohl ein gängiges Sujet als auch den Schauplatz politischer Kampagnen darstellen.

2.2.2 Nationale Zugehörigkeiten und architektonische Bezüge: Ins ›europäische Haus‹ …

Dass die Kommunikation der Europäischen Union in der öffentlichen Selbst- und Fremddarstellung von Architektur-Metaphern und -Verweisen geprägt ist, führt zur Frage, inwieweit die EU auch in den Beitrittskampagnen der neuen Mitgliedsländer in vergleichbarer Form repräsentiert wird. Im Jahr 2003 wurden in den damaligen Kandidatenländern die offiziellen Kampagnen der nationalen Regierungen gestartet, um für ein positives Votum bei den Referenden über einen Beitritt zur EU zu werben. Mit gegenteiliger Intention brachten auch EU-Kritiker/innen und -Gegner/innen unterschiedliche Bilder in Umlauf.

Die hier vorgestellte, exemplarische Auswahl architektonischer Referenzen wurde von den Kampagnen in Ungarn (vgl. etwa Kovács 2005) und der Slowakei (vgl. etwa Miháliková 2005) eingesetzt – zweier Länder, die durch einen gemeinsamen zentraleuropäischen Traditionsbestand verbunden sind, was auf ein wenigstens zum Teil gemeinsames Repertoire an Themen und Bildsymbolen zur Darstellung der EU bzw. der EUropapolitik schließen lässt. An den hier ausgewählten Beispielen wird deutlich, dass vor allem in zentraleuropäischen Kampagnen das Spannungsverhältnis von ›Nation‹ und ›EUropa‹ – also die Verwendung bzw. Verbindung nationaler und EUropäischer Symbole – von herausgehobener Bedeutung ist und einen breiten Raum einnimmt (vgl. Pribersky 2005, 93).

In der gesamten ungarischen Beitrittskampagne spielt die Budapester Kettenbrücke als Kampagnesujet, Referenz und Veranstaltungsort eine ›tragende‹ Rolle. Die Kettenbrücke wurde Mitte des 19. Jahrhunderts auf Initiative István Széchenyis als erste feste Verbindung zwischen den Stadtteilen Pest und Ofen (Buda) und zugleich zwischen den Landesteilen dies- und jenseits der Donau errichtet und zum Symbol der von Széchenyi eingeleiteten Modernisierung des Landes, die traditionell auch als Anschließen an die Europäische Entwicklung bzw. als Verwestlichungsprozess gedeutet wird (vgl. Pribersky 2004 und Pribersky 2005, 95).

Das Bild der Kettenbrücke war eines der Plakat- und Inseratensujets, das in der ›Igen!‹/›Ja!‹-Kampagne-Linie (vgl. Kapitel 1.2.2 *Politische Kommunikation als politologisches Analysefeld* und die Bildmotive in Kapitel 2.1 *Landschaft*, 2.3 *Bürger/innen* und 2.6 *Alltag*) in Verbindung mit der Frage ›Kann Ungarn seine Unabhängigkeit bewahren?‹ dargestellt wurde. Die Brückensymbolik fand darüber hinaus auch für den einzigen öffentlichen Auftritt von Politikern und Politikerinnen in diesem Rahmen (die Kampagne wurde ansonsten von prominenten Persönlichkeiten aller Gesellschaftsbereiche präsentiert) Verwendung. Am 15. März 2003, dem ungarischen Nationalfeiertag zum Gedenken an die Revolution von 1848, wurde für einen Tag eine Pontonbrücke vom Pester Parlament nach Buda errichtet und als Symbol für den EU-Beitritt des Landes von der politischen Elite durch eine gemeinsame Überquerung der Donau eröffnet: Diese Inszenierung war eine Reminiszenz an die vor Errichtung der Kettenbrücke eingesetzte Pontonbrücke, die seit dem 18. Jahrhundert während der Sommermonate als Verbindung diente. Die deutliche symbolische Botschaft, die von dieser Geste ausgehen sollte, war die Aufforderung an die Wähler/innen, mit dem EU-Beitritt für eine stabile ›Anbindung‹ Ungarns an EUropa zu stimmen.

▶ 120

Dementsprechend war die Brücke auch ein Zentrum der Feiern des Volksabstimmungserfolges: Auf dem Coverbild der ungarischen Tageszeitung ›Magyar Hírlap‹ vom 14. April 2003 (siehe Abb. 18) ist die Budapester Kettenbrücke in der Nacht nach der Abstimmung zu sehen, ausgeleuchtet in den ungarischen Nationalfarben und dem EU-Blau, fotografiert vor dem Hintergrund eines Feuerwerks. ›Csatlakozunk!‹/›Wir treten bei‹ titelt die Zeitung und illustriert die Nachricht mit einem Bild im Bild – einem Ausschnitt der jubelnden Menge mit EU-Fahne (siehe auch Kapitel 2.3 *Bürger/innen*, Abb. 21).

Dieses traditionelle Motiv der Brücke ist Teil eines zentralen Narrativs der ungarischen Geschichte, die als ein langer Weg von der ›Landnahme‹ aus dem Osten nach Westen beschrieben wird (vgl. Grosser et al. 2000, 54f.): Die Verwendung des Motivs in der Beitrittskampagne entspricht dem Versuch – durch die Referenz auf die ambivalente Symbolik des Bauwerks als nationales wie als Symbol der Europäisierung – den EU-Beitritt als weiteren Schritt in dieser Tradition darzustellen.[36] Die

36 Aus der Zeit des Fin de Siècle – dem Höhepunkt des Diskurses der Moderne in Ungarn und der damit verbundenen weitgehenden Öffnung Ungarns gegenüber Westeuropa – stammt auch die zweite gängige Metaphorik der Fähre als Reflexion des speziellen geopolitischen und historischen Status der Donaumonarchie und deren ungarischem Königreich in der Mitte Europas (vgl. Kovács 2005, 104f. in Bezug auf Jászi 1929 oder Le Rider 1994). Die Fähre symbolisiert ein Grenzland (einen Grenzfluss) zwischen zwei unterschiedlichen Räumen – dem ›Westen‹ und dem ›Osten‹ – und verkörpert eine kontinuierliche Bewegung zwi-

Brückenmetaphorik ist zugleich ein in Zentraleuropa durchaus gängiges Motiv für die *europäische* Rolle dieser Region als ›Brücke zwischen Westen und Osten‹. Als solches hat es immer wieder – beispielsweise im Zusammenhang mit dem österreichischen EU-Beitritt – seinen Platz in der Darstellung der historischen Legitimität politischer Entscheidungen gefunden.

Das ungarische Kampagnenbeispiel verweist aber auch auf ein *Grundmuster* der Repräsentation, wie sie zur Darstellung des Spannungsverhältnisses zwischen der EU und dem Nationalstaat auch in anderen Kampagnen verwendet wird. Dabei tritt ein Motiv in den Vordergrund, das am deutlichsten in einem Bildsujet zu einem zentralen Slogan der slowakischen Beitrittskampagne – ›Besser drinnen als draußen!‹ – ausgedrückt wurde. Auf dem entsprechenden Plakat wird der Beitritt zur EU als ein unentrinnbares Schicksal dargestellt (siehe Abb. 19): Der Goldfisch hat außerhalb des Aquariums keine Überlebenschance. Auch die Nation – hier angedeutet über den architektonischen Verweis zu einer der für die Slowakei so charakteristischen Burgen[37] in waldiger Landschaft – kann nur im schützenden Glasbehälter, nur in der EU bestehen. Abgesehen von der demokratiepolitischen Fragwürdigkeit dieser Zuspitzung zu einem Entweder-oder, das eigentlich keine Wahl lässt, ist hier das zentrale Motiv für die Zustimmung zu EUropa besonders bemerkenswert: die Bedrohung der Nation und deren in Aussicht gestellter Schutz in der EU.

▶ 121

Wie die Brückenmetapher ist dieses Motiv allerdings auch mit einer traditionellen Deutungsvariante verbunden: Die Idee, dass das ›Überleben‹ der ›kleinen mitteleuropäischen Nationen‹ aufgrund ihrer Lage zwischen dem ›Osten‹ und dem ›Westen‹ des Kontinents auf Dauer nur in einem größeren Staatenbund gesichert werden könne, hat bereits als Argument für den ›Ausgleich‹ von 1867 zwischen Österreich und Ungarn gegenüber ungarischen Vorstellungen einer gänzlichen nationalen Unabhängigkeit von der Habsburgermonarchie gedient. Nach

schen den beiden Alteritäten, also einen Transfer der Kulturen (vgl. Kovács 2005, 105). Die Fähre, die sich nicht nur bewegt, sondern etwas hin und her transportiert, wurde zu einem positiven Selbstbild, in dem die ungarische Elite im 19. Jahrhundert ihre Rolle in der Modernisierung des Landes als etwas Nützliches und Unentbehrliches inszenieren konnte. ›Schon damals wurden mit der Fähre jedoch auch negative Konnotationen verbunden: die unruhigen, instabilen und von Abhängigkeiten geprägten politischen und kulturellen Positionen eines Landes und die labile Identität einer Nation dazu‹ (ebd., 105).
Im Mai 2004, dem Monat von Ungarns Beitritt zur EU, tauchte die Fähre am Cover der ungarischen Wochenzeitschrift HVG auf. Mit der Frage ›Ruht die Fähre?‹ paraphrasierte der Covertitel eine Äußerung des damaligen Ministerpräsidenten Péter Medgyessy (›Die Fähre hat endlich angelegt‹). Der Rückgriff auf die Fährenmetapher bedeutet einen Bruch mit der Brückensymbolik und den Mitteleuropa-Träumen der 1980er-Jahre. Die Fähre hat angelegt. Damit ›kommuniziert das Bild »ein« Europa, das seine »Mitte« verloren hat und sich nie mehr ostwärts anpasst‹ (ebd., 110).

37 Die Burg ist als Bild so tief im nationalen Selbstverständnis der Slowakei verhaftet, dass sie sich sogar auf den Siegerentwürfen zur Gestaltung der slowakischen Euromünzen wiederfindet. Auf den 50, 20 und 10 Cent Münzen wird die Burg Bratislava abgebildet sein. Seit 1. Jänner 2009 ist der Euro das gesetzliche Zahlungsmittel der Slowakei.

Ende des Zweiten Weltkriegs wurde es vom ungarischen Politologen István Bibó (1992) auch als Fazit der nationalsozialistischen und in Voraussicht der folgenden sowjetischen Herrschaft über die Region formuliert.

Das erneute Aufgreifen dieses Spannungsverhältnisses zwischen ›Nation‹ und ›Europa‹ in den EU-Beitrittskampagnen legt die Vermutung nahe, dass es die nationalen politischen Eliten selbst sind, die – vor allem mit den Mitteln der Kontextualisierung in anderen Alltagsbereichen (siehe die Kapitel 2.6 *Alltag* und 2.1 *Landschaft*) – auch im Rahmen der EU-Kampagnen die Popularisierung nationaler Symbole als Grundlage ihrer politischen Bedeutung betreiben (vgl. Pribersky 2005, 101).

2.2.3 ... und ins ›gemachte Nest‹?

Sind die ›neuen Nachbarn‹ erst einmal in der EU ›angekommen‹ – wie sehen dann die Normvorstellungen eines EUropäischen Staatenbundes, eines gemeinsamen ›Hauses Europa‹ aus? Eine prägnante Deutungsvariante stammt aus dem Kinderbuch A *Swallow over Europe (Eine Schwalbe über Europa)*, das vom Autor Eugene Trivizias im Rahmen der griechischen Ratspräsidentschaft in der ersten Jahreshälfte 2003 publiziert wurde. Das Kinderbuch erzählt die Geschichte eines Schwalbenpärchens, das von einem blonden Mädchen in blauem Gewand beim Nestbau angeleitet wird. Auf ihrer Reise durch EUropa sammeln die Schwalben Blumen und Zweige: einen Olivenast aus Griechenland, ein Edelweiß aus Österreich, eine Eichel aus Deutschland, ein Weinblatt aus Frankreich, eine Tulpe aus Holland, ein Kleeblatt aus Irland und so weiter. Bevor es an den Nestbau geht, treffen die Schwalbe und das kleine Mädchen auf zehn Kinder aus verschiedenen Ländern: ein Mädchen aus Zypern mit einem Zedernast, einen kleinen Jungen aus Estland mit einer Kornblume, eine Ungarin mit einer Geranie, einen tschechischen Knaben mit einer Hagebutte, eine kleine Slowenin mit einer roten Nelke, ein Mädchen aus Litauen mit einer Weinraute, einen Jungen aus Lettland mit einem Gänseblümchen, eine kleine Polin mit einer roten Mohnblume, einen Jungen aus der Slowakei mit dem Ast eines Lindenbaumes und ein kleines Mädchen aus Malta mit dem Zweig eines Wacholderstrauchs. Aus allen Pflanzen bauen die Schwalben ein Nest (siehe Abb. 20) und bringen es nach Brüssel, wo das geheimnisvolle kleine Mädchen endlich ihr Geheimnis lüftet und ihren Namen verrät: ›Europa‹.

Abb. 20: Kinderbuch zur Griechischen Ratspräsidentschaft 2003: Ein europäisches Nest.

Nationale Bezüge werden in dieser plakativen Integrationsparabel über die charakteristische Flora eines Landes hergestellt. Die Kinder aus den Beitrittsländern überreichen mitgebrachte Materialien für den erfolgreichen Nestbau. Alle tragen sie die traditionellen Gewänder ihrer Heimatländer (siehe auch das Kapitel 2.5 *Familie*). Bereits zu Ende des 18. Jahrhunderts ging Johann Gottfried Herder, der sein für die zentraleuropäischen Nationalbewegungen des 19. Jahrhunderts wesentliches Nationskonzept in einem Spannungsverhältnis zum Nationsbegriff der Französischen Revolution formulierte, mit seiner Idee der ›Kulturnation‹ von einer ›Familie der Völker‹ aus. Er sah die Welt als großen Garten unterschiedlicher Nationen, in der zwar keine Nation Vorrang vor den anderen haben sollte, aber jede verschieden von den anderen ist (vgl. Uhl 2005, 149). Diese Herder'sche Vorstellung der Nation scheint auch für die analysierten Beispiele zeitgenössischer politischer Repräsentation immer noch von Bedeutung zu sein. Damit wird die Repräsentation EUropas in einen visuellen und metaphorischen Referenzrahmen gestellt, der den Traditionen der Identifizierung von Nationalstaat und Demokratie näher steht als dem aktuellen ›Mehrebenenmodell europäischer Regierung‹. So erinnert die Visualisierung der jungen EUropäer/innen an die stereotypen Darstellungen auf der ›Völkertafel‹[38] – ein Bildtypus des frühen 18. Jahrhunderts, der zehn Völker in Kategorien unterteilt und die darin eingetragenen Eigenschaften auf die einzelnen Ethnien überträgt, um sie zu typisieren.

Diese folklorisierende Darstellung der Beitrittsländer von 2004 scheint sich auch auf metaphorische Weise mit jener der Nest bauenden Schwalben zu verbinden, erinnert man an Herders Sammlung der *Stimmen der Völker in Liedern* (1885), in der er das Beste aus dem Geist der (europäischen) Nationen einzufangen trachtete. Dem entspricht die architektonische Metaphorik des Nests, das die beiden Schwalben aus den besten Materialien bauen, die in den Ländern EUropas zu finden sind. Und sie bauen ihr Nest gerade so, wie die Natur es ihnen vorgibt. Die EU wird demnach nicht mehr als Ergebnis demokratischer Willensentscheidungen dargestellt, sondern als Endprodukt eines ›natürlichen‹ Prozesses. Diese Darstellungsform evoziert die Narrative der Kulturnation als ein semantisches Déjà-vu (vgl. Uhl 2005, 149). Keine politische Bindung bildet die Grundlage des Gemeinwesens, sondern eine gemeinsame Sprache, Kultur, Poesie etc.

Wo aber nimmt der architektonische Bezug zum Nest seinen Ursprung? Für Vertreter/innen ›naturanaloger‹ Architekturstile, die Baukunst als Weiterentwicklung der Natur betrachten, gilt die so genannte ›Urhütte‹ als ein *Vorbild*, dem wiederum das Vogelnest zugrunde liegt. ›Wenn wir ein Nest betrachten, befinden wir uns am Ursprung eines Vertrauens zur Welt, treffen wir auf einen Ansatzpunkt von Vertrauen, fühlen wir uns getroffen von einem Aufruf zum kosmischen Vertrauen.

38 Eine Völkertafel ist Teil der Sammlung des Österreichischen Volkskundemuseums und im Gartenpalais Schönborn ausgestellt. Zu ihrer Entschlüsselung und Deutung vgl. Stanzel (1997).

Würde der Vogel sein Nest bauen, wenn er nicht ein instinktives Vertrauen zur Welt hätte?‹, fragte der Literaturwissenschafter Gaston Barchelard in seinem Buch *Poetik des Raumes* (Barchelard, zit. nach Tabor 2002, 75). Einer barocken Vorstellung folgend, müssen alle Formen auf eine einzige Urform zurückzuführen seien. Also musste allen Bauwerken der europäischen Architekturgeschichte *ein* Urbauwerk, die Urhütte, vorausgehen (vgl. Tabor 2002, 75). Die vom antiken Architekturtheoretiker Vitruv rekonstruierte und in der Barockzeit wieder entdeckte Urhütte wurde von vier in einem Viereck angeordneten Bäumen gebildet. An diese band man waagrecht vier Balken, darauf kamen vorne und hinten je zwei schräge, spitzwinkelig zusammentreffende Balken hinzu, die oben mit einer Stange verbunden und mit Reisig bedeckt wurden. So entstanden die ersten Säulen, die ersten Architrave und Tympanons, aus denen sich wiederum der dorische Tempel, der Urbau aller Baukunst, entwickelte (vgl. ebd., 75f.).

Ob die schmucklosen Säulen des EUropäischen Hauses, wie es in der ersten Abbildung dieses Kapitels gezeigt wird, einen impliziten Verweis auf den dorischen Säulenbau darstellen? Mag sein – ihre auratisierende Wirkung hätten sie damit allerdings verfehlt. Denn bislang fehlt er noch, der Korrespondentenbericht aus Brüssel, der vor einem emblematischen Gebäude der EU stattfindet.

2.3 Bürger/innen

Die größere Einheit, zu der er sich in Beziehung fühlt, ist immer eine Masse oder ein Massensymbol. Sie hat immer einige der Züge, die für Massen und ihre Symbole charakteristisch sind: Dichte, Wachstum und Offenheit ins Unendliche, überraschender oder sehr auffallender Zusammenhang, gemeinsamer Rhythmus, plötzliche Entladung.
Elias Canetti 1976 (Bd. 1), 187

Für die Repräsentation der EUropäischen Bürger/innen scheint die EU eine passende Form noch nicht gefunden zu haben – zumindest wenn es nach den kritischen Stimmen geht, die ihr ein notorisches ›Demokratiedefizit‹ attestieren. Während auf der diskursiven Ebene EUropäischer Politik in Reaktion darauf die aktive Partizipation der Bürger/innen betont wird – wie etwa in den aktuellen Kommunikationsstrategien der Kommission (siehe Kapitel 1.2 *Politische Kommunikation, politische Werbung und Kampagnen* und 1.4 *Branding*) – wird diese Partizipation kaum sichtbar. Die Visualisierung von EU-Politik ist vornehmlich auf Bilder von Sitzungen des Europäischen Rates, der Kommission und des Parlaments und ähnliche Anlässe beschränkt (siehe auch das Kapitel 2.5 *Familie*), während EUropäische Bürger/innen – wenn überhaupt – zumeist als jubelndes oder protestierendes Kollektiv dargestellt werden (vgl. Uhl 2004).

Wenn Bürger/innen ins Blickfeld der öffentlichen Darstellung der EU-Politik geraten, dann treten sie also in erster Linie als Teil einer ›Masse‹ auf: Jubel und Begeisterung, die historische Augenblicke der EUropäischen Entwicklung begleiten – zum Beispiel bei den Feiern anlässlich der Erweiterung oder zum 50-jährigen Jubiläum der Union –, oder Protest sind die zentralen Motive, in denen die Teilnahme an der EU-Politik zum Ausdruck kommt.

Zu einem populären medialen Bild wurden in diesem Zusammenhang die begeisterten Massen, die an den Feiern anlässlich des Beitritts der neuen Mitgliedstaaten in den EU-Erweiterungsrunden 2004 und 2007 teilgenommen haben. Das ausgewählte Bildbeispiel (siehe Abb. 21) zeigt Feierlichkeiten anlässlich der Unterzeichnung der Beitrittsverträge mit den zehn künftigen EU-Mitgliedsländern im Jahr 2003 – einen Ausschnitt aus einer jubelnden Menge, von der dem Anlass entsprechend EU-Fahnen geschwenkt werden. Es repräsentiert einen wiederkehrenden Bildtypus (siehe auch Abb. 18), mit dem die wichtigsten Schritte auf dem Weg der Erweiterung sozusagen als ›dramatische Höhepunkte‹ inszeniert und damit Zustimmung zu dieser zentralen Entwicklungsperspektive der EU für die Öffentlichkeit wahrnehmbar werden sollen: EUropäische Imagepolitik wird so für ein durchaus umstrittenes Politikfeld konzipiert, in dem die EUropäischen Eliten der ungeteilten Zustimmung der Bürger/innen keineswegs sicher sein können.

▸ 123

Gestus und Komposition derartiger Bilder lassen sich unter anderem mit jenem Werk Claude Monets vergleichen, in dem der Künstler die französische Republik und ihre Bürger/innen anlässlich der Abschlussfeierlichkeiten der Weltausstellung in Frankreich im Jahr 1878 dargestellt hat (siehe Abb. 22). Die impressionistische Maltechnik Monets wird durch die Auflösung der figuralen Bildelemente in ihre Farb- und Lichtkomponenten charakterisiert, was bei der Darstellung politischer Ereignisse auch eine symbolische Bedeutungsdimension erhält: Die Feiernden gehen in der nationalen Masse auf und sind durch die Symbolik der Farben Frankreichs nur mehr als Teil der Nation zu erkennen. Der Historiker Phillipe Nora sieht in diesem stilistischen ›Kunstgriff‹ Monets eine ›gelungene Darstellung des »republikanischen Moments«, welches das Entstehen einer demokratischen Gesellschaft und seine Verwurzelung im zeitgenössischen Frankreich kennzeichnet‹ (http://www.musee-orsay.fr/de/kollektionen/kommentierte-werke/suche/commentaire _id/la-rue-montorgueil-708). Genau diesen Anspruch – also gewissermaßen ein ›republikanisches Punktum‹ – soll die Feiersymbolik in Ermangelung eines zum Nationalen alternativen Referenzsystems auch für die Europäische Union einlösen.

▸ 122

Als kulturhistorisches Phänomen der Einordnung der Individuen unter eine gemeinsame Symbolik verstand bereits der eingangs zitierte Elias Canetti den Entwurf des Nationalstaates (vgl. Canetti 1976, 185f.), ebenso wie die neuere Historiographie des Nationsbegriffs (vgl. z. B. Anderson 2006, Gellner 1991, Hobsbawm 1991), die den Legitimität stiftenden Charakter der neuen symbolischen Ordnungen im öffentlichen Raum hervorhebt. Bis heute sind Form und Schutz der jeweiligen nationalen Symbole ein Bestandteil der staatlichen Rechtssysteme. Während Canetti vor allem die so entstandenen nationalen Eigenarten und deren Identität bildende Wirkung unterstreicht, zeigt ein detaillierter Blick auf die französischen Revolution, dass diese Symbole zugleich die republikanische Staatsform repräsentier(t)en: Die Revolutionäre verstanden die Ausübung von Macht im Sinne der Durchsetzung einer neuen nationalen anstelle der feudalen Ordnung auch als Kontrolle über die öffentlichen Symbole (vgl. Hunt 1989, 72). Daraus rekonstruiert die Historikerin Lynn Hunt den Entwurf einer ›neuen, bürgerlichen politischen Kultur‹, in der diese Symbole in den unterschiedlichsten alltäglichen Lebenswelten wie Kleidung und anderen Gebrauchsgegenständen Verwendung finden. Aufgrund dieser Verankerung der Politik im Alltag tritt der ›Citoyen‹/die ›Citoyenne‹ als Träger/in oder Darsteller/in politischer Anschauungen und Orientierungen auf die politische Bühne (vgl. ebd., 264) – nicht als Einzelne/r, sondern als Teil einer Gemeinschaft.

Im Kontext der Revolutionen des Jahres 1848 gewannen diese Symbole und Rituale auch im übrigen Europa zunehmend an Bedeutung. Die ›Erfindung‹ politischer Traditionen und deren Repräsentation durch Fahnen, Abzeichen, Hymnen, (nationale) Feiertage oder auch Architektur (siehe Kapitel 2.7 *Symbolisieren* und 2.2 *Architektur*) geht laut Eric J. Hobsbawm (1991) darauf zurück, dass zu Ende des 19. Jahrhunderts traditionelle Herrschaftsformen nicht mehr als fraglos legitim gelten konnten. Die politischen Eliten sahen sich gezwungen, nach neuen Quellen der Legitimation zu suchen: ›Deshalb entdeckten die Mächtigen und die Mittelklasse in den 70er Jahren des 19. Jahrhunderts im Zusammenhang mit der Entfaltung der Massenpolitik die Bedeutung »irrationaler« Elemente bei der Aufrechterhaltung des Gewebes und der Ordnung der Gesellschaft‹ (Hobsbawn 1983, 268). Die Erfindung bzw. Neudeutung von nationalen politischen Symbolen und Ritualen in der Periode von 1870 bis 1914 diente der politischen Stabilisierung des Verhältnisses von Gesellschaft und Staat und der politischen Ordnung des Nationalstaats (vgl. ebd.). Doch nicht nur nationalstaatlich verfasste politische Gemeinwesen sind auf symbolische Repräsentationsformen angewiesen. Auch auf EUropäischer Ebene sind Identitätsmarkierungen unverzichtbar (vgl. Assmann 1998, 398), suprastaatliche Gebilde wie die Europäische Union bedürfen ebenso eines symbolischen Formenrepertoires.

Darauf, dass dieses Formenrepertoire zur Repräsentation der EU-Bürger/innen auf Darstellungen aus den Traditionen des Nationalstaats zurückgreift, verweist auch das Gegenbild zur Jubelmasse, die protestierende Menge: In der medialen Repräsentation EUropäischer Politik werden Konsens und Ablehnung mit Massendarstellungen visualisiert. Das Bild der protestierenden Masse ist ebenso ein Sujet, das mittlerweile fest im europäischen Bildgedächtnis verankert ist; ganz gleich, ob es sich nun um die wiederkehrenden Demonstrationen bei den Tagungen des Europäischen Rates, Proteste gegen den EU-Verfassungsentwurf, gegen EU-Politiken oder um Kundgebungen gegen einzelne Entscheidungen handelt (siehe Abb. 23).

▶ 123

Das Bild der protestierenden Menge – das in Kapitel 1 *Politische Repräsentationen* mit Delacroix' ›Freiheit‹ in seiner Extremform des Sturzes der bestehenden staatlichen Ordnung zitiert wurde (siehe Abb. 3) – verdankt auch die Form des Protestmarsches mit Fahnen und anderen politischen Symbolen den von der Französischen Revolution ausgehenden Traditionen (vgl. Hunt 1989). Es wirft aber zugleich die Frage nach einer individualisierten Figur auf – und sei diese auch nur symbolisch, wie etwa durch die ›Marianne‹, verkörpert –, die der Menge eine konkrete Gestalt gibt.

2.3.1 Allen Menschen recht getan ...

Gruppendarstellungen ist das Grundproblem ihrer Individualisierbarkeit – also einer adäquaten Repräsentation Einzelner und des damit verbundenen Potenzials zur Wiedererkennung – eingeschrieben. Bereits Rembrandt sah sich in den Anfängen des bürgerlichen Zeitalters mit dieser Frage konfrontiert. Sein Bild der ›Nachtwache‹ gibt ein eindrucksvolles, frühes Zeugnis dieses Repräsentationsproblems (siehe Abb. 24).

Abb. 24: Rembrandt van Rijn: ›Die Nachtwache‹, 1642. Amsterdam, Reichsmuseum.

1642 malte Rembrandt die Amsterdamer Kompanie des Kapitäns Frans Banning Cocq und des Leutnants Willem van Ruytenburgh, genannt die ›Nachtwache‹. Charakteristisch ist, dass die Zahl der porträtierten Personen im Bild nicht zu erkennen, sondern lediglich durch kleine Ausschnitte – namentlich durch Lanzen und Hüte – zu erahnen ist (vgl. Riegl 1997, 256). Die gestalterische Einheit der ›Nachtwache‹ ruht somit auf der Subordination der übrigen Personen unter den Kapitän: ›Mit seiner gewaltigen, alle übrigen weit überragenden Statur schreitet er genau in der Mitte des Bildes [...] geradewegs auf den Beschauer hinaus, indem er die Linke mit gebieterischer Gebärde in der Richtung des Vormarsches herausstreckt und den Kopf nach dem rechts daneben mit kürzeren Schritten folgenden Leutnant wendet, der in devoter Kopfhaltung und mit ergebenst auf den Kapitän geheftetem Blicke den Befehl entgegennimmt‹ (ebd., 256). Der Leutnant erscheint damit nicht nur dem Kapitän untergeordnet, er fungiert zugleich auch als Mittler für die Subordination der übrigen Schützen (vgl. ebd., 257). Mit dieser Komposition brach die ›Nachtwache‹ mit einer charakteristischen Darstellungstradition des holländischen Gruppenporträts, deren doppelter Verweischarakter auf Individuum und Gruppe eine Fiktion von Gleichheit erzeugte (vgl. Hammer-Tugendhat 1998; siehe auch Kapitel 2.5 *Familie*). Rembrandt hatte ›sein künstlerisches Ziel über eine Linie hinaus (verfolgt), über die ihm die Zeitgenossen zu einem großen Teile nicht mehr zu folgen vermochten‹ (Riegl 1997, 257). Eine Auffassung, die anderthalb Dutzend Köpfe geflissentlich zurückdrängte und nivellierte, um bloß zwei Köpfe in voller Porträtlebendigkeit heraustreten zu lassen, bedeutete nahezu eine Vernichtung der gewohnten Bildkoordinaten und somit des Holländischen Gruppenporträts überhaupt. Konnte von einem solchen überhaupt noch die Rede sein, dann war es eben ein Doppelporträt von Kapitän und Leutnant vor einem von Figuren belebten Hintergrund. Dies war es auch, was die Mehrzahl der Porträtierten und mit ihnen zahlreiche Unbeteiligte aus dem Amsterdamer Publikum an dem Bild sofort auszusetzen hatten (vgl. ebd., 258): Das Bild wurde zum Skandal.

Laut Ernst H. Gombrichs Rekonstruktion eines Rembrandt-Vortrags von Aby Warburg sieht dieser eine Opposition der Rembrandt'schen Formensprache gegen die ›entwerteten Formeln einer barocken Rhetorik‹ (Gombrich 1981, 312), die in einem Gegensatz zu Rembrandts ›Rückgriff auf die klassische Kunst‹ stehen. Diese ästhetische Entscheidung ist – im Zusammenhang mit dem Kampf um die Unabhängigkeit der Niederlande von Spanien – zugleich auch eine politische. Für Rembrandt verlangte die neue, republikanische Politik nach einer neuen, ›reflexiven‹ Ästhetik, die der Rolle des Individuums gerecht wird. Warburg (vgl. ebd., 312) führt dies am Beispiel eines für das Amsterdamer Rathaus bestimmten Bildes aus, der ›Verschwörung des Claudius Civilis‹, das von den Auftraggebern ebenfalls abgelehnt wurde. Die öffentliche Darstellung bürgerlicher Individualität war am repräsentativen Zeitstil gescheitert – die Suche nach Ort und Form der ›Citoyenité‹ im republikanischen System aber blieb bestehen.

2.3.2 ... ist eine Kunst, die niemand kann?

Um eine Ästhetik, die dem republikanischen Moment entspricht und seine Vermittlung befördert, geht es auch in der Europäischen Union, der sich deshalb die Frage einer adäquaten Repräsentation des Individuums gleichermaßen stellt. Bei dem Versuch, einen unmittelbaren Kontakt zu den Bürgern und Bürgerinnen herzustellen – wie ihn die aktuellen Kommunikationsstrategien der EU nahelegen (siehe die Kapitel 1.2 *Politische Kommunikation, politische Werbung und Kampagnen* und 1.4 *Branding*) –, ist für eine Positionierung der ›Marke EUropa‹ deshalb auch die Überwindung nationalstaatlicher Formen der Repräsentation des Citoyen/der Citoyenne notwendig.

Als Teil dieser ›Marken-Politik‹ konzipierten der niederländische Architekt Rem Koolhaas und die Denkfabrik AMO 2001 im Auftrag des damaligen Kommissionspräsidenten Romano Prodi und des damaligen Ratspräsidenten, des belgischen Premierministers Guy Verhofstadt, eine Ausstellung, um Brüssel als neu ausgerufene, symbolische EUropäische Hauptstadt auch optisch zu vermitteln. Zu diesem Zweck wurde ein Festzelt in den Farben sämtlicher Flaggen der EU-Länder kreiert und in Brüssel aufgestellt. Die zweite Station des Festzelts sollte Wien sein, wo am 8. Mai 2006 die Ausstellung unter dem Titel ›Das Bild Europas‹ anlässlich der österreichischen Ratspräsidentschaft am Heldenplatz eröffnet wurde. Das Kernelement der Ausstellung bildeten zwei Wandcollagen, die einen Überblick über die Geschichte des europäischen Kontinents vom Zeitalter der Dinosaurier bis zur modernen Zivilisation sowie eine Darstellung der Geschichte der EU seit dem Zweiten Weltkrieg, mit einem visionären Blick in die Zukunft der EU bot. Durch die Ausstellung führte ein eigener ›EU-Pass‹ (Ausschnitt siehe Abb. 25).

In der Koolhaas'schen Ausstellung und im Begleitmedium markierten zwei recht unterschiedliche Darstellungsvarianten die Vorstellung von EUropäischer ›Citoyenité‹: Auf der einen Seite geraten die Bürger/innen als abstrakte Individuen in den Blick, auf der anderen Seite gibt der vitruvische Mensch – die berühmte Proportionsstudie Leonardo da Vincis – einen hochgradig idealisierten Maßstab vor. Denn bis heute ist diese Zeichnung nicht nur ein Symbol für die Ästhetik der Renaissance, sondern eines der berühmtesten und am meisten vervielfältigten Bildmotive, das vielfach losgelöst von seinem kunsthistorischen Entstehungszusammenhang als Symbol eines universellen Humanismus herangezogen wird. Ein vermittelndes Element zwischen diesen beiden idealtypischen Darstellungen scheint allerdings zu fehlen.

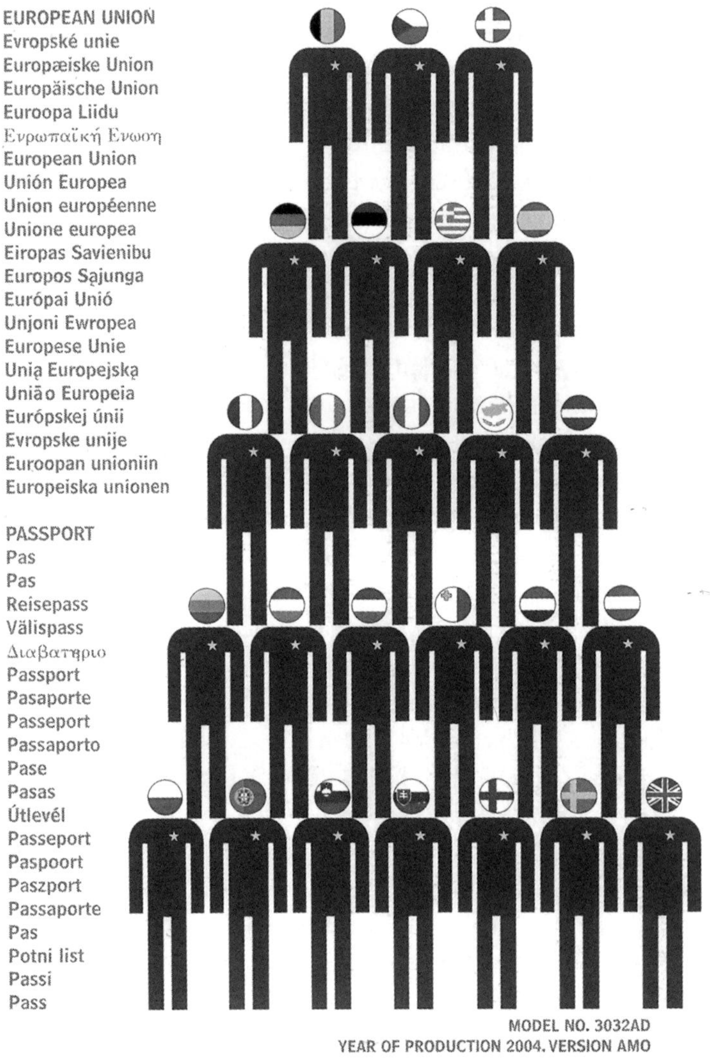

Abb. 25: Ausschnitt aus dem EU-Pass der Gruppe AMO (Rem Koolhaas et al.).

Die abstrakte Darstellungsvariante, wie sie sich auch im Kolhaas'schen EU-Pass findet (siehe Abb. 25), rekurriert in ihrer Formensprache auf das System der ›Isotype‹ (›International System of Typographic Picture Education‹, zu Deutsch ›Internationales System der Erziehung durch Bilder‹) des österreichischen Philosophen und Pädagogen Otto Neurath (1882–1945). Neurath, der die Auffassung vertrat, dass derart typisierte Bilder vor allem in der Kommunikation (gesellschafts)politischer Zusammenhänge wirksamer sein können als Worte, entwickelte eine Anzahl von Piktogrammen und Regeln für deren Gestaltung, um komplexe Sachverhalte in eine einfache Form zu bringen, die sowohl offensichtlich als auch genau ist. Ausgangspunkt dazu war das 1924 von ihm in Wien gegründete Gesellschafts- und Wirtschaftsmuseum, ein ›Volksbildungsinstitut für soziale Aufklärung‹ (vgl. Neurath 1991), das darüber hinaus mit der Frage, wie soziale Verhältnisse sichtbar gemacht werden können, ein Konzept für die ›Museen der Zukunft‹ entwickeln wollte (vgl. Hartmann 1997). Neurath formulierte 1925 die Aufgabe des Gesellschafts- und Wirtschaftsmuseums: soziale Erscheinungen durch klare, eindeutige Symbole und deren grafische Darstellung zu erfassen und verbreiten (vgl. Neurath 1991).

Gemeint waren damit vor allem alle statistisch erfassbaren Zusammenhänge, durch deren Visualisierung Neurath soziale Differenzen, etwa am Beispiel des Sterblichkeitsalters, sichtbar machen und damit ins öffentliche Bewusstsein bringen wollte. Und als Maß politischer Entscheidungen und Strategien treten Bürger/innen tatsächlich vor allem als statistische Größe auf – ebenso wie etwa an Verkehrsknotenpunkten, wie zum Beispiel internationalen Flughäfen, durch die sie häufig von ›Isotype‹(-ähnlichen) Symbolen geführt werden.

Der Bürger/die Bürgerin als statistisches Maß ist also unzweifelhaft eine ›handelnde‹ Person im Feld des Politischen – doch erkennt der einzelne Citoyen/die einzelne Citoyenne sich im statistischen Durchschnitt bzw. in dessen spielerischer Variante (siehe Abb. 26) auch wieder?

Abb. 26: Illustration einer Broschüre des Europäischen Parlaments: ›Bürger‹ und ›Bürgerin‹ mit EU-Fahne.

Diesen ›Durchschnittsbürger‹/diese ›Durchschnittsbürgerin‹, der/die in Form eines statistisch erfassbaren Tatbestands zum Adressaten/zur Adressatin politischer Entscheidungen wird, hat zum Teil auch die Kommunikationsstrategie der EU im Blick der Visualisierung ihrer ›Politiken‹. In der offiziellen Symbolik zur Verbreitung EUropäischer Politik findet die Masse nicht selten eine Auflösung in der Abstraktion. In einer Grafik anlässlich des ›E-Day‹, der Erweiterung auf 25 Mitgliedstaaten am 1. Mai 2004, kommt dies deutlich zum Ausdruck (siehe Abb. 27). Ob diese abstrakten Isotypen allerdings tragfähige Identifikationsfiguren für die Verbindung der Mitgliedstaaten sind, bleibt ästhetisch fragwürdig: Wie Scherenschnittmännchen scheinen die geschlechts- und gesichtslosen Bürger/innen, geformt aus ›nationalem Material‹, vor dem Hintergrund der EUropäischen Fahne aneinander gehängt. Ob die fatale Analogie ihrer ›papierenen‹ Verbindung so intendiert war?

▶ 124

Die Vermittlung einer Einheitsvision, wie sie auch in der Abstraktion des Bürgers/der Bürgerin visualisiert wird, ist – wie eingangs dieses Kapitels bereits erwähnt – eines der Charakteristika nationaler Diskurse, zumeist verbunden mit dem Versprechen, bestehende ethnische, regionale, konfessionelle und soziale Differenzen zwar nicht abzubauen, wohl aber durch eine nationale Einheitsidee zu überformen (vgl. Assmann 1998, 38). Die diesbezüglichen, exemplarisch wiedergegebenen EUropäischen Entwürfe verdichten sich auf der diskursiven Ebene zu Slogans wie ›Unity in Diversity‹ in der Präambel des Verfassungsentwurfs, finden aber auf der visuellen Ebene kaum eine Entsprechung, die nicht in eine ästhetische ›Homogenisierungsfalle‹ zu tappen scheint (siehe Abb. 27).

Das Bild des Viererensembles erinnert in seiner Komposition aber auch an ein Bild von Henri Matisse, dessen menschliche Figuren im Übergang zur Abstraktion dargestellt sind. In einem seiner bekanntesten Werke – ›La danse (I)‹ – zeigt er Figuren beim Ringelreien, die durch ihren Tanz zu einer Einheit werden (siehe Abb. 28). In einer Illustration zum Kapitel ›Die Europäische Union in der Welt‹ der Broschüre *Europa in 12 Lektionen* (Fontaine 2007, 48) wird dieses Bildmotiv des Ringelreien wieder aufgenommen: EUropa – ein blaues Männchen, dessen Rücken der gelbe Sternenkranz ziert – reiht sich neben der UNO und Hand in Hand mit dieser in den weltpolitischen Reigen ein (siehe Abb. 29).

▶ 124

▶ 125

Auch in dieser Darstellung wirken die ästhetischen Einschränkungen der statistischen Repräsentation der Europäer/innen deutlich sichtbar nach. In der Verbindung zu dem Matisse'schen *Vorbild* lassen sie aber vielleicht noch Spuren von jenen ›dynamischen‹ Elementen erahnen, die mit Canetti angesprochen wurden: ›Dichte, Wachstum und Offenheit ins Unendliche‹, ›gemeinsamer Rhythmus‹ – vielleicht jene Bewegungen, aus denen eine Figur des EUropäischen Citoyens/der Europäischen Citoyenne dereinst noch eine individuelle Gestalt annehmen wird?

2.4 Porträt

> Porträts, ob photographische oder gemalte, dokumentieren nicht so sehr soziale Wirklichkeit als vielmehr soziale Illusionen, nicht normales Leben, sondern besondere Vorstellungen.
> *Peter Burke 2003, 31*

Ebenso wie etwa landschaftliche Motive werden auch Porträts von Politikern und Politikerinnen in beinahe allen Formen politischer Kommunikation und Kampagnen – weit über den Rahmen der EUropa-Politik hinaus – eingesetzt. Images und damit Bilder der Kandidaten und Kandidatinnen sind, aufgrund der zunehmenden Personalisierung politischer Wahl- und Entscheidungsprozesse (vgl. Edelman 1990, 56ff.), zu einem zentralen Element der politischen Werbung geworden. Die Zunahme persönlichkeitsorientierter Wahlentscheidungen, die in der politischen Kommunikationsforschung allgemein festgestellt wird (vgl. Meyer 2001, Plasser/Ulram 2004), hat zu einem zentralen Stellenwert von Porträts – im visuellen wie im metaphorischen Sinn – vor allem der Spitzenkandidaten und -kandidatinnen, auch bei Europaparlamentswahlen, geführt.

Die herausragende Bedeutung von Personen- und Porträtplakaten hat sich seit den 1960er-Jahren durchgesetzt: ›Porträts in Halbtotale auf grafisch abstraktem [...] Hintergrund zusammen mit einem kurzen, griffigen Slogan‹ (Moser 2004) sind seither zentrale Elemente der Plakatwerbung in Wahlkämpfen. Der Verbreitung von Porträtfotos der politischen Spitzenpersönlichkeiten in Wahlkampfmaterialien aller Art (Plakate, Folder, Autogrammkarten, E-Cards etc.) entspricht eine Konzentration auf deren Image in den Kampagnen, die auch in Videospots, in der Inszenierung von Wahlkampfauftritten und in der Planung ihrer medialen Präsenz und Präsentation insgesamt zum Ausdruck kommt.

Die Verbreitung von ›Politiker/innen‹-Porträts in Image- oder Wahlkampagnen scheint jedoch ein lange zurück reichendes Phänomen zu sein, das mit der Entwicklung der Drucktechnik und deren unmittelbar darauf folgenden Einsatz in ›öffentlichen‹, auch in politischen Zusammenhängen verbunden ist. Folgt man dem Kunsthistoriker Martin Warnke, dürften bereits bei der Wahl Karls V. zum Römischen Kaiser und König von Spanien erstmals Porträts gezielt zu politischen Werbezwecken hergestellt worden sein: ›Die Wahl Karls V. zum Kaiser und König am 28. Januar 1519 ist die erste Wahl der Geschichte, die unter dem Verdacht steht, zu Wahlzwecken Bildnisse des Kandidaten erzeugt und verbreitet zu haben‹ (Warnke 2005, 40).

Obzwar das ›Wahlvolk‹ der Kurfürsten zweifellos eine andere Zielgruppe darstellte als jenes der zeitgenössischen Wahlkämpfe, werden bereits an dieser Serie von leicht variierten Porträtdrucken, die vor der Wahl hergestellt wurden, einzelne Grundzüge der Darstellung sichtbar, die sich in abgewandelter Form bis heute in Porträts politischer Spitzenpersönlichkeiten (für Wahlkämpfe) wiederfinden. Der am Betrachter/an der Betrachterin vorbei gerichtete Blick erscheint als typische Haltung der Porträtierten in Herrscher/innen- (vgl. auch die Beispiele in Burke 2003,

28–33 und 74–87) ebenso wie in zeitgenössischen Politiker/innen-Porträts. Die häufige Anspielung auf die Darstellung von Vorgängern/Vorgängerinnen – ›Ganz offensichtlich soll durch die Anlehnung an das Bildnis Maximilians für die Wahl die Kontinuität des politischen Handelns und Denkens vom Großvater zum Enkel herausgestellt werden‹ (Warnke 2005, 40) – wurde auch gerne in einer gemeinsamen Abbildung mit diesen repräsentiert. Dazu kommt der Versuch, mit dem Bildnis auch die gewünschten Eigenschaften der Porträtierten zu repräsentieren – im Falle Karls V. die Erscheinung eines ›gewaltigen her und künig‹ (zit. nach ebd., 41) –, deren Darstellung in erläuternden Textpassagen (wie dem zitierten Ausschnitt) ebenfalls zu den Konstanten der ›Wahlwerbung‹ zählt. Während letztere Eigenschaften in der vorrevolutionären Tradition der Herrscher/innen-Bildnisse vor allem durch die im Bild beigegebenen Gegenstände und Symbole repräsentiert wurden, tritt mit der Verbürgerlichung eine ›Präsentation des Selbst‹ der Porträtierten in den Mittelpunkt der Gestaltung.

Die Selbstinszenierung von Personen war seit jeher Bestandteil von Porträtdarstellungen, doch erfährt sie mit Beginn der neuzeitlichen Porträtmalerei im 15. Jahrhundert eine neue Qualität (vgl. Burda 2007, 549). Hubert Burda, der sich mit der Entwicklung der neuzeitlichen Porträtmalerei seit ihren Anfängen bis in die heutige Zeit beschäftigte, stellt die Frage, ›was die jeweilige Selbstinszenierung über das Bild aussagt, das der Dargestellte von sich selbst hatte und das er an eine bestimmte Community vermitteln wollte‹ (ebd., 549).

Das neuzeitliche Porträt bildet sich in der wechselseitigen Spannung zwischen etabliertem Adel und aufsteigenden Bürgerschichten heraus: ›Wer aufgestiegen war, hatte sich das Recht auf ein eigenes Bildnis erworben, welches in früheren Zeiten allein den Heiligen vorbehalten gewesen war‹ (ebd., 551). Jeweils neu aufsteigende soziale Schichten nutzten die Repräsentationsform des Porträts dazu, ihren Anspruch auf Macht und Status augenfällig zu machen (vgl. ebd., 551). Ein exzellentes Beispiel dafür, mit welch hohem Anspruch sich die aufgestiegene bürgerliche Schicht der Kaufleute porträtieren ließ, ist Hans Holbeins Bild des Kaufmanns Georg Gisze von 1532 (vgl. ebd., 553; siehe Kapitel 2.6 *Alltag*, siehe Abb. 46). Die Inszenierung des aufgestiegenen Bürgertums bringt mit dem holländischen Gruppenporträt noch eine weitere Bildgattung hervor. Mit diesem Bildtypus ist in der bürgerlichen Gesellschaft Hollands etwas entstanden, das im Europa des Absolutismus eine Ausnahmeerscheinung war: Der/die Einzelne wird als Mitglied einer gleich gesinnten Gruppe dargestellt und repräsentiert innerhalb dieser Gruppe ihr imaginäres Bild einer harmonischen Verbindung von Individuum und Gemeinschaft (vgl. ebd., 554f. in Bezug auf Hammer-Tugendhat 1998; siehe Kapitel 2.5 *Familie*). Die neue, erfolgreiche Elite fühlte sich in der Gruppe am stärksten und setzte mit dem Typus des Gegenbildes das bürgerliche Selbstbewusstsein gegen die absolutistische Hofgesellschaft (vgl. ebd., 555).

Mit der Erfindung der Fotografie büßte die Porträt-Malerei ihre Funktion weitgehend ein. Selbstinszenierung wird in der so genannten Mediengesellschaft von anderen medialen Ausdrucksformen übernommen (vgl. ebd., 552), zunächst vor allem durch das Porträt-Foto, das auch die Grundlage der angesprochenen Verbreitung in politischen Werbemitteln wie Plakat und Ähnlichem bildet, in der Folge im übertragenen Sinn auch in den ›Personality‹-Darstellungen in Video-Spots oder TV-Bildern.

Unter den Porträt-Darstellungen nimmt das politische Porträt in gewissem Maß eine Sonderrolle ein: ›Das Herrschaftsporträt ist sicherlich der Porträt-Typus, der die soziale Rolle am eindeutigsten über die Persönlichkeit des Individuums stellt‹ (Doppler 2006, 45). Formale Konventionen der Darstellung politischer Führungspersönlichkeiten – wie die oben bereits erwähnten – bleiben wohl mit dem Ziel der Hervorhebung bzw. Unterscheidung der repräsentierten politischen Macht von anderen Alltagsfeldern in politischen Porträts erhalten, trotz einer ›Demokratisierung‹ der Herrscher/innen-Darstellungen aufgrund der Verbürgerlichung des Porträt-Stils und dann als Folge der überwiegend fotografischen Herstellung von Porträts.

Auch eine fotografische Darstellung – in der Regel die Vorlage zum Personenplakat und ähnlichen Reproduktionen – ist wesentlich durch ihre Gestaltung, und nicht als bloße Wiedergabe der Abgebildeten definiert: ›In dem Augenblick, in dem ein Photograph ein bestimmtes Motiv auswählt, arbeitet er im Grunde ebenso subjektiv wie ein Historiker, der sich für ein bestimmtes Thema entscheidet‹ (Burke 2003, 25). Dabei orientiert sich insbesondere die professionelle Fotografie an den Posen und Haltungen in früheren Fotos, ebenso wie sich die frühe Fotografie an jenen der Malerei und Druckgrafik orientierte (vgl. ebd., 25), was eine der Grundlagen für die Tradierung von Konventionen des politischen Porträts darstellt.

Auch die Modellierung des Gesichts als zentralem Element im Porträt lässt sich den erwähnten Traditionen zuordnen, an diesem Moment wird aber zugleich vielleicht eine Akzentverschiebung aufgrund der erwähnten historischen Entwicklungen am deutlichsten: Greift der Künstler/die Künstlerin im traditionellen Porträt in die Züge der Dargestellten ein, so verschiebt sich die Arbeit am Gesicht für deren Repräsentation in den modernen Massenmedien auf die Darsteller/innen selbst – es sind Visagisten und Visagistinnen, Kommunikationstrainer und -trainerinnen, die Hautfarbe und Ausdruck oder bestimmte Haltungen und Gesten ›an den Körpern der Kunden anbringen und auftragen‹ (Warnke 2005, 69). Mit dieser Verschiebung der Arbeit der ›Zurichtung‹ politischer Körper auf die Darsteller/innen der Macht selbst ist auch eine Modifikation ihrer Bedeutung verbunden: Die Berufung auf tradierte Machtansprüche – wie im Falle Karls die Tradition der Habsburgischen Herrschaft, verkörpert durch die Ähnlichkeiten und Parallelen mit der Darstellung Maximilians – tritt gegenüber der Betonung der charakteristischen Züge der Darsteller/innen in den Hintergrund. Es ist eben jenes ›angebrachte und aufgetragene‹ Aussehen, in dem das veröffentlichte bzw. politische ›Selbst‹ zum Ausdruck gebracht werden soll. Das wird besonders auch an den Live-Auftritten in elektronischen Massenmedien deutlich: Was beim statischen Bild als Motivauswahl und Pose der Darstellung vorausgeht, tritt hier als Regieanweisung auf, in der die Kompensation mangelnder Körpergröße ebenso berücksichtigt wird wie der vorteilhafte Kamerawinkel auf die ›Darsteller/innen‹.

Diese Konventionen und Techniken zur Präsentation der öffentlichen, politischen ›Selbst‹-Darstellung verweisen auf die Mehrdeutigkeit von Porträts in der politischen Kommunikation: Sie sollen die Person ebenso vermitteln wie die politischen Ideen, die von ihr repräsentiert werden. Politische Porträts ›oszillieren‹ also gleichermaßen zwischen der Präsentation politischer Persönlichkeiten und Ideen (vgl. Burke 2003, 23–37 und 67–90).

Porträts in eine Untersuchung EUropäischer Bildpolitiken aufzunehmen, erfordert deshalb eine Auswahl, die Elemente und ›Ideen‹ europäischer Politik auch visualisiert, und nicht bloß – wie es in Politiker/innen-Porträts als Teil von Wahlkampfmaterialien häufiger der Fall ist – die porträtierte Persönlichkeit mit einem entsprechenden Text unterlegt, wie ›Österreich in Brüssel stark vertreten‹ oder ›Ich garantiere, dass die Franzosen über den EU-Beitritt der Türkei entscheiden werden‹.

▶ 126

Das Plakat der Sozialdemokratischen Partei aus dem österreichischen Wahlkampf zum Europäischen Parlament 1999 stellt mit dem Bild des Parteivorsitzenden, des damaligen Bundeskanzlers Viktor Klima, auch eine Interpretation der ›Europäischen Idee‹ vor (siehe Abb. 30): ›Gemeinsam für ein neues Europa‹ kann als Variation, hier als parteipolitische Interpretation jener ›Einheit in Vielfalt‹ gelesen werden, die in der Präambel dem Entwurf einer Europäischen Verfassung vorangestellt wurde und die in der Kommunikation der EU-Kommission als ein zentrales Motiv Verwendung findet.

Nicht nur der Kontext des *österreichischen* Wahlkampfes zum Europäischen Parlament verweist darauf, dass es sich bei diesem Plakat um ein Persönlichkeits-Porträt handelt, obwohl neben dem damaligen österreichischen Bundeskanzler zwei weitere Politiker – der damalige britische Premier Tony Blair und der damalige deutsche Bundeskanzler Gerhard Schröder – abgebildet wurden. Beide haben den Blick fest auf Viktor Klima gerichtet, der zudem mit seiner Handhaltung und Blickrichtung als Einziger aus dem Bild hinausweist. In dieser Komposition eines Gruppenporträts wird Klima mit einer Eigenschaft versehen, auf die auch der Text verweist. Dieser weist ihn als Repräsentanten einer EUropäischen Parteien-›Familie‹ aus, die der abstrakten Idee von einer EUropäischen Gemeinschaft in Gestalt der drei Spitzenpolitiker eine konkrete, menschliche Form gibt. Zugleich soll sie die politische Dimension Klimas über den österreichischen hinaus in einen größeren Zusammenhang stellen, ihn also als *EUropäischen* Politiker ausweisen.

Die Komposition dieses Plakatmotivs scheint zwei Elemente im Porträt Viktor Klimas zu verbinden: Der Bezug auf ihn legitimierende Persönlichkeiten, wie oben hinsichtlich der Gestaltung der Darstellung Karls V. angesprochen, erscheint hier aktualisiert und in die Darstellung einbezogen. Für derartige Verbindungen existieren Vorbilder, wie etwa jene – meist auf Grundlage retouchierter Fotografien entstandenen – Stalin-Bilder, die ihn gemeinsam in trauter Zweisamkeit mit Lenin zeigen und nach dessen Tod als Nachfolger legitimieren sollten (siehe Abb. 31).

Abb. 31: Pjotr Starosonow: ›Lenins Ankunft im Petrograder Smolny in der Nacht vom 24. Oktober‹, 1936.

Ein weiteres Beispiel wären Herrscher/innen-Porträts, die die Porträtierten mit Porträts bedeutender Vorfahren/Vorfahrinnen und/oder Vorgänger/innen ins Bild setzen (siehe Abb. 32).

Karl d. Große übergibt Karl VI. die Reichsinsignien, Silbermedaille 1711. Kunsthist. Mus. Wien.

Abb. 32: Karl I. und Karl VI.

Die Zeitgenossenschaft der im Klima-Wahlplakat dargestellten Politiker verweist – ähnlich dem bereits erwähnten holländischen Gruppenporträt – jedoch zugleich auf einen zweiten Zusammenhang, nämlich den der *politischen Familie*, die sich Ämter und damit Macht und Herrschaft in einem republikanischen politischen System teilt. Eine derartige ›famille politique‹ stellte offenbar bereits der Renaissance-Maler Domenico Ghirlandaio in den Fresken einer Kapelle der Kirche Santa Trinità in Florenz dar (siehe Abb. 33), in deren abgebildetem Ausschnitt wir den Florentiner Kaufmann und Bankier Francesco Sassetti mit seinem Sohn vor dem regierenden Fürsten Lorenzo de Medici (und Antonio Pucci) dargestellt sehen. Der Bildausschnitt wird in der Regel in der Reihe der Porträts Lorenzos ›des Prächtigen‹ geführt (vgl. Diwald 1999, 114f.), eines absoluten, jedoch ebenso für seinen Kunstsinn berühmten Herrschers und Mäzens der Florentinischen Republik, der selbst dichtete und unter anderem als Förderer und Auftraggeber Leonardo da Vincis bis heute bekannt ist. In seinen Renaissance-Studien beschäftigte sich auch der Kunsthistoriker und Mitbegründer der Ikonografie, Aby Warburg, wiederholt mit dieser Sassetti-Kapelle, in welcher der im Ausschnitt abgebildete Francesco sein Grabmal errichten ließ und die ein weiteres Bildnis des Stifters der Kapellengestaltung zeigt. Warburg rekonstruiert die Ausgestaltung der Kapelle ›als Denkmal eines Übergangs zwischen Mittelalter und Renaissance‹ (Gombrich 2006, 227), das Sassetti als typischen Repräsentanten des neu entstehenden Bürgertums zeigt. Diese Haltung scheint auch der abgebildete Ausschnitt zum Ausdruck zu bringen, in dem sich Francesco mit seinem Sohn vor dem Fürsten darstellen lässt – mithin sich hier zweifellos Sassetti in seiner Grabkapelle porträtieren ließ. Die Verbindung mit Lorenzo de Medici bringt die Partei-Zugehörigkeit Francescos zu den Medicis zum Ausdruck – als ›Parteien‹ wurden damals die Zusammenschlüsse der adligen Florentiner Kaufmannsfamilien unter einem Patron in der Ratsversammlung des Stadtstaates bezeichnet. Für Francesco war diese Parteizugehörigkeit offenbar von

▶ 126

solch herausragender Bedeutung, dass er deren Darstellung für seine Mit- und Nachwelt in sein Grabmal als Ausdruck seiner Persönlichkeit integrieren ließ. ›Je häufiger die Parteien in der Herrschaft abwechselten, um soviel stärker war der einzelne veranlaßt, sich zusammenzunehmen bei Ausübung und Genuß der Herrschaft. So gewinnen zumal in der florentinischen Geschichte die Staatsmänner und Volksführer ein so kenntliches persönliches Dasein, wie sonst in der damaligen Welt kaum ausnahmsweise einer [...]‹ (Burckhardt 1928, 134) – so fasst der Kulturhistoriker Jacob Burckhardt den ›personifizierenden‹ Aspekt in der Bedeutung der Parteien für die Florentiner Verfassung zusammen, deren Repräsentanten er bereits im 19. Jahrhundert als ›frühesten Ausdruck‹ der ›modernen Europäer‹ ansieht (vgl. ebd., 85). Der *vollständige* Bürger der Renaissance tritt hier erstmals auch als Homo politicus in Erscheinung, und das nicht als den Zusammenhängen enthobenes Individuum – wie in der Tradition der Herrscher/innen-Darstellungen –, sondern als Teil und Repräsentant eines republikanischen politischen Systems.

Es ist eine vergleichbare Botschaft, die beide Motive verbindet: Der Florentinische Kaufmann Sassetti und der österreichische Kanzler Klima erhalten ihre Bedeutung als (politisch) führende Persönlichkeit sozusagen von einer Gemeinschaft übertragen, die auch im metaphorischen Sinn *hinter* ihnen steht und sie nicht bloß als deren Repräsentanten ausweist, sondern deren Zugehörigkeit zu einer derartigen Gemeinschaft zugleich als ihre (öffentliche, politische) Persönlichkeit prägend zum Ausdruck gebracht wird.

Die Familien-Metaphorik kann als ein zentrales Motiv der visuellen Repräsentation der Europäischen Union gelten (siehe das Kapitel 2.5 *Familie*). Das Porträt eines Politikers/einer Politikerin als Teil dieser EUropäischen ›famille politique‹ soll diese Eigenart der EU-Politik ebenfalls als eine Eigenschaft einzelner AmtsträgerInnen erscheinen lassen.

2.5 Familie

Es war das Ende einer Affäre: Am 12. September 2000 um 19 Uhr veröffentlichte die französische EU-Ratspräsidentschaft in Paris ein ›Kommuniqué der 14‹, wonach die zwischenstaatlichen Maßnahmen der EU-Länder gegen die österreichische Bundesregierung aufgehoben wurden. Diese Mitteilung beendete einen bilateralen politischen Boykott, der am 4. Februar 2000 begonnen und 223 Tage gedauert hatte. ›Österreich galt nun nicht mehr als der politisch Kranke Europas, aber auch noch nicht als gesund‹ (Kopeinig/Kotanko 2000, 7). Was war geschehen?

Abb. 34: ›Schwarze(s) Schaf(e)‹. Karikatur von Michael Pammesberger aus dem Jahr 2000.

Die Bildung der konservativ-nationalen, so genannten ›schwarz-blauen‹, Regierungskoalition zwischen ÖVP und FPÖ Anfang 2000 veranlasste die EU 14 zur Formulierung eines Maßnahmenkataloges: keine zwischenstaatlichen Kontakte mit einer Regierung, der die FPÖ angehört; keine Unterstützung österreichischer Bewerber/innen in internationalen Organisationen; österreichische Botschafter/innen in EU-Hauptstädten werden nur auf technischer (nicht auf politischer) Ebene empfangen (vgl. ebd., 21). Diese, in Österreich pejorativ als ›Sanktionen‹ bezeichnete ›Familienkrise‹ der damaligen EU 15 – von der Journalistin Margaretha Kopeinig und dem Journalisten Christoph Kotanko treffend als eine ›europäische Affäre‹ bezeichnet – wurde erst durch das Einsetzen eines so genannten ›Weisenrates‹ unter Mitwirkung des Europäischen Gerichtshofs für Menschenrechte entschärft. Die

›guten Onkel‹ Martti Ahtisaari, Jochen Frowein und Marcelino Oreja beendeten im September 2000 durch die Vorlage eines Berichts über das ›Eintreten der österreichischen Regierung für die gemeinsamen europäischen Werte, insbesondere für die Rechte der Minderheiten, Flüchtlinge und Einwanderer‹ und die ›Entwicklung der politischen Natur der FPÖ‹ den mehrmonatigen Zwist.

Diese Selbstrepräsentation der Europäischen Union als ein ›Familienverband‹ funktioniert aber nicht nur in Krisenzeiten, denn die Familienmetaphorik indiziert neben Differenzen vor allem ihr Gegenteil, nämlich Zusammengehörigkeit. In unzähligen EUropäischen Kontexten – angefangen von journalistischen Texten über historiographische Darstellungen bis hin zu politischen Abhandlungen – gehört die Familienmetapher zum stilistischen Repertoire und prägt als ein zentrales Leitmotiv den Diskurs über die Europäische Union. Ob von einem ›Familienzuwachs‹[39] durch die EU-Erweiterungsrunden von 2004 und 2007 die Rede ist, oder von einer ›Geburt‹ (bzw. ›Wiedergeburt‹)[40] Europas im Zuge des Integrationsprozesses, ob die ›bösen Buben‹ Jaroslaw und Lech Kaczynski mal wieder Ärger machten und ›Mama‹ Angela Merkel auf den Plan riefen[41], oder ob die Frage zu klären ist, wer eigentlich zum ›Familienverband‹ gehört (Stichwort Türkei) – die Familienmetapher darf bei der Illustration dieser Themen jedenfalls nicht fehlen.

Dass die Familienmetapher in politischen Zusammenhängen durchaus gebräuchlich ist, zeigt der Politologe Wolfgang Bergem: Die Nation werde als ›Familie‹ dargestellt, deren ›Brüder und Schwestern‹ alle ›dasselbe Blut‹ haben; die Rolle des Familienoberhaupts kommt dem ›Vater Staat‹ zu, der in der Figur eines regierenden ›Landesvaters‹ konkrete Gestalt annehmen kann (vgl. Bergem 1996, 188).

Der Begriff Familie findet in der Politik aber auch zur Bezeichnung der Zusammengehörigkeit innerhalb oder auch über Parteigrenzen hinweg Verwendung.

39 Anlässlich des Abstimmungsergebnisses, das das Beitrittsreferendum in Lettland 2003 mit 67 Prozent Zustimmung erzielte, sprach zum Beispiel der deutsche Bundeskanzler Gerhard Schröder im ›Abendblatt‹ vom 22. September 2003 von einer Rückkehr des baltischen Staates in die europäische Familie.

40 Aus Anlass des Beitritts von acht mittel- und osteuropäischen Staaten sowie Maltas und Zyperns zur Europäischen Union erschien ein Sonderheft der Zeitschrift ›Europäische Rundschau‹ zum Thema ›Europa der 25 – Chancen und Risiken‹, in der die Herausgeber im Geleitwort betonen, dass sie als ein ›Sprachrohr der Europäisierung und Humanisierung durch eine illusionslose und differenzierte Betrachtung der »Chancen und Risken in einer großen Europäischen Union« einen Beitrag zur Geburt eines neuen Europas der gleichberechtigten Staaten [zu] leisten‹ gedenken (http://www.europaeische-rundschau.at/inhalt20041.html). Die Geburtsmetaphorik findet sich nicht nur im Geleitwort, sondern darüber hinaus im Beitrag von Guy Verhofstadt (›Die Geburt eines neuen Europa‹), während Bertie Ahern über die ›Heimkehr in die europäische Familie‹ schrieb und Werner Weidenfeld über ›Eingesessene, Ankommende und Außenstehende‹ nachdachte.

41 Das konservative polnische Magazin ›Wrpost‹ zeigte in seiner Ausgabe vom 25. Juni 2007 auf der Titelseite die Fotomontage einer barbusigen Kanzlerin Merkel, die die Zwillinge Lech und Jaroslaw Kaczynski an ihrer Brust nährt.

Die Doppeldeutigkeit der Bezeichnung einer politischen Gruppe als ›politische Familie‹ beschrieb der Anthropologe Marc Abélès (1989) in einer Untersuchung des französischen politischen Systems. In diesem stärker an Personen als an Parteien orientierten politischen System bedeutet die Zugehörigkeit zu einer ›famille politique‹ über explizit vertretene, gemeinsame politische Anschauungen hinaus in etwa das, was im Deutschen als ›Seilschaft‹ bezeichnet wird: eine Verbindung, die politische Inhalte eng und unentwirrbar mit gegenseitiger Vorteilsbeschaffung und gemeinsamer Karriere verknüpft.[42]

Die Analyse einer derart ausgeprägten Metaphorik, wie sie der Begriff Familie in diesem Zusammenhang anbietet, kann Aufschluss über die in einem Kulturzusammenhang kursierenden kollektiven Vorstellungen und Wertehierarchien sowie über deren Funktionspotenzial geben (vgl. Neumann 2005, 330 in Bezug auf Link/Wülfing 1984 und Kurz 1988), weshalb im Folgenden bildhafte Übersetzungen der Familienmetapher in ausgewählten Repräsentationsformen der EU näher betrachtet werden.

2.5.1 Die Familienmetapher als kulturelles Phänomen

Metaphern bezeichnen figurative Ausdrücke, die der bildlichen Beschreibung dienen und bestimmte Deutungsmuster bereitstellen. Als zentrale Merkmale von Metaphern gelten ihr *Visualisierungspotenzial* und ein dadurch hervorgerufener *Eindruck von Eindeutigkeit*, der oftmals im scharfen Gegensatz zur tatsächlichen Komplexität des Bezeichneten steht (vgl. Neumann 2005, 330). Metaphern schaffen konzeptuelle Zusammenhänge zwischen vorerst heterogenen Phänomenen – wie etwa zwischen der Familie als Bildspender und der Sphäre des Politischen als Bildempfänger – und veranschaulichen eine zunächst unanschauliche Wirklichkeit, indem sie Abstraktes in konkreten Sinnbildern ausdeuten und zu symbolträchtigen sprachlichen Figuren verdichten. Metaphern haben also keinen darstellenden, sondern einen wirklichkeitserzeugenden Charakter. Sie produzieren laut Paul Ricœur (1986, 275) eine virtuelle Referenz und generieren damit jene Wirklichkeit, die zu beschreiben sie vorgeben.

In ihrer Eigenschaft als visuell hochgradig verdichtete Sprachbilder bieten Metaphern konkret fassbare Interpretationsangebote für eine komplexe politische Wirklichkeit an und perpetuieren eingängige Deutungen, die durch eine begrifflich-diskursive Argumentation kaum zu erreichen wären (vgl. Neumann 2005, 331). Mittels ihrer semiologischen Struktur und der damit verbundenen naturali-

42 Diese politische Bedeutung des Familienbegriffs vermag vielleicht etwas von der Ambivalenz deutlich zu machen, die auch dem so genannten ›Familienfoto‹ der europäischen Spitzenpolitiker/innen entgegengebracht wird: Der Verdacht, dass auch diese Familie Vereinbarungen trifft, die so nur in der Sicherheit und Klandestinität der vertrauten Gemeinschaft und unter Ausschluss der europäischen Öffentlichkeit zustande kommen können.

sierenden Wirkung erscheinen Metaphern nicht als geschichtlich bedingt, sondern als natürlich, entzeitlicht und daher unveränderbar. Ihr Visualisierungspotenzial verleiht Metaphern eine genuine Eindrücklichkeit, die die Affekte von Rezipienten und Rezipientinnen anspricht und konkurrierende Auslegungen zugunsten einer bestimmten Deutung hemmt (vgl. ebd., 331). Mit der Wahl eines bestimmten Bildspenders – wie zum Beispiel der Familie – können Metaphern gesellschaftlich vorherrschende Narrative aufrufen, sich in dominante Diskurse einschreiben und damit kulturelle Repräsentativität erlangen (vgl. ebd., 332).

Worin aber liegt das spezifische Wirkungspotenzial der Familienmetaphorik als kulturellem Deutungsmuster für politische Prozesse? Als Bindeglied zwischen öffentlicher und privater Sphäre kann die Familienmetapher komplexe politische Themen in vereinfachter Form in den ebenso emotional wie ideologisch aufgeladenen Raum der Familie übertragen (vgl. ebd., 338). Ihr zentrales Funktionspotenzial besteht darin, idealisierte Vorstellungen von Familie auf ein politisches Gefüge zu transferieren und auf diese Weise eine Analogie zwischen dem politischen Machtgefüge und familiären Beziehungen herzustellen. Die Darstellung der Europäischen Union als eine große Familie ›domestiziert‹ ihre politischen und ökonomischen Interessen und stilisiert sie zum harmonischen Miteinander. In ihrer deutlich evaluativ-affektiven Dimension appelliert die Metapher an die Loyalität aller Familienmitglieder und evoziert ein Gefühl der Verbundenheit, indem sie die natürliche Gewachsenheit des Gefüges betont und seine essentielle Zusammengehörigkeit unterstellt. Diese holistische Rhetorik erfüllt gemeinschaftsstiftende und identitätsbildende Funktionen, denn sie intendiert die Stärkung des (trans)nationalen Gemeinsinns durch die Behauptung von genealogischen Abstammungsverhältnissen (vgl. ebd., 344).[43]

2.5.2 Die Familie darstellen

Eine einprägsame visuelle Umsetzung findet die Familienmetaphorik in einer gängigen Selbstrepräsentationsform der Europäischen Union – dem so genannten ›Familienfoto‹. Das Familienfoto wird bei fast jedem Treffen der EU-Eliten aufgenommen und versammelt Politiker/innen derselben Funktion. Die ›Familienmitglieder‹ auf dem Foto variieren dem Anlass entsprechend, zu dem sie sich versammeln. Die Aufnahmen können mitunter auch auf die ›Ahnenreihe‹ der Familie verweisen, wenn etwa ein Foto vor den Konterfeis von Robert Schuman oder Jean Monnet, den so genannten ›Gründervätern‹ der EU, gemacht wird.

42 Auch Eva Novotny (2001) betont die problematische Bedeutungsdimension der Familienmetaphorik in öffentlichen/politischen Belangen und verweist in diesem Zusammenhang auf die ›ständische Struktur‹ der Familie, die eine kollektive Gemeinschaftlichkeit vorgibt und Rollen sowie Wirkungsschwerpunkte qua Geburt zuweist. Aufgrund persönlicher Abhängigkeiten – ökonomisch, emotional, existentiell – sind familiäre Beziehungen nicht ohne große Verletzungen aufkündbar.

Ganz gleich, ob es sich um ein Treffen der Gesundheitsminister/innen oder der Landwirtschaftsminister/innen handelt, ein gemeinsamer Fototermin ist obligatorisch. Zentrale Personen werden dabei kompositorisch betont und zumeist in der Mitte des Fotos aufgestellt. Im Bildbeispiel (siehe Abb. 35) findet sich der Europäische Rat der Staats- und Regierungschefs anlässlich der Deutschen EU-Ratspräsidentschaft in Brüssel zusammen. Der amtierenden Ratspräsidentin Angela Merkel ist ein Platz in der Mitte der ersten Reihe zugewiesen.

▶ 127

Ein Vorbild findet diese Darstellungsform in Gruppenporträts, wie sie sich als neue Bildgattung seit Beginn des 16. Jahrhunderts in den Niederlanden herausgebildet haben. Beim holländischen Gruppenporträt waren die so genannten Schützenstücke führend; in Anlehnung an sie entstanden Regentenstücke und Gruppenporträts von Gildenvorständen (vgl. Hammer-Tugendhat 1998, 155). Die Schützenstücke, zu denen auch Rembrandts berühmte ›Nachtwache‹ gehört, versammeln die Porträts der Mitglieder der städtischen Bürgerwehren (siehe Kapitel 2.3 *Bürger/innen*, siehe Abb. 24).

Die Schützengilden entwickelten sich in den nördlichen Niederlanden bereits im 14. Jahrhundert. Das früheste bekannte Schützenstück von Dirck Jacobszoon stammt allerdings erst aus dem Jahr 1529. Bei seinem Bild ›A Group of Guardsmen‹ (siehe Abb. 36) handelt sich um die historisch erste Darstellung einer Miliz. Jacobszoon malte eine Division der Amsterdamer Garde, bestehend aus siebzehn Schützen, und arrangierte sie in zwei voneinander durch eine Balustrade getrennte Reihen. Die zwei wichtigsten Figuren – Kapitän und Leutnant – sind etwas größer als die anderen im Vordergrund neben den älteren Schützen platziert.[44]

▶ 127

Die Bedeutung der Schützengilden wurde im 17. Jahrhundert weit größer, als ihre rein militärische Funktion es erwarten lässt. Die Schützen stammten alle aus wohlhabenden Familien, die Offiziere gehörten zum Stadtpatriziat und wurden von diesem gewählt. Sie symbolisierten den Reichtum und die Freiheit der Stadt und waren wesentlich am kulturellen Prozess beteiligt, der in den Niederlanden breite Schichten des handelstreibenden und erwerbstätigen Mittelstands einbezog (vgl. Hammer-Tugendhat 1998, 156f.). Die Republik der Vereinigten Niederlande war damit eine Ausnahmeerscheinung im absolutistischen Europa. Die Repräsentation der Macht zeigte sich folgerichtig nicht in Herrscher/innenbildern, sondern in Gemälden einer Gruppe von mehreren erkennbaren Individuen (vgl. ebd., 157). Ähnlich dem Familienfoto der EUropäischen Staats- und Regierungschefs zeigt das holländische Gruppenporträt die Schützen weder durch Tätigkeiten noch durch Attribute charakterisiert, sondern beschränkt sie ausschließlich auf die Repräsentation ihrer selbst (vgl. ebd., 160).

44 Um 1552 fügte Jacobszoon dem Gemälde außerdem zwei Seitenteile hinzu, auf denen die nächste Generation der Schützen abgebildet ist. Es sind nur vierzehn Männer zu sehen, die drei fehlenden wurden Vermutungen zufolge bereits in die erste Gruppe integriert und mussten daher nicht erneut porträtiert werden.

Daniela Hammer-Tugendhat, die Bilder als konstitutive Elemente im Prozess der Bildung von Nationen und nationaler Identität begreift, untersuchte ausgehend vom holländischen Gruppenporträt das Verhältnis von Bildern ›zu politischen Strukturen und zu dem Feld emotionaler Befindlichkeiten‹ (ebd., 154). Die Kunsthistorikerin verweist darauf, dass die holländischen Gruppenporträts ›nicht einfach Abbilder gesellschaftlicher Realität, sondern produktiv an der Entstehung nationaler Identität beteiligt gewesen‹ sind (1998, 162). In ihrer ästhetischen Struktur liege eine inhaltliche Aussage, denn die egalitäre Bildstruktur erwecke trotz gewisser Differenzierung die Fiktion von Gleichheit. Die Repräsentation der Schützen ist somit nicht *Abbild* von gesellschaftlicher Realität, sondern ihr imaginäres, ideales Bild einer harmonischen, konfliktfreien Verbindung von Individuen und Gemeinschaft, von Einheit und Gleichheit. Damit kann das Gruppenbild als eine Konstruktion verstanden werden, in der die Vorstellung von Individualität, Gemeinschaft, Einheit und Gleichheit repräsentiert wird (vgl. ebd., 162) – eine Deutungstradition, in die sich offenbar auch die EU-Eliten gerne einreihen.

Neben dem Familienfoto findet sich noch eine zweite bildhafte Umsetzung der Familienmetaphorik im Selbstdarstellungsfundus der EU. Um die Mitglieder der Kommission gemäß ihrer Funktion in unterschiedlichen Politikbereichen auszuweisen, wird ein Brustbild mit ergänzenden Personenbeschreibungen gewählt (siehe Abb. 37). Diese Darstellungsform geht auf die Ikonografie profaner Bildzyklen im ausgehenden Mittelalter und in der Renaissance zurück. Als Dekoration profaner Bereiche und zur Darstellung berühmter Personen aus Vergangenheit und Gegenwart wurde der Motivkreis der so genannten ›Uomini illustri‹ entwickelt, bei dem es vordergründig um die Propagierung von Tugendidealen und Vorbildern ging (siehe Abb. 38).

▶ 128

Abb. 38: Beispiel einer Darstellung von ›Uomini illustri‹.

Diese Strategie der Popularisierung von Heldenbildern zur Anfachung von Emotionen sollte in Europa zukunftsweisend werden. Praktisch jeder Staat, jede Nation, jeder Stand, jede Klasse, jede Partei entwickelte ihre eigenen Heldengalerien (vgl. Heindl 2006, 110). Die Historikerin Waltraud Heindl verweist auf den Umstand, dass sich der Erfolg derartiger Konstruktionen vor allem mit der Erfüllung von Kernbedürfnissen moderner Ideologien erklären lässt, da sie Sinnstiftung und Identitätsfaktoren für Individuen und Gemeinschaften anbieten (vgl. ebd., 110). Die angesehene Leitwissenschaft Geschichte verhalf so zu einer neuen Erzählkultur, die allerdings zugleich neue Mythen, eine neue nationale Ordnung festschrieb: ›Das 19. und (in einer anderen Form) das 20. Jahrhundert wurden von Helden- und Starkulten, von bewusst inszenierten Verehrungszeremonien vaterländischer bzw. nationaler Helden und Idole, entscheidend geprägt, die den Nährboden für Illusionen einer gemeinsamen Identität bildeten‹ (ebd., 110).

Der Rückgriff auf derartige Darstellungstraditionen oder Genres – ob überlegt oder habituell gewählt – ermöglicht Wiedererkennen und Identifikation und symbolisiert damit nicht bloß den inneren Zusammenhalt, sondern transferiert diesen auch auf die Betrachtenden. Es zählt allerdings zu den Eigenarten dieser Darstellungsformen, dass sie nur jeweils vom ›eigenen Publikum‹ in vollem Ausmaß verstanden werden.

2.5.3 Die Familie zusammenhalten

Da die EU-Integration nicht allein als ein politisch-ökonomischer, sondern vor allem auch als ein mentaler Prozess verstanden werden kann (vgl. Öhner et al. 2005, 8), soll zur Entwicklung einer EUropäischen Identität, einer Wir-Gemeinschaft EUropäischer Bürger/innen, die Familienvorstellung als Leitbild auch auf ihre ›Empfänger/innen‹ übertragen werden. In Diskussionen um das Selbstverständnis und den Charakter der EU kristallisieren sich dabei zwei Leitvorstellungen heraus: Zum einen das Verständnis von EUropa als demokratiepolitisches Projekt, das auf eine EUropäische Bürger/innengesellschaft mit weit reichenden demokratischen Partizipationsmöglichkeiten abzielt, zum anderen die Definition EUropas als geografischer Raum, der durch eine gemeinsame Kultur und Geschichte bzw. darauf basierenden Werten bestimmt ist (vgl. Uhl 2005, 144).

Dieses Spannungsfeld zwischen Bürger/innengesellschaft und Kulturgemeinschaft als konkurrierende Leitvorstellungen der EUropäischen Integration ist charakteristisch für die Diskurse und Debatten um eine EUropäische Identität. Die Historikerin Heidemarie Uhl schlägt vor, diese unterschiedlichen Leitvorstellungen mit den Konzepten von Kultur- und Staatsnation[45] in Beziehung zu setzen, wenngleich die idealtypische Unterscheidung zwischen einer rational begründeten

45 Das Konzept der Staatsnation verweist auf eine Willensnation, die sich aufgrund gemeinsamer Ziel- und Wertvorstellungen der Bürger/innen und eines Gemeinschaftsbewusstseins politisch organisiert, während das Konzept der Kulturnation, das auf gemeinsame Sprache und Kultur bzw. gemeinsame Abstammung rekurriert, eher die Ebene gefühlsmäßiger und affektiver Bindungen betont (vgl. Anderson 2006, Gellner 1991, Hobsbawm 1991).

Staatsnation und einer emotional aufgeladenen Kulturnation als Modell nationaler Identitätsbildung in dieser Trennschärfe kaum noch aufrechtzuerhalten ist. Vielmehr lasse sich laut Uhl die dichotomische Gegenüberstellung der beiden Modelle auch als Strategie der Selbstbeschreibung spätmoderner Gesellschaften interpretieren. Diese tendieren dazu, sich auf die Staatsnation als die erstrebenswerte, modern-aufgeklärte Form des ›nation building‹ zu beziehen, während das Konzept der Kulturnation als Erbe der gefühlsmäßigen, affektiven Bindungen zum ›Anderen‹ der gegenwärtigen ›reflexiven Moderne‹ zugeordnet wird (vgl. ebd., 145).

In der Rede über EUropa und seine Identität scheint der Verweis auf die kulturellen bzw. historischen Grundlagen momentan allerdings zu dominieren und prägt daher auch entsprechende Narrative in den (Selbst)Darstellungen der Europäischen Union: ›Kultur erscheint in vielen Repräsentationen EU-Europas als Pathosformel, die den funktionalen Prozess der europäischen Integration – Fragen der Wirtschafts- und Währungsunion, der Integration in Bereichen wie Sozialpolitik, Landwirtschaft, Verkehr, etc. – emotional aufladen soll‹ (ebd., 147). Sowohl in Reden von einer ›europäischen Kulturgemeinschaft‹ wie auch in jener von ›kultureller Vielfalt‹ wird Kultur als Basis eines gemeinsamen Erbes ebenso wie als Kriterium für die Definition von (nationaler und regionaler) Verschiedenartigkeit herangezogen (vgl. ebd., 147).

Wie diese viel beschworene ›bunte Vielfalt‹ aussehen könnte, wurde anlässlich der griechischen EU-Ratspräsidentschaft in der ersten Hälfte des Jahres 2003 in einem Kinderbuch (vgl. Trivizas 2003) gezeigt (siehe Abb. 39 und Kapitel 2.2 *Architektur*). Die zehn neuen Mitglieder, die dem EUropäischen Familienverband 2004 beigetreten sind, werden als Kinder dargestellt, die der künftigen Familie Pflanzen aus ihren Heimatländern als Gastgeschenke überbringen.[46] Die Pflanzen werden von zwei Schwalben entgegengenommen und in ein Nest verwoben, das in Brüssel seinen Platz finden soll. Bemerkenswert erscheint an dieser Darstellung nicht nur die Verbindung der Familienmetapher mit jener des EUropäischen Hauses als einem ›gemeinsamen Nest‹, sondern vor allem die Platzanweisung, die mit der Übersetzung der Beitrittsländer in Kindergestalten verbunden ist. Die Gesichter der Kinder changieren zwischen naiver Begeisterung und Schüchternheit (vor allem bei den Mädchen, Anm. d. Verf.), sie scheinen noch nicht so recht zu wissen, was sie in ihrer neuen Familie erwartet.

Gemäß tradierter Familienvorstellungen müssen Kinder von ihrer Familie noch ›geformt‹ und ›erzogen‹ werden, was – vermutlich unbeabsichtigt – eine treffende Analogie zum Umgang mit den Beitrittsländern im Verband der EU 25 bzw. zu den Beitrittsverhandlungen als Prozess der Anpassung des jeweiligen nationalen Rechtsbestandes an den Acquis Communitaire anbietet. Ein Gefälle zwischen der ›Kernfamilie‹ und ihren ›Schützlingen‹ wird auch in einer zweiten Darstellungsvari-

46 Die Aufstellung der Kinder zu einer Gruppenformation antizipiert schon die traditionelle Familienanordnung, die die ›neuen Nachbarn‹ in der Europäischen Union erwartet – wenngleich sie hier noch etwas lose erscheint.

ante der Beitrittsländer als so genannte ›neue Nachbarn‹ deutlich. Die Rede von den ›neuen Nachbarn‹ – die so ›neu‹ nicht sind – betont eine historisch hergestellte Differenz zum südöstlichen Europa, die sich in einer ›Mitgliedschaft zweiter Klasse‹ reproduziert, denn Nachbarn gehören nie so ganz zur Familie.[47]

Trivizas, Eugene: *A Swallow over Europe*, Hellenic Ministry of Foreign Affairs, Hellenic Presidency of the European Union, Genous – Militos Editions, 2003

Abb. 39: Folkloristische Kinderbuchdarstellung der ›neuen Nachbarn‹ Zypern, Estland, Ungarn, Tschechische Republik, Slowenien, Litauen, Lettland, Polen, Slowakei und Malta (v. l. n. r.).

Die Visualisierung von bzw. der Diskurs über EUropa als Kulturgemeinschaft findet sich aber nicht nur in Selbstdarstellungen und programmatischen Texten der EU-Institutionen, sondern prägt vielfach auch den politischen Diskurs über EUropäische Identität, wobei die problematischen Wertbezüge des Kulturbegriffs besonders deutlich hervortreten. Offenkundig reaktiviert die Rhetorik der ›kulturellen Identität‹ – nun nicht mehr auf einen Nationalstaat, sondern auf EUropa bezogen – eine ansonsten schon weitgehend delegitimierte Verwendungsweise des Kulturbegriffs als (nationale) Pathosformel (vgl. Uhl 2005, 149).

47 Die Terminologie der ›Nachbarschaft‹ nimmt die EU dezidiert in der so genannten ›Europäischen Nachbarschaftspolitik‹ (ENP) auf, die im Zusammenhang mit der Erweiterung im Jahr 2004 entwickelt wurde und sich mit Plänen zu politischen und wirtschaftlichen Reformen auf die unmittelbaren ›Nachbarn‹ der EU bezieht (vgl. http://ec.europa.eu/world/enp/index_de.htm., 25.10.2007).

2.6 Alltag

Alltags- und populärkulturelle Verweise sind in der politischen Kommunikation beliebt. Besonders in Zeiten der Krise politischer Repräsentation gewinnen sie wegen ihrer tendenziell positiven Konnotationen an Bedeutung.[48]

Während das politische Feld bzw. seine Akteure und Akteurinnen entlang der symbolischen Trennlinie von Öffentlichkeit und Privatheit häufig mit dem Begriff der ›Bürger/innenferne‹ versehen werden, suggeriert die Besetzung des populärkulturellen Feldes eine Nähe zwischen politischen Repräsentanten/Repräsentantinnen und ihrem Publikum (vgl. van Zoonen 2005, zit. nach Spitaler 2006). Die Überwindung der Distanz zwischen Politik und Alltag zielt demnach auf einen Zugewinn an politischer Legitimität und Authentizität. Zu diesem Zweck muss sich Politik allerdings als eine entpolitisierte Sphäre konstruieren.

2.6.1 Sportlicher Wettbewerb und Teamgeist

Besonders dem Sport haftet der Mythos an, eine genuin ›unpolitische‹ Sphäre zu sein (vgl. Marschik 2004). Gerade diese Neutralisierung[49] ist es, die den Sport für Akteure und Akteurinnen aus anderen Feldern – wie etwa der Politik – attraktiv macht und für variable Bedeutungszuschreibungen öffnet (vgl. ebd., 118).

In einer Gegenüberstellung der Zuschreibungen an das politische Feld und den Sport, wie sie Georg Spitaler (2005) vorgenommen hat, wird der unmittelbare Nutzen der Darstellung von Politikern und Politikerinnen als Sportler/innen deutlich: Während Politik oft als intransparent beschrieben wird, gelten Abläufe im Sport – wie Sieg und Niederlage – als nachvollziehbar. Sportler/innen werden im Gegensatz zu politischen Akteuren und Akteurinnen kaum je als ›inszeniert‹, sondern vielmehr als ›authentisch‹ wahrgenommen. Anders als Politiker/innen bieten sie sich daher in hohem Maß als Identifikationsfiguren an. Während Sportler/innen Jugend und Dynamik vermitteln, werden politische Persönlichkeiten oft als erstarrte, wenig dynamische Funktionäre und Funktionärinnen erlebt. Vor diesem

48 Als Beispiel kann der gescheiterte Europäische Verfassungsvertrag genannt werden. Klickte man sich im Sommer 2007 durch die Internetseite der Europäischen Kommission (vgl. http://ec.europa.eu), so erfuhr man zunächst, dass Brüssel in die ›Blogosphäre‹ eingetreten ist (vgl. ebd.). Darüber hinaus thematisierte ein Kurzfilm – offenbar als Parabel für die Entwicklung der Europäischen Union – eine gemeinsame Zugreise junger Europäer/innen aus verschiedenen Ländern. Die holzschnittartige Charakterisierung der Protagonisten und Protagonistinnen erfolgte im Rückgriff auf eine europäische Tradition visueller Stereotypisierungen von Kulturen und Nationen, wie sie etwa vom Historiker Peter Burke (2003) beschrieben wird – ein Schema, dem übrigens auch die im Kapitel 2.5 *Familie* angesprochene Völkertafel folgt.

49 Matthias Marschik (2004, 11) verweist auf den Umstand, dass die Verbindung von Sportkultur mit ökonomischen und politischen Aspekten bei Sportereignissen tendenziell ausgeblendet wird.

Hintergrund geraten massenmedial inszenierte sportliche Aktivitäten von Politiker/innen nicht als unschuldige Freizeitaktivitäten abseits des ›politischen Parketts‹ in den Blick, sondern als gezielte Repräsentationsstrategie zur Herstellung von Bürger/innennähe.

2.6.2 FC Europa

Ein Beispiel hierfür ist die Formierung des ›FC Europa‹ auf Initiative der österreichischen EU-Ratspräsidentschaft im Jahr 2006. Von der Presseabteilung des Bundeskanzleramtes war zu erfahren, dass zur Halbzeit der Amtsperiode mit ›Laufarbeit nicht am politischen, sondern am Hallenparkett‹ zu rechnen sei (http://www.ue2006.at/de/News/Press_Releases/May/0305fussballschue.html?month=1&day=1). Bereits im März 2006 hatten sich EU-Politiker/innen während der Ratspräsidentschaft am Rande des Europaforums in Lech am Arlberg beim Schifahren präsentiert. Nunmehr wurden europäische und nationale Repräsentanten als Fußballspieler in Szene gesetzt. Bekannte politische Führungspersönlichkeiten aus europäischen Staaten und der Europäischen Kommission – darunter Kommissionspräsident Manuel Barroso und Erweiterungskommissar Olli Rehn – sowie die Premierminister der Türkei, Sloweniens, Polens, Rumäniens, Bulgariens und Kroatiens wurden unter Teamführung des österreichischen Bundeskanzlers zum ›FC Europa‹ formiert (siehe Abb. 40).[50]

2.6.3 Fitness und neuer Schwung für EUropa

▶ 130

›Mehr Schwung in die EU!‹ (siehe Abb. 41) Mit diesem Slogan auf der in den Farben blau und rot gehaltenen Banderole einer zylinderförmigen Packung Tennisbälle, die in Kombination mit der rot-weiß-roten Fahne als ›Markenzeichen‹ die Aufschrift ›Vranz‹ – die populäre Kurzbezeichnung für den damaligen österreichischen Bundeskanzler Franz Vranitzky – trugen, warb die SPÖ vor dem EU-Referendum 1994 für den EU-Beitritt und zugleich für sich selbst: Europasterne im blauen Feld der Banderole sowie die Kombination von SPÖ-Logo und Europafahne im roten Feld visualisierten diese Verbindung von Partei und EUropäischer Idee. Die SPÖ präsentierte sich als ›Österreichs starke Stimme in Europa‹. Die halbgelöste Banderole und die Tennisbälle unterstrichen die Dynamik der Wortwahl, die im Slogan vor allem durch das Wort ›Schwung‹ zum Ausdruck kam und auf Sportlichkeit und Fitness verwies.

Diese Motive wurden in der Kampagne der österreichischen Ratspräsidentschaft 1998 erneut aufgenommen. Die österreichische Bundesregierung plakatierte

50 Szenen aus diesem Match des ›FC Europa‹ sind auch ein zentraler Bestandteil der Präsentation des Kommissionspräsidenten auf der Homepage der Kommission (vgl. http://ec. europa.eu/commission_barroso/president/personal/portrait/index_de.htm).

zwei zentrale Sujets: Während das eine einen einzelnen Läufer mit rot-weiß-roten Schuhen und den Slogan ›Europa fit machen‹ zeigte, visualisierte das andere zwei mit den österreichischen bzw. den deutschen Nationalfarben gekennzeichnete Läufer einer Mannschaft im Moment der Übergabe des Staffelholzes. Der zugehörige Slogan lautete ›Europa muss fit bleiben‹ (siehe Abb. 42). Während das Bild des einzelnen Läufers zu Beginn der Ratspräsidentschaft plakatiert wurde, wies erst das zweite, zu Ende der Funktionsperiode platzierte Bild den Sportler als Staffelläufer und damit als Teil eines Teams aus. EUropa wurde hier, ähnlich wie in dem zuvor erwähnten Fußballmatch, als Gemeinschaft von ›Gleichen‹ visualisiert, als Team mit einem gemeinsamen Ziel, in dem dennoch jedes Teammitglied seine durch die Verwendung nationaler Symboliken repräsentierte Eigenständigkeit bewahrt.

▶ 131

2.6.4 National oder EUropäisch?

Das Beispiel verweist darauf, dass Wettkampfsport in der Regel national konnotiert ist. Die Unterteilung von Mannschaften in nationale Ligen, das System internationaler Vergleichskämpfe zwischen Nationalstaaten und die dabei verwendeten nationalen Symboliken von Fahnen bis hin zu Hymnen sind stets auf das Konstrukt der Nation bezogen (vgl. Billing 1995, zit. nach Spitaler 2004). Sportliche Rituale sind demnach auch als Prozesse der Imagination des Nationalen zu verstehen. Inwiefern derartige Rückgriffe EUropäischer Politiker/innen auf den Sport nicht nur national, sondern EUropäisch gelesen werden können, bleibt demnach fraglich.

Ein weiteres Beispiel für die vordergründig nationale Codierung von Sport in EUropapolitischen Kampagnen ist ein Bildsujet der Österreichischen Volkspartei anlässlich der Europaparlamentswahl 1996, das ein Ruderteam zeigt (siehe Abb. 43). Ein ähnliches Sujet wurde 2004 auch von der CDU, der deutschen Schwesterpartei der ÖVP, zur Mitgliederwerbung herangezogen (siehe Abb. 44).

▶ 131

▶ 131

Das ÖVP-Plakat zur Europaparlamentswahl bezieht sich in seiner Symbolik nicht auf ein EUropäisches, sondern auf ein nationales Kollektiv: Das abgebildete Ruderteam wird von einem Steuermann in den österreichischen Nationalfarben angeführt. Der Slogan lautet ›Gemeinsam sind wir stark‹, der Untertitel ›Der österreichische Weg für Europa‹. Mit der Betonung auf Österreich, die sowohl durch den Steuermann als auch die österreichische Flagge unterstrichen wird, reiht sich diese Kampagne in ein zentraleuropäisches Muster von Europawahlkampagnen ein: Eine Vergleichsstudie von Wahlkampagnen zum Europäischen Parlament in der Slowakei, Ungarn und Österreich ergab, dass diese überwiegend nationale Themen in den Vordergrund rücken (vgl. Hadj-Abdou et al. 2006; Huber/Oswald 2004). Die Europäische Union wird in erster Linie in nationalen Kategorien diskutiert, bis hin zu einer Abgrenzung: ›Österreichische‹, ›slowakische‹ oder ›ungarische Interessen‹ sind zentrale Motive der Kampagnen. Dies wird nicht nur textlich vermittelt, sondern auch in der Bildsprache akzentuiert. So markieren Symbole, Farben und die Anordnung auf den Werbeplakaten meist das Nationale, selbst wenn im Text auf

EUropäische Themen verwiesen wird. In Ungarn etwa führte diese nationale Akzentuierung sogar zur Forderung seitens des damaligen Premierministers, den nationalen Konsens über parteipolitische Interessen zu stellen. Premier Peter Medgyessi schlug vor, für die Europaparlamentswahlen eine nationale Einheitsliste anstelle von Parteilisten aufzustellen (vgl. Népszabadság, 17. 2. 2004). Befragungen von Wählern und Wählerinnen in Österreich ergaben zudem, dass das Eintreten für nationale Interessen als ein Hauptmotiv für die Wahlbeteiligung bei EU-Wahlen zu betrachten ist (vgl. Plasser/Ulram 2004).[51]

Dieses angesprochene zentraleuropäische Muster wird vor allem im Vergleich mit Frankreich deutlich. Dort wird – im Unterschied zu Österreich, Ungarn und der Slowakei – EUropa nicht primär als Gegensatz zur Nation präsentiert, sondern EUropäische Politik als nationales Anliegen konzipiert. Dies wird auch in den Kampagnen vermittelt und ermöglicht den Wählern und Wählerinnen eine aktive inhaltliche Auseinandersetzung und Identifikation mit EUropa (vgl. Hadj-Abdou et al. 2006).

2.6.5 Berufliche Alltagswelten

Ein weiterer Kernbereich visueller Alltagsdarstellungen EUropäischer Politik bezieht sich auf das Berufsleben. So zeigt beispielsweise das Cover einer Broschüre der Europäischen Kommission zum Thema ›Fakten und Zahlen über Europa und die Europäer‹ (http://ec.europa.eu/publications/booklets/eu_glance/51/de.pdf) die im Titel der Publikation angesprochenen Bürger/innen vorrangig als Vertreter/innen bestimmter Berufsgruppen und in ihrem beruflichen Alltag (siehe Abb. 45).

Berufszugehörigkeit als Element der politischen Repräsentation findet ihren Ausgangspunkt in der demokratischen Auffassung von Politik als Interessenvertretung. Die Verbindung von politischer Rolle mit den Berufsständen greift auf die Traditionen der Entstehung ›bürgerlicher‹ Politik zurück: Die Darstellung des Bürgers/der Bürgerin als Mitglied oder Repräsentant/in einer beruflichen Korporation ist eng mit der Ausweitung des Handels und dem ökonomischen Aufstieg einiger bürgerlicher Berufe, vor allem des Kaufmanns, seit dem ausgehenden Mittelalter verbunden, der historisch als eine wesentliche Triebkraft der Emanzipation des europäischen Bürgertums gilt. Wie der Kulturhistoriker Jan Huizinga (1987) in seinem Versuch einer Rekonstruktion der Übergangsperiode zu diesem neuen, bürgerlichen Selbstverständnis gezeigt hat, steht die künstlerische Darstellung des neuen Selbstbewusstseins in einem ambivalenten Verhältnis zu den damaligen Traditionen der Repräsentation bedeutender Persönlichkeiten des öffentlichen Lebens. Einer Entwicklung künstlerischer Ausdrucksmittel und Themen – wie der verstärkten Einbeziehung von Landschaften (siehe auch das Kapitel 2.1 *Landschaft*) – steht der Anspruch auf einen Stil gegenüber, der Darstellungstraditionen

51 78 Prozent gaben bei der Wahl 2004 die ›Vertretung österreichischer Interessen in Brüssel‹ durch die jeweils gewählte Partei als zentrales Wahlmotiv an (vgl. Plasser/Ullram 2004).

feudaler Herrschaft um nichts nachstehen soll: Die angestrebte Gleichwertigkeit des wohlhabenden Bürgertums wird daher durch die Verwendung vergleichbarer Haltungen, Kleidungsstücke und anderer, repräsentativer Accessoires zum Ausdruck gebracht.

Abb. 45: Coverbild einer Broschüre der EU-Kommission.

▶ 132

Als eine der berühmtesten Darstellungen dieses Genres gilt diejenige des Kaufmanns Georg Gisze von Hans Holbein (siehe Abb. 46). Durch die abgebildeten Arbeitsutensilien wird die Zugehörigkeit zu seinem Metier verdeutlicht. Der Kaufmann wird durch Requisiten wie Briefe, Rechnungsbuch, Waage und Siegel erkennbar. Holbeins Kaufmann ist in prächtiges Gewand gehüllt. Doch dies darf, wie der Historiker Peter Burke festgestellt hat, nicht darauf schließen lassen, dass Händler im 16. Jahrhundert ihrem Metier stets in vornehmsten Stoff gekleidet nachgegangen sind (vgl. Burke 2003, 28ff.). Vielmehr ist die Wahl der Kleidung darauf zurückzuführen, dass es sich bei dem Porträt (siehe auch das Kapitel 2.4 *Porträt*) um ein Auftragswerk handelt. Die Konventionen der Porträtmalerei, wie die Darstellung in Festtagskleidung und die symbolische Bedeutung der Accessoires, haben den Zweck, den Porträtierten in einer vorteilhaften, der Bedeutung seines Standes gemäßen Art zu zeigen: ›Es gibt in diesem Bildnis [...] kein Detail, das nicht in Verbindung mit dessen Anspruch auf Repräsentation seiner gesellschaftlichen Stellung zu sehen wäre [...] Gisze wird damit zum *Mercator doctus*, einem Kaufmann auf der Höhe seiner Zeit‹ (Burda 2007, 553f.). Die Verträge und die vielfältigen anderen beigefügten Gegenstände zielen darauf ab, ihn als Person ›von hoher Kredibilität in Geldfragen, sowie als guten Kenner der globalen Märkte auszuweisen‹ (ebd., 554).

Einhergehend mit der Entwicklung der EU aus der Europäischen Gemeinschaft für Kohle und Stahl und später der EWG repräsentiert die wirtschaftliche Gemeinschaft einen wesentlichen Aspekt des Selbstbilds der Europäischen Union. Daher sind Beruf und beruflicher Alltag eine zentrale Repräsentationsform für die Darstellung der EUropäer/innen.

Auch EUropapolitische Kampagnen in den Mitgliedsländern greifen deshalb gerne auf die Darstellung der Berufstätigen als Sujet und zugleich Zielgruppe EUropäischer Politik zurück. Die ungarische Beitrittskampagne zur EU des Jahres 2004 etwa bezieht sich in einigen zentralen Kampagnensujets auf den Berufsalltag. So wird in einem Plakat die Frage gestellt, ob es nach einem Beitritt zu einem Erstarken der Familienbetriebe kommen wird, die mit einem überzeugenden ›Ja!‹ (›Igen!‹) beantwortet wird (siehe Abb. 47).

▶ 133

EUropapolitische Kampagnen legen den Akzent – im Gegensatz zum historischen Beispiel des Holbein-Bildnisses – freilich nicht auf das Einzelporträt, sondern auf die erwähnte Hervorhebung von (beruflichen) Prototypen. Von den Entwicklungen des einschlägigen Porträt-Genres bleibt jedoch der Anspruch einer vorteilhaften, repräsentativen Darstellung erhalten. Die Bilder repräsentieren einen geordneten Arbeitsalltag, dem Schmutz, Schweiß oder Stress offenbar fremd sind. Die EUropäer/innen werden demnach in einer idealisierten Arbeitswelt gezeigt.

Diese Logik ist auch Bildsujets abseits offizieller EU-Kampagnen eingeschrieben: Im Kontext der Diskussionen um die so genannte Bolkestein-Richtlinie, mittels der die Liberalisierung des Angebots von Dienstleistungen innerhalb der Europäischen Union forciert werden sollte, wurde in der französischen innenpolitischen Debatte im Erweiterungsjahr 2004 die Metapher vom ›polnischen Installateur‹ geprägt, der in Folge des EU-Beitritts Polens den französischen Arbeitsmarkt ›überschwemmen‹ würde. Dieses diskursiv erzeugte Bild wurde von der polnischen Tourismuswerbung in einer Kampagne aufgegriffen und in einer visuellen Darstellung in ironischer Weise positiv umgedeutet (siehe Abb. 48). ›Ich bleibe in Polen, kommen Sie zahlreich‹ lautet der einladende Slogan der polnischen Kampagne. Dargestellt wird ein glücklicher, attraktiver Berufstätiger. Wie in den offiziellen EUropäischen Kampagnen die EUropäer/innen durch alltägliche berufliche Praktiken symbolisiert werden, steht der Installateur auf dem gegenständlichen Plakat symbolisch für Polen. Dies wird durch die Darstellung der Wald- und Berglandschaft unterstrichen, die auch im Schriftzug der polnischen Tourismuswerbung symbolisiert ist. In seiner erotisierenden Ästhetik erinnert das Sujet an Abbildungen in Jungbauern-Kalendern, wie sie im deutschsprachigen Raum produziert werden (siehe Abb. 49). Auch hier steht der Bauer trotz seiner attraktiven Aufmachung nicht für sich, sondern pars pro toto für die Berufsgruppe der Bauern. Auch er zeichnet ein idealtypisches Bild dieses Berufs, von den alltäglichen Mühen und Anstrengungen der Landwirtschaft ist in der Regel nichts zu sehen.

▶ 134

▶ 135

Vergleicht man in Hinblick auf die Darstellung der beruflichen Alltagswelt die nationale Ebene mit der EUropäischen, tritt eine interessante Differenz zutage: Wenn sich Politiker/innen als Sportler/innen inszenieren, kommt es im nationalen Kontext zuweilen zu einem ›Rollentausch‹. In nationalen Kampagnen ist, im Vorfeld von Wahlen, auch die Darstellung von Politikern und Politikerinnen beim Besuch von Arbeitsstätten weit verbreitet: Die Übernahme einzelner Accessoires – etwa Helmtragen in der Fabrik oder auf der Baustelle – soll Nähe zu und Verständnis für die dargestellte Arbeitswelt vermitteln. Im EUropapolitischen Bildrepertoire finden sich derartige Inszenierungen von Politikern und Politikerinnen – im Gegensatz zur Repräsentation durch sportliche Aktivität – kaum, wenngleich dieser Anspruch an die Politik durchaus besteht. Dies verdeutlichen inoffizielle Gegenkampagnen, die das angebliche Wohlleben der politischen Eliten im Gegensatz zu anderen Arbeitswelten und als Ausdruck der ›Volksferne‹ hervorheben (siehe Abb. 50).

Abb. 50: E-card aus dem EP-Wahlkampf 2004.

2.6.6 Konsumwelten

In Ergänzung zur Repräsentation über den beruflichen Alltag nimmt die Darstellung des EUropäers/der EUropäerin über Konsumwelten entlang des Selbstbildes der Europäischen Union als Wirtschaftsgemeinschaft einen zentralen Platz in EUropapolitischen Kampagnen ein. Der/ die EUropäer/in wird häufig als Konsument/in visualisiert (siehe Abb. 51).

Abb. 51: Der/die europäische Bürger/in als Konsument/in. Illustration einer EU-Publikation.

Konsumgüter sind seit jeher ein klassisches Instrument der gesellschaftlichen Distinktion. Im gleichen Maße sind sie – innerhalb dieser Distinktionslogik – auch identitätsstiftend. In nationalstaatlichen Kontexten nehmen insbesondere Speisen eine wichtige Rolle bei der Formierung von Identitäten ein (vgl. Wodak et al. 1998). ›Mit der spezifischen Weise zu kochen, zu essen und zu trinken vollzieht sich auch die Selbstzuordnung zur eigenen Kultur und die Abgrenzung zu anderen Kulturen, die als fremd wahrgenommen werden‹ (IKUS 1994, 10). Im Rückgriff auf diese nationale Symbolik sind Speisen auch ein wichtiger Bestandteil EUropapolitischer Kampagnen. Gerade in Phasen vor dem Beitritt zur Europäischen Union wird über Speisen immer wieder ein Gegensatz zwischen EUropa und den Nationalstaaten aufgebaut. Die Bezugnahme auf Speisen und Lebensmittel in EUropapolitischen Kampagnen ist daher stets von einem Gegensatz national versus EUropäisch gekennzeichnet, oder es wird versucht, diesen postulierten Gegensatz aufzulösen. Im Rahmen der österreichischen Beitrittskampagne etwa plakatierte die Stadt Wien ›Erdäpfelsalat bleibt Erdäpfelsalat‹ und listete unter diesem Titel eine Reihe von ›typisch österreichischen‹ Speisen auf. Kernaussage der Kampagne war, dass sowohl die Speisen als auch ihre österreichischen Bezeichnungen nach dem EU-Beitritt erhalten bleiben würden (vgl. Wodak et al. 1998). Eine sehr ähnliche Linie findet sich in einem Sujet der ungarischen Beitrittskampagne: In der eingangs bereits erwähnten Plakatserie wurde die Frage aufgeworfen, inwiefern nach dem Beitritt auch weiterhin der Verzehr von Mohn-Mehlspeisen möglich wäre (siehe Abb. 52). Da die ungarische Küche sehr viel Mohn verwendet, wurde im Rahmen der Beitrittsphase das Bedrohungsszenario lanciert, dass der Mohnanteil in Speisen von der EU reglementiert werde. Die Kampagne nahm damit offiziell Bezug auf diskursiv aufgeladene Ängste vor einem Verlust nationaler Identität, vermittelt über eine ›typisch ungarische‹ Süßspeise, nämlich Mohnbuchteln.

Abb. 52: Plakat der ungarischen EU-Beitrittskampagne: ›Können wir auch weiterhin Mohnbuchteln essen? Ja‹.

Abb. 4: Bildtafel ›Renaissance‹ von Rem Koolhaas und der Gruppe AMO.
Illustration in der ›Süddeutschen Zeitung‹ (Ausschnitt).

Abb. 7: Dirck van Delen: ›The Great Hall of the Binnenhof, The Hague, during the Great Assembly of the States General in 1651‹.

Abb. 5: Die feierliche Unterzeichnung der ›Römischen Verträge‹ 1957.

Abb. 6: Popularisierung von Abb. 5 in einer EU-Broschüre für Kinder.

Abb. 10: Plakat der ungarischen EU-Beitrittskampagne: ›Sind wir vor spekulativen Grundkäufen geschützt? Ja‹.

Abb. 11: Vincent van Gogh: ›Kornfeld mit Zypressen‹, 1882.

Abb. 12: Plakat der ungarischen EU-Beitrittskampagne: ›Werden unsere Flüsse sauberer sein? Ja‹.

Abb. 15: 200-Euro-Banknote mit Brückenelement im Stil der Eisen- und Glasarchitektur.

Abb. 16: 500-Euro-Banknote mit Brückenelement im Stil der Moderne.

Abb. 17: Fassadenansicht des Berlaymont-Gebäudes mit Fahnen der Europäischen Union.

Abb. 18: Die Budapester Kettenbrücke und ein Ausschnitt aus der Menge am Cover der ungarischen Tageszeitung ›Magyar Hírlap‹ von den Feiern zur erfolgreichen Abstimmung über den EU-Beitritt.

Abb. 19: Slowakische EU-Beitrittskampagne 2003: ›Besser drinnen als draußen!‹

Abb. 22: Claude Monet: ›Die Rue Montorgueil in Paris. Fest des 30. Juni 1878‹, 1879.

Abb. 21: Eine jubelnde Menge feiert den Beitritt zur Europäischen Union.

Abb. 23: Plakat mit Bürger/innen-Protest.

Abb. 27: Audio-visuelles Service der EU-Kommission: Figuren aus den Flaggen der (ehemaligen) EU 25.

Abb. 28: Henri Matisse: ›La danse (I)‹, 1909–1910.

Abb. 29: Illustration aus der EU-Publikation *Europa in 12 Lektionen* (2007).

Abb. 30: Plakat der SPÖ zur Europaparlamentswahl 1999.

Abb. 33: Ausschnitt aus Domenico Ghirlandaios Fresken der Sassetti Kapelle der Kirche Santa Trinità in Florenz.

Abb. 35: Familienfoto im Rahmen der Deutschen EU-Ratspräsidentschaft 2006.

Abb. 36: Schützenstück von Dirck Jacobszoon, 1529.

Abb. 37: Die Europäische Kommission 2007–2009.

Abb. 38: Beispiel einer Darstellung von ›Uomini illustri‹.

Abb. 40: ›FC Europa‹.

Abb. 41: ›Vranz-Tennisbälle‹: SPÖ-Werbemittel, Wahlen zum Europäischen Parlament 1996.

Abb. 42: Plakat der österreichischen Bundesregierung zur Ratspräsidentschaft 1998.

Abb. 43: ÖVP-Plakat zur Europaparlamentswahl 1996.

Abb. 44: CDU-Plakat 2004.

Abb. 46: Hans Holbein: ›Bildnis des Danziger Hansekaufmanns Georg Gisze in London‹, 1532 (Ausschnitt).

Abb. 47: Plakat der ungarischen EU-Beitrittskampagne: ›Werden die Familienbetriebe stärker? Ja‹.

Abb. 48: ›Je reste en Pologne. Venez nombreux.‹ (›Ich bleibe in Polen. Kommen Sie zahlreich.‹) Plakat der polnischen Tourismuswerbung.

Abb. 49: Jungbauer. Kalenderblatt (Ausschnitt) aus dem ›Jungbauernkalender‹.

Abb. 53: ›It's better 2 B Inside. Vote Yes to Europe. Vote Yes to Nice.‹ Plakat der offiziellen irischen Kampagne zum 2. Referendum über den EU-Vertrag von Nizza.

Abb. 54: Plakat der slowakischen EU-Beitrittskampagne: ›Besser drinnen als draußen!‹

Schweden 2001

Griechenland 2003

Belgien 2001

Deutschland 2007

Österreich 1998

Irland 2004

Portugal 2000

Abb. 55.1–7: Ratspräsidentschaftslogos.

Abb. 56: Ratspräsidentschaftslogo Dänemark 2002.

Abb. 57: Ratspräsidentschaftslogo Frankreich 2000.

Abb. 58: Plakat aus der französischen Referendumskampagne über den Europäischen Verfassungsvertrag.

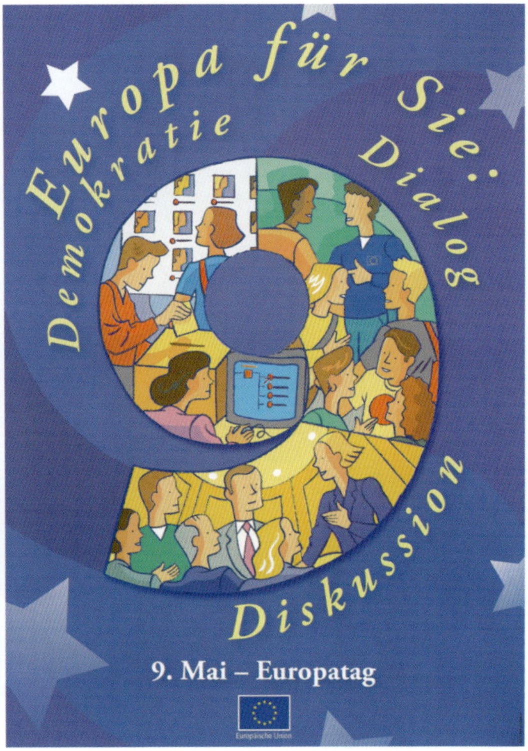

Abb. 59.1–2: Plakate zum Europatag 9. Mai.

Abb. 59.3–4: Plakate zum Europatag 9. Mai.

Abb. 60: Der Barcode als EU-Symbol (Rem Koolhaas/AMO).

Abb. 61.1–2: ›Together‹-Logo zum 50. Jahrestag der Unterzeichnung der Römischen Verträge 1957 in deutscher und englischer Sprache.

Abb. 62: ›Aufzug‹ Erweiterung 2007. Plakat der EU-Kommission.

SONDERAUSGABE – *Europa hat die Wahl*

Europawahl 13. Juni 2004

KURIER

ENDSPURT FÜR EU-VERFASSUNG
Europa soll umgebaut und politisch gestärkt werden. Bremser der Reform der Union geben auf. SEITEN 4, 5

EUROPA-WAHL
Frühjahr 2004
Postentgelt bar bezahlt
www.kurier.at

KEIN EUROPA DER ELITEN
Präsident des EU-Parlaments Cox will Europa der Bürger. SEITE 16

SERVUS im Haus EUROPA

EU-Wahl: Test für Hausgemeinschaft

Die erste demokratiepolitische Probe für die Union der 25 Mitglieder ist die Wahl zum Europäischen Parlament am 13. Juni 2004. Experten befürchten jedoch eine niedrige Wahlbeteiligung. Mit dem Slogan „Mitbestimmung – Wählen gehen!" kämpft das Europäische Parlament dagegen an, indem es die Bürger motiviert, ihre Stimmzettel in die Urne zu werfen. Eine hohe Wahlbeteiligung würde dem EU-Parlament nämlich den Rücken stärken, sagen die europäischen Volksvertreter. Rückhalt braucht das Europa-Parlament in der Tat, will es doch in der erweiterten Union mehr Mitentscheidungs- und Kontrollrechte erlangen.
SEITEN 13 UND 16

ÜBERBLICK

Das größere Europa auf einen Blick: Europa-Karte mit Zahlen und Fakten
Das wieder vereinte Europa wird auf einer Karte mit Angaben über Größe, Zahl der Einwohner und wichtige ökonomische Kennziffern dargestellt.
SEITEN 14, 15

Union der 25 ist wirtschaftlich ein Riese, außen- und sicherheitspolitisch ein Zwerg
Die Erweiterung macht die EU wirtschaftlich stark, auf Augenhöhe mit den USA ist Europa noch nicht. In der Außen-, Sicherheits- und Verteidigungspolitik ist die Gemeinschaft schwach. Ihr fehlt der politische Wille, mehr zu tun.
SEITEN 2, 3, 6, 7

EU-Zukunft: Nach neuen Beitritten geht der Integrationsprozess weiter
Für 2007 ist der Beitritt Rumäniens und Bulgariens geplant. Ende 2004 werden die Staats- und Regierungschefs entscheiden, ob mit der Türkei Beitrittsverhandlungen aufgenommen werden.
SEITE 10

Österreichische Unternehmen sind Profiteure des größeren Binnenmarktes
Heimische Firmen sind Pioniere auf Märkten Osteuropas. Bis 2012 wird sich die Wirtschaftsleistung Österreichs um fünf Milliarden Euro erhöhen. 40.000 neue Jobs sollen entstehen. Neue Herausforderungen gibt es für die Sozialsysteme.
SEITEN 8, 9

Mitbestimmen – Wählen gehen!

Eine Initiative des KURIER in Zusammenarbeit mit dem Informationsbüro des Europäischen Parlaments für Österreich

Europawahl 13. Juni 2004

Redaktion: 1070 Wien, Seidengasse 11, Tel. (01) 52 100/0, Fax (01) 52 100/2263, 2265, eMail Redaktion: leser@kurier.at; **Abo-Service:** Tel. (01) 521 30 29 71, eMail Abos: kurier-abo@mediaprint.at

Abb. 63: Europäisches Haus 2004.

Abb. 64: HVG-Cover: ›Die Erweiterung der Europäischen Union. Eintrittspreis‹ (Ungarn 2002).

2.6.7 Privatsphäre

Wie die Kampagnenbeispiele und ihre Alltagsbezüge zu den Bereichen Sport, Berufsleben und Konsum gezeigt haben, strebt das politische Feld danach, die Distanz zwischen den Repräsentierten und den Repräsentanten/Repräsentantinnen mit dem Ziel eines Zugewinns an demokratischer Legitimität zu verringern. Dazu ist es erforderlich, eine symbolisch vermittelte gesellschaftliche Ordnung aufzubrechen, die durch eine Grenzziehung zwischen ›dem Privaten‹ und ›dem Öffentlichen‹ gekennzeichnet ist. Durch eine Verschränkung mit der Sphäre des Alltags soll Politik als ›authentisch‹ und ›bürger/innennah‹ erlebbar werden.

Zu diesem Zweck stellen Kampagnen mitunter selbst Bezüge zur Privatsphäre der Bürger/innen her. Entsprechende Visualisierungsstrategien finden sich auch in einigen EUropapolitischen Kampagnen wieder, wie beispielsweise im Rahmen der irischen Referendumskampagne zum Vertrag von Nizza. Ein Plakat aus dieser Kampagne (siehe Abb. 53) zeigt ein eng umschlungenes, am Strand sitzendes Paar, das im Begriff ist, sich zu küssen. Die beiden sind spärlich bekleidet. Der dem Bild entsprechend sexualisierte Slogan der Kampagne lautet: ›Es ist besser drinnen zu sein‹. Erst der Untertitel macht mit der Aufforderung ›Stimmen Sie mit Ja zu Europa, stimmen Sie mit Ja zu Nizza‹ den EUropapolitischen Kontext deutlich. Eine Variation dieses Motivs findet sich auch in der slowakischen Beitrittskampagne zur Europäischen Union (siehe Abb. 54). Diese zeigt ein Paar, das durch eine Glasscheibe getrennt ist und sich sehnsüchtig anblickt. Noch deutlicher als das Paar aus der irischen Kampagne sind die beiden – noch – nicht miteinander vereint, erst ein positives Ergebnis des Referendums kann sie zusammenführen.

▶ 136

Doch die Grenze zwischen dem als privat und dem als öffentlich konstruierten Bereich ist nicht beliebig weit verschiebbar. Die Einbeziehung intimer Sujets in politische Kampagnen kann von den Repräsentierten auch als eine unzulässige Grenzüberschreitung wahrgenommen werden. Dies verdeutlicht beispielsweise die Aufregung um ein Internetvideo der Europäischen Kommission auf der Plattform ›EUTube‹[52], das unter dem Motto ›Let's come together‹ Paare beim Liebesakt zeigt. Der als Werbung für das Filmförderungsprogramm der Europäischen Union intendierte Spot löste breite Entrüstung aus (vgl. Der Standard, 4. 7. 2007; Budapest Times, 8. 7. 2007). Während seine sexualisierte Ästhetik in der populärkulturellen Unterhaltungsindustrie wohl niemanden schockiert hätte, stieß sie im Rahmen politischer Repräsentation ganz klar an Grenzen.

Das Konzept einer bloßen ›Ausbreitung‹ politischer Ideen in heterogene Alltagswelten erwies sich in diesem Fall als mäßig erfolgreich. Schon bei der gesamt-

52 In Folge der negativen Referendumsergebnisse zum Verfassungsvertrag in den Niederlanden und in Frankreich entwickelte die Europäische Kommission ein neues Kommunikationskonzept. Ein zentrales Element war die Einrichtung von ›EUTube‹ (http://www.youtube.com/eutube), einer eigenen Kommissionsseite zu EUropäischen Themen innerhalb des populären Internetvideoforums ›You Tube‹.

europäischen Durchsetzung der Renaissance sei es dem Historiker Peter Burke (2005, 18) zufolge um etwas ganz anderes gegangen: nämlich um ihre *Rezeption*, die als ein aktiver Prozess der Assimilation und Transformation letztlich zu einer ›Veralltäglichung‹ oder ›Domestizierung‹ der Renaissance führte. Damit war genau das erreicht, was Politik sich so sehnlich herbeizuwünschen scheint: Bürger/innennähe – ein ›schrittweises Eindringen in das Alltagsleben‹ (ebd., 18).

2.7 Symbolisieren

Indessen, die Bedeutungen sind nicht in den Symbolen selbst, sie sind in der Gesellschaft, also in den Menschen. *Murray Edelman 1990, 9*

2.7.1 Die Rede vom Symboldefizit Europas

›Europa fehlt der Esprit‹ – mit dieser Headline übertitelte Alexandra Föderl-Schmid ihren Kommentar zur Annahme des ›Reformvertrages‹ der Europäischen Union durch die Staats- und Regierungschefs und -chefinnen der EU-Mitgliedsländer auf dem informellen Europäischen Rat von Lissabon am 18./19. Oktober 2007.[53] Der ›Reformvertrag‹, Nachfolgedokument des – aufgrund zweier negativer Referenden in den Niederlanden und in Frankreich im Frühjahr 2005 – gescheiterten ›Vertrages über eine Verfassung für Europa‹ sei zwar ›eine Basis zum Weiterarbeiten‹, werde die EU jedoch nicht ›zu einem Herzensprojekt der Bürger‹ machen (Der Standard, 20./21.10.2007, 40). Ein ›Zeichen des Aufbruchs‹ sei der Vertrag keinesfalls, schließlich sei ›alles, was einen europäischen Esprit bewirken und ausdrücken hätte können‹, gestrichen worden. Die Journalistin bezog sich damit sowohl auf die Eliminierung von Flagge und Hymne[54] aus dem Text als auch auf die Bezeich-

53 Der Vertrag von Lissabon wurde schließlich von den Mitgliedstaaten im Oktober 2007 unterzeichnet und sollte danach in allen 27 Mitgliedstaaten ratifiziert werden (vgl. http://europa.eu/abc/treaties/index_de.htm). Ein im Juni 2008 in Irland abgehaltenes Referendum ging allerdings negativ aus.

54 Die europäische Flagge – zuvor schon Symbol des Europarates – wurde 1965 als offizielles Emblem der damals so genannten Europäischen Gemeinschaft angenommen. Der Kreis aus 12 goldenen Sternen soll Ganzheit und Einheit symbolisieren (vgl. http://europa.eu/abc/symbols/emblem/index_de.htm). Die europäische Hymne, das Chormotiv aus dem letzten Satz der Neunten Symphonie Ludwig van Beethovens von 1823 (dieser hatte damit Friedrich von Schillers ›Ode an die Freude‹ von 1785 vertont), soll gemeinsam geteilte europäische Werte wie Freiheit, Frieden und Solidarität ebenso zum Ausdruck bringen wie die EUropäische ›Einheit in der Vielfalt‹. Auch die Hymne wurde zuvor bereits vom Europarat verwendet (vgl. http://europa.eu/abc/symbols/anthem/index_de.htm).

nung als Vertrag und nicht als Verfassung (vgl. ebd.). Der Kommentar ist Teil eines zu diesem Anlass vielerorts aktualisierten Diskurses, der die mangelnde Identifikation der EU-Bürger/innen mit der Europäischen Union nicht zuletzt auch auf ein Defizit an supranationalen, identitätsstiftenden Symbolen zurückführt.

Die Suche nach einer ›Seele Europas‹ (Reding 2003), die auch in EUropaweit akzeptierten gemeinschaftlichen Symbolen zum Ausdruck kommen soll, ist insbesondere im Zuge des EU-Erweiterungsprozesses und der langwierigen Diskussionen um einen Verfassungsvertrag in den Vordergrund EUropapolitischer Debatten gerückt. Die deutsche Ratspräsidentschaft in der ersten Hälfte des Jahres 2007 konnte den Erfolg verbuchen, den bereits für tot erklärten Prozess einer konstitutionellen Reform der EU reanimiert zu haben. Die ›Berliner Erklärung‹ vom 25. März 2007 (http://www.europa/eu/50/docs/berlin_declaration.de.pdf) im Kontext der Feiern zum ›50. Geburtstag Europas‹ wurde dafür zum Symbol. Zugleich zeigten nachfolgende Debatten auf EUropäischer und nationaler Ebene, dass jenseits politischer Differenzen zwischen den Mitgliedstaaten hinsichtlich künftiger Stimmgewichtung im Rat, Anzahl der Kommissare und Kommissarinnen und Sitzzuteilung im Europäischen Parlament, symbolpolitische Faktoren ebenfalls eine Rolle in den Verhandlungen spielten. Politiker/innen aus mehreren EU-Staaten (etwa Großbritannien, Polen, Niederlande) gaben zu bedenken, dass der Name ›Verfassung‹ nationalstaatlichen Kontexten vorbehalten bleiben solle und Symbole wie Flagge, Hymne oder Motto zwar geeignet seien, nationale Identität zu stiften, nicht aber EUropäische (vgl. Der Standard online Wissen: Geschichte des EU-Vertrags, 17.10.2007). Eine supranationale Verwendung des Begriffs Verfassung würde nationalstaatlich basierte Identitäten in Frage stellen und Widerstände seitens der Bürger/innen herausfordern.[55]

2.7.2 Nationale Repräsentationen des EUropäischen: Die Ratspräsidentschafts-Logos

Die hier in ihren Grundzügen wiedergegebene Diskussion verweist auf ein Spannungsverhältnis, mit dem sich sämtliche Versuche, EU-Politik und EUropäische Identität über Symbole zu kommunizieren, konfrontiert sehen. Einem weithin konstatierten Symbol- und Repräsentationsdefizit der EU steht ein Symbolrepertoire gegenüber, das sich aus traditionellen Formen politischer Repräsentation speist, die an der Wende vom 18. zum 19. Jahrhundert in nationalstaatlichen Kontexten entstanden sind (vgl. Hunt 1989).

55 Laut Eurobarometer-Daten vom Jänner 2007 unterstützten Ende des Jahres 2006 61 Prozent der Europäer/innen prinzipiell die Idee einer EU-Verfassung, nur 22 Prozent sprachen sich dagegen aus (vgl. Eurobarometer 65).

▶ 137

Dies kommt besonders deutlich in mehreren Logos[56] der EU-Ratspräsidentschaften zum Ausdruck (siehe Abb. 55). Diese versuchen, über die Darstellung ›typischer‹ Symbole aus der nationalen Politik, Geschichte und Kultur in Verbindung mit EU-Symbolen (meist Sternenkranz oder einzelne Sterne) und/oder der Verwendung von Nationalfarben und EU-Farben eine Brücke zwischen nationaler und EUropäischer Ebene zu schlagen (vgl. http://brandsoftheworld.com).[57] So verwendete Belgien 2001 die grafische Umsetzung einer landestypischen Kopfbedeckung, Griechenland 2003 einen stilisierten Ölzweig als Hintergrundmotiv und Irland 2004 eine Stilisierung der irischen Harfe, die als nationales Symbol auch die irischen Euromünzen ziert. Einige Staaten haben versucht, die nationale Komponente im Logo vor allem über die Flaggenfarben zu kommunizieren. Umsetzungsformen reichen dabei von der Integration der Nationalflagge in das Logo (wie im Fall der österreichischen Ratspräsidentschaft 1998 oder der deutschen Ratspräsidentschaft 2007) über abstrakte Formen (Portugal 2000) bis hin zum spielerischen Umgang mit der Deckungsgleichheit der nationalen und der EU-Farben (Schweden 2001). Die Europasterne spielen in fast allen Präsidentschaftslogos eine Rolle, ihr Einsatz ist jedoch variabel gestaltet: Nicht immer erscheinen sie in der Originalformation, -zahl und –farbe (siehe Abb. 55.1–7).

▶ 138

▶ 138

Das Logo der französischen Ratspräsidentschaft 2000, das die französischen Nationalfarben blau-weiß-rot mit dem gelben EU-Sternenkranz im blauen Segment der Farbentrias kombiniert (siehe Abb. 57), könnte einem Bild aus der ›Non-Kampagne‹ im Vorfeld des Referendums zum Vertrag über eine Verfassung für Europa als Vorbild gedient haben. Die Variation der Bildelemente – die Flaggenfarben bilden ein N, der EU-Sternenkranz steht neben diesem – bringen hier jedoch nicht mehr die Integration des EUropäischen und des Nationalen zum Ausdruck, sie symbolisieren vielmehr eine Differenz, da die beiden Symbole nebeneinander angeordnet sind und es keine offensichtliche Verbindung zwischen ihnen gibt (siehe Abb. 58).

Die Ratspräsidentschafts-Logos sollen nicht nur dazu beitragen, ein positives, sympathisches Image des Vorsitzlandes in verschiedenen EUropäischen Öffentlichkeiten – und darüber hinaus – zu kommunizieren, sondern auch auf die EUropäische Rolle und den EUropäischen Charakter des jeweiligen Staates aufmerksam machen.

56 Ein Logo setzt sich meist aus Wortelementen und grafischen Elementen zusammen und wird häufig auch als ›Wort-Bild-Marke‹ bezeichnet. Es soll prägnant, leicht verständlich, unverwechselbar und problemlos wiedererkennbar sein und ›auf einen Blick‹ die Corporate Identity eines Unternehmens, eines Projektes, einer Organisation, Bewegung oder Partei etc. repräsentieren. Manchmal wird der Begriff synonym mit dem Begriff Brand verwendet (vgl. Buttle/Westoby 2006, 1181, siehe Kapitel 1.4 *Branding*).

57 In den letzten Jahren ist ein gewisser Trend zur Vereinheitlichung zu bemerken, da sämtliche Präsidentschafts-Logos mittlerweile die Web-Adresse ihres Internet-Auftritts in irgendeiner Form in das Logo integrieren. Dies verweist auf den hohen Stellenwert von Online-Medien im Bereich der politischen Kommunikation.

Die bedeutende Rolle der jeweiligen Ratspräsidentschaft im Prozess der EU-Erweiterung versuchte Dänemark im Jahr 2000 prägnant umzusetzen (siehe Abb. 56). Das Logo besteht aus einem blauen und einem roten Rechteck, beide zusammen repräsentieren die dänischen Nationalfarben. Im blauen Feld findet sich der Web-Link der dänischen Ratspräsidentschaft, im roten ein Symbol, das an konzentrische Kreise – wie sie beispielsweise durch einen ins Wasser geworfenen Stein entstehen – ebenso erinnert wie an die Jahresringe eines Baumes oder an einen Fingerabdruck: ›The circles not only symbolise the evolving community, but also provide a sense of history, roots and sustainability. Circles in trees, rings in water or fingerprints are all organic forms that represent Danishness, cohesion and sustainability‹ (http://www.bysted.com/2bd0029/base/4be4fb0). Das Logo verweist auf dänische nationale Identität ebenso wie auf die EUropäischen Dimensionen einer Erweiterung und zugleich Vertiefung der EU. Der dänische Außenminister Per Stig Møller kommentierte dies wie folgt: ›The intention was to create a pure, Scandinavian expression and a design that conveys openness and accessibility. We are confident that the logo's symbolism will serve as inspiration for the important challenges facing Denmark over the next half year‹ (ebd.).

▶ 137

2.7.3 Die symbolische Dimension des Politischen

In der Politischen Kulturforschung gehört die Auseinandersetzung über die Bedeutung von Symbolen als Bestandteil des ›gesellschaftlichen Wissensvorrat[s]‹ mittlerweile zu den Standards der Forschung, wie Carl Deichmann (2007, 5 und 13) bemerkt. Die Aufmerksamkeit richtet sich dabei vor allem auf den diskursiven Gebrauch von symbolischer und metaphorischer Sprache und folgt damit den Analysen Murray Edelmans (1990), der deren Bedeutung in der appellativen politischen Rede gegenüber anderen Diskursformen, wie etwa argumentativen, hervorgehoben hat. Edelman stellt den Machterwerb in demokratischen politischen Prozessen als erfolgreichen Einsatz symbolischer Politik und als deren Grundlage den Einsatz symbolischer Sprache zur Beherrschung der öffentlichen Debatte dar. Auch der Politologe Andreas Dörner (1996) lenkte in einer Untersuchung der deutschen Nationalmythen die Aufmerksamkeit auf Fragen der Vermittlung und Steuerung von Politik durch symbolische Kommunikationsprozesse. Diesen Einfluss aufgrund der Fokussierung politischer Prozesse entfaltet symbolische Politik insbesondere in politischen Auseinandersetzungen, von der demokratischen Parteienkonkurrenz (vgl. Edelman 1990) bis zur Rolle negativer nationaler Stereotypen in Revolutionen oder Kriegen (vgl. Burke 2003, 149f.).

Schon in ihrer historischen Entwicklung wurde dieser rhetorischen politischen Symbolik häufig auch eine bildliche Darstellung beigegeben: Metaphern des Regierens wie diejenige des Staatsschiffs mit dem Regierungschef als Steuermann oder die von Ross und Reiter finden sich auch in zahlreichen Abbildungen und Herrscher/innenbildnissen (vgl. Burke 2003, 69, Münkler 1994). Es erscheint inzwischen selbstverständlich, nationale Identitäten oder politische Bewegungen mit Symbolfiguren zu verbinden. Am deutlichsten wird dies vermutlich an den zahlreichen Darstellungen der ›Marianne‹ als Symbol der postrevolutionären französischen Nation, die sich seither und bis heute in offiziellen ebenso wie in populärkulturellen Zusammenhängen einer ungebrochenen Beliebtheit als Bildsujet erfreut (vgl. Agulhon 1997). Diese unter anderem in den zuvor beschriebenen Logos zum Ausdruck kommende Bedeutung der symbolischen Repräsentation des Politischen und damit auch deren Identifikationspotentzial für politische Gemeinschaften hat auch der Politologe Andreas Dörner (1996) in seiner bereits erwähnten Untersuchung über deutsche nationale Mythen hervorgehoben. Die Figuren, die diese nationalen Mythen symbolisieren, sollen die (jeweilige) Nation in idealisierter Form darstellen. Zugleich können sie auch, wie an der universellen Bedeutung der Symbole der Französischen Revolution besonders deutlich wird, allgemeingültige politische Ideale versinnbildlichen. Sie (ent)stehen also in einer gewissen Ambivalenz zwischen ihren nationalen und allgemein humanitären Deutungsangeboten. Das Spannungsfeld wird noch deutlicher, wenn man diese nationale Symbolik in ihrem historischen Entstehungszusammenhang in Verbindung mit der visuellen Repräsentation politischer Ideale betrachtet. Als ein Beispiel dafür skizzierte Peter Burke (2003, 68–74) die Entwicklung der modernen Freiheitssymbolik – wie sie in Freiheitsstatuen zum Ausdruck kommt – am Beispiel von Delacroix' bekanntem allegorischen Gemälde ›Die Freiheit führt das Volk‹ (1830/1831, siehe Abb. 3). Die Aktualität dieses Motivs, für die er auf die bereits erwähnte, während der Proteste des Jahres 1989 in Peking errichtete ›Göttin der Demokratie‹ (ebd., 74) verweist, ließe sich auch am Beispiel der Budapester Freiheitsstatue, die Anfang der 1990er-Jahre durch den ›Umbau‹ eines sowjetischen Siegesdenkmals geschaffen wurde (vgl. Pribersky 2007), illustrieren. Die beiden letzteren Beispiele verweisen beide darauf, dass politische Symbole immer auch Gegenstand sozialer Auseinandersetzungen sein können und besonders die Interpretation politischer Symbole Deutungskonkurrenzen unterliegt.

Einige der zur Versinnbildlichung EUropäischer Politik entworfenen Symbole scheinen deutlich von dieser Ambivalenz eines nationalen versus universellen Geltungsanspruchs geprägt.

2.7.4 In Vielfalt geeint?

Symbolpolitik bzw. der Gebrauch politischer Symbole auf EU-Ebene stellt den Versuch dar, nationalstaatliche und supranationale symbolische Verweise zu verbinden, dadurch die eingangs beschriebene Diskrepanz auf visueller Ebene zu überwinden und zur Konstruktion einer EU-Identität als Basis eines gemeinsamen Wahrnehmungs- und Handlungsraumes der EU-Bürger/innen beizutragen. Sie bewegt sich also großteils in einer grundlegenden Ambivalenz. Die Gestaltung der Euro-Banknoten und -Münzen kann als ein Versuch gedeutet werden, beide Ebenen in einem Kompromiss zu verbinden. Die Geldscheine zeigen sämtlich die verbindende Symbolik von Brücken und Toren, zugleich verweisen sie auf eine gemeinsame Geschichte, visualisiert über prägende europäische Architekturstile (siehe Kapitel 2.2 *Architektur*). Die Rückseiten der Euro-Münzen bleiben hingegen nationalen Symboliken vorbehalten.

Das Motto der Europäischen Union ›In Vielfalt geeint‹ (http://europa.eu/abc/symbols/mottoindex_de.htm) wurde vor allem auf den alljährlich gestalteten Plakaten zum Europatag (siehe Abb. 59. 1–4) umzusetzen versucht. Am 9. Mai, der seit 1985 als Europatag gefeiert wird, wurde im Jahr 1950 die so genannte Schumann-Erklärung proklamiert (vgl. http://europa.eu/abc/symbols/9-may/euday_de.htm).

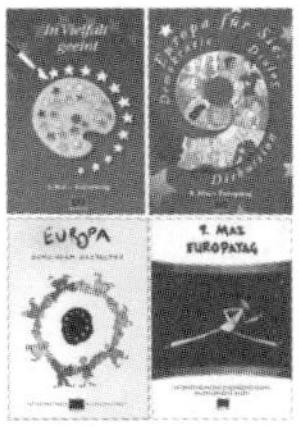

▶ 139/140

Ein weiteres ständig reproduziertes Motiv, um die viel beschworene EUropäische ›Einheit in Vielfalt‹ zu symbolisieren, stellt die Präsentation der Flaggen aller Mitgliedstaaten dar (vgl. Bildatlas-Europa, http://www.demokratiezentrum.at). Diese Symbolik kommt auch in einem Plakat zur Bewerbung des Beitritts Bulgariens und Rumäniens zur Europäischen Union im Jahr 2007 zur Anwendung: Gezeigt wird die Bedienungskonsole eines Aufzugs, den einzelnen Druckknöpfen sind die Flaggen der EU-Mitglieder inklusive jener der beiden neuen Beitrittsländer Rumänien und Bulgarien zugeordnet (siehe Abb. 62). Das zugehörige Haus präsentiert die Sonderbeilage der Tageszeitung Kurier vom Frühjahr 2004, anlässlich der Wahlen zum Europäischen Parlament. Unter dem Titel ›Servus im Haus Europa‹ werden die EP-Wahlen als ›Test für die Hausgemeinschaft‹ bezeichnet (vgl. ebd., 1, siehe Abb. 63). Bulgarien und Rumänien gehören zu diesem Zeitpunkt noch nicht zur angesprochenen Hausgemeinschaft, sie sind noch nicht ›eingezogen‹.

▶ 142/143

Einen ästhetischen Bruch mit traditionellen EUropasymboliken bedeutet der, vom niederländischen Architekten Rem Kohlhass und der Gruppe AMO entworfene, bereits beschriebene Barcode (vgl. http://www.hausderkunst.de/new/deutsch/ausst/ausst_pages/koolhaas.php, siehe Abb. 60). Dieses neue Symbol für die EU fand erstmals für das Logo der österreichischen Ratspräsidentschaft 2006 offizielle Verwendung und wurde zur Bewerbung von während der Ratspräsidentschaft stattfindenden Veranstaltungen eingesetzt (siehe Kapitel 1.4 *Branding* und Abb. 2.1–2). Koolhaas' neues Symbol für die EU stellt eine Antwort auf deren als Problem definiertes, ikonografisches Defizit dar. Zugleich verweist er – in Anspielung auf Produktsignaturen in Supermärkten – auf alltagskulturelle Bezüge und den ökonomischen Aspekt EUropäischer Identität.

▶ 141

Der Entwurf des ›together‹-Logos anlässlich des 50. Jahrestages der Unterzeichnung der Römischen Verträge 1957 wählte hingegen eine gänzlich neue Perspektive. Nicht mehr nationalstaatliche Verweise stehen im Zentrum, sondern sprachliche, ästhetische und alltagskulturelle Bezugnahmen. An dem von der Europäischen Kommission ausgeschriebenen Wettbewerb für ein Logo zum 50. ›Geburtstag‹ EUropas nahmen über 1 700 junge Designer/innen und Design-Studierende aus allen damaligen Mitgliedstaaten der EU sowie aus Bulgarien und Rumänien teil. Den Wettbewerb gewann ein Student der Kunsthochschule Poznan, Zymon Skrzypczak. Sein

▶ 141

Entwurf setzt den Schriftzug ›together‹ mit der Unterschrift ›since 1957‹ in Verbindung (siehe Abb. 61. 1–2). Das Logo besteht aus Buchstaben in unterschiedlichen Farben und Schrifttypen, die ›die Vielfalt der europäischen Geschichte und Kultur‹ repräsentieren, mit Zeichen, die aus dem Bereich der Wirtschaft und der Informationstechnologie stammen (etwa die Zeichen für Copyright, Registered Trademark und für Adressbezeichnungen im E-Mail-Verkehr) und daher aus Alltagskontexten bekannt sind. Die einzelnen Zeichen werden zum Schriftzug ›together‹ bzw. seinem Pendant in den jeweiligen Sprachen kombiniert. Das Logo steht in allen 23 offiziellen EU-Sprachen sowie in der Originalfassung zur Verfügung, die Buchstaben aus unterschiedlichen Sprachen vereint (vgl. http://europa.eu/50/anniversary_logo/index_de.htm). Laut EU-Homepage (Rubrik ›Europa hat Geburtstag!‹) symbolisiert das Logo die Stimme all jener EUropäer/innen, besonders der jüngeren Generationen, die Frieden, Stabilität und Wohlstand mit dem Recht auf Individualität und Vielfalt in Einklang bringen wollen: ›Das Wort »gemeinsam« [engl.: together] drückt einfach und unmittelbar aus, was die Idee »Europa« ursprünglich umfassen sollte: nicht nur Politik oder Geld oder geografische Grenzen, sondern vor allem Zusammenarbeit und Solidarität‹ (ebd.).

Bemerkenswert ist das Fehlen jeglichen Pathos in diesem Logo. Zwar symbolisiert es ebenfalls die EUropäische ›Einheit in Vielfalt‹, scheint aber einen spielerischen, fast ironischen Zugang zur Identifikation mit EUropa nahezulegen. Damit geht dieser Entwurf einen deutlichen Schritt weiter in eine Richtung, die schon Rem Koolhaas mit dem ›Barcode-Logo‹ eingeschlagen hat – der tendenziellen Abkehr von dem Symbolrepertoire des modernen Nationalstaates entnommenen Repräsentationsformen für eine Visualisierung EUropas.

3 Spuren EUropäischer Bildpolitik?

> Der Standpunkt, von dem aus ich diese Studie geschrieben habe, ist der, daß Bilder weder eine Widerspiegelung gesellschaftlicher Realität sind noch ein Zeichensystem ohne Bezug zur gesellschaftlichen Realität, sondern daß sie eine Vielfalt von Positionen zwischen diesen Extremen besetzen. *Peter Burke 2003, 211*

Ersetzt man in diesem Zitat Burkes den Begriff ›gesellschaftlich‹ durch ›politisch‹, eignet es sich vorzüglich dazu, auch die vorliegende Spurensuche zu resümieren – was zugleich auch bedeutet, dass sich für diese Vielfalt nicht *eine* Regel oder *ein* (Interpretations)Rahmen angeben lassen. Hier soll anstelle dessen abschließend der Frage nachgegangen werden, welche Regelmäßigkeiten dennoch aus dem Spiel der Positionen nachvollziehbar erscheinen und welche Perspektiven der Decodierung von EUropäischen Bildpolitiken sie dieser Analyse nahegelegt haben bzw. vielleicht darüber hinaus nahelegen.

Es mag auf den ersten Blick überraschen, dass anstelle genuiner EUropa-Bilder vor allem Rekontextualisierungen bekannter Bildmotive die politische Kommunikation EUropas beherrschen. Das gilt auch für die fotografische Berichterstattung von EUropäischen Ereignissen oder Politikfeldern in den Medien, für die Öhner (2005) eine quasi ›parasitäre Nutzung‹ von Fotografien, die auch in anderen Zusammenhängen Verwendung finden, konstatierte. Diese Umdeutung bekannter Motive der Pressefotografie reicht von der Aufnahme eines Lastwagens, die in Österreich mit dem ›Transitproblem‹ verbunden werden kann, bis zu jenen Aufnahmen der jeweiligen Schauplätze von Ratsgipfeln – von Rom über Maastricht und Nizza bis Lissabon –, die aus der Tourismuswerbung und anderen Darstellungen dieser Orte bekannt sind.

Eine derart sekundäre Nutzung von Bildmotiven kann auch als durchgehendes Kennzeichen einer Vielzahl von Motiven der politischen Kampagnen gelten. Da sind zunächst einmal nationale Symbole selbst, die in allen möglichen Kombinationen mit EUropäischer Symbolik Verwendung finden bzw. grafisch zu EUropäischen Symbolen transformiert werden (siehe Kapitel 2.7 *Symbolisieren*). Darüber hinaus wird von Orten, Bauten oder Personen, die als Zeichen nationaler Identität gelten, die EUropäische Bedeutung hervorgehoben und damit die Einheit von Nationalem und EUropäischem symbolisch hergestellt: ob es sich dabei um Mozart als virtuellen Gastgeber des Europäischen Rates unter dem klingenden Titel ›Sound of Europe‹ handelt (siehe Kapitel 1.3 *Von Political Campaigning zu Communicating EUrope*) oder um die Budapester Kettenbrücke als Symbol der traditionellen West-Orientierung Ungarns (siehe Kapitel 2.2 *Architektur*).

Die Vielzahl dieser sekundären Bilddeutungen könnte zu einer Beobachtung führen, die bereits als einer der Ausgangspunkte dieser Spurensuche gedient hat, nämlich eines Mangels an Bildern, die geeignet wären, EUropa zu visualisieren. In unzähligen politischen Kommentaren und Debatten wird regelmäßig diese Schwäche des EUropäischen Images beklagt, insbesondere in Fragen der medialen Vermittlung EUropäischer Politik: Politische Kommunikation erscheint demzufolge – und das wird an deren Versuchen, EUropäische Dimensionen anzusprechen, besonders deutlich –, auf eigentümliche Weise in den Rahmen bzw. auf das Konzept des Nationalstaates verwiesen.

Diese Kontextualisierung des EUropäischen in der Verbindung mit nationalen Symbolen bzw. in Verbindung mit Bildern, die vor allem in nationalen Öffentlichkeiten mit Deutungen versehen werden, repräsentiert nicht bloß – wie in den obigen Beispielen – einen EUropäischen ›Mehrwert‹. Sie dient auch der Darstellung von Bedrohungen, denen die jeweilige Nation seitens der EU ausgesetzt scheint: Bedrohungen, die von den natürlichen Ressourcen (siehe Kapitel 2.1 *Landschaft*) bis zum Arbeitsmarkt (siehe Kapitel 2.6 *Alltag*) reichen und vor allem in der (visuellen) Rhetorik der Wahlkampagnen zum Europäischen Parlament wiederholt thematisiert werden, aber etwa auch in Zusammenhang mit dem Referendum über den Verfassungsentwurf in Frankreich.

Der Verweis auf die Nation erscheint so in der europäischen Ikonografie als allgegenwärtiger Hintergrund: Wo immer Fahnen schwingende Jubel- oder Protestmassen ins Bild gesetzt werden (siehe Kapitel 2.3 *Bürger/innen*), scheint das ›Urbild‹ der Französischen Revolution als Referenzrahmen präsent.

Die politische ›Architektur‹ der EU hat jedoch bekanntermaßen anstelle des Repräsentationsverhältnisses der Nation ein wesentlich komplexeres System politischer Repräsentation entwickelt, das in den Bildern und Symbolen der Nation nur teilweise visualisiert werden kann. Als Folge dieser *Unüberschaubarkeit*, die in EU-Kritiken oft als *Unübersichtlichkeit* von Entscheidungsabläufen oder *Intransparenz* ihres Zustandekommens moniert wird, ist das Bild des anonymen Brüsseler Machtzentrums in Medienberichten allgegenwärtig. Dieses wird in der Regel von den Fassaden der Verwaltungszentren, vor allem des Gebäudes der Europäischen Kommission, repräsentiert (siehe Kapitel 2.2 *Architektur*).

Die Undarstellbarkeit der EU mittels – in der Repräsentation der zeitgenössischen Nationalstaaten allgegenwärtiger und verbindlicher – Nationssymbolik eröffnet zugleich die Perspektive einer europäischen Geschichte von ›langer Dauer‹, die ihre Referenzen vor allem in der Verbindung mit einem kulturhistorischen Rahmen der Entstehung und Entwicklung des ›Europäischen‹ zu suchen scheint. Dieses Narrativ einer *gemeinsamen* Kulturgeschichte Europas ist in den ›europäischen‹ Stilelementen der Euro-Banknoten ebenso repräsentiert wie in den symbolischen Anspielungen auf Antike oder Renaissance als Bühne neuer Gründungsrituale.

Die Bildwelt der Renaissance, die in den vorliegenden Interpretationen als Referenz für die visuelle Inszenierung EUropas mehrfach herangezogen wurde, scheint sich auch aufgrund ihrer kanonisierten Präsenz und globalen Verbreitung im öffentlichen Bildrepertoire zur Visualisierung des EUropäischen Projekts besonders zu eignen. Gründe dafür sind die Verknüpfungen von ökonomischen mit kulturellen und wissenschaftlichen Fortschritten, deren Resultate in zweifacher Hinsicht als *Vorbilder* EUropäischer Integration und Erweiterung gelten können – und in Monografien der europäischen Geschichte als solche auch angesprochen werden (vgl. z. B. o. A. 1999): Politisch beruhen sie auf frühen republikanischen Staatsformen (siehe Kapitel 1.6 *Politische Repräsentation im Feld visueller Kultur(en)*) und gesellschaftlich auf dem Bild des wohlhabenden und kultivierten Bürgers, sozusagen dem *Vorbild* des zeitgenössischen, ›modernen‹ Individuums (siehe Kapitel 2.3 *Bürger/innen*). Aber auch über diese Elemente der populären, ›Großen Erzählung‹ der Renaissance hinaus bieten deren eigentümliche Strukturen des Transfers und der ›Rezeption‹, aus denen die (Wieder)Entstehung eines europäischen Kulturraums abgeleitet wird, einen aktuellen Referenzrahmen: ›es geht hier um Netzwerke und Schauplätze, wo neue Formen und Ideen diskutiert und übernommen wurden; um die Peripherie Europas [...] und schließlich um ihr [der Renaissance, d. Verf.] schrittweises Eindringen in das Alltagsleben‹ (Burke 2005, 18).

Es scheint, als ließe sich auch eine solche Charakteristik ohne große Übersetzungsprobleme auf aktuelle Perspektiven der EUropäischen Politik bzw. deren Visualisierung beziehen – wofür die Bildanalysen zumindest Ansatzpunkte liefern sollten – ohne diesen Perspektiven hier freilich gleich eine kulturhistorische Bedeutung unterstellen zu wollen.

Vor diesem Referenzrahmen als kulturhistorischer Projektionsfläche liegt es nahe, dass die Europäische Kommission diesen Bezug zum Individuum, der als Motiv auch in den EUropapolitischen Kampagnen sichtbar wurde, ins Zentrum ihrer bereits angesprochenen Kommunikationsstrategien gestellt hat. ›Wir haben daher ein neues Konzept für die europäische Kommunikation entwickelt, das den Bürger in den Mittelpunkt der europäischen Politik stellt‹, formuliert die dafür zuständige EU-Kommissarin Margot Wallström, und: ›Eine Woche vor dem EU-Gipfel der Staats- und Regierungschefs werden sie [ausgewählte Bürger/innen aus europaweiten Diskussionsrunden, die Verf.] gemeinsam mit Medienvertretern und Politologen über eine »Bürgeragenda für die Zukunft Europas« diskutieren‹ (www.ec.europa.eu/commission_barroso).

›Bürger/innennähe‹ ist freilich ein auf allen Ebenen der Politik viel strapaziertes Schlagwort, es gewinnt aber für die Positionierung der EU-Institutionen im EUropäischen politischen System eine besondere Bedeutung: Als Teil eines weiteren

Bezugsrahmens auf die angesprochene Deutung europäischer Kulturgeschichte fügt sich auch das symbolische Infragestellen der eingespielten Grenze zwischen den Nationen und ihrer politischen Repräsentation in das ›Image‹ einer Entgegensetzung der EU zu den inneren und äußeren Grenzen des Nationalstaates. Der Transfer nationaler Souveränität auf die EU-Ebene, ein zentrales Merkmal der Union, bedarf einer symbolischen Repräsentation: Die Überwindung der, mit der Geschichte der europäischen Kriege verbundenen, Grenzen – von der ›deutsch-französischen‹ mit der Gründung der EU bis zur Überwindung des ›Eisernen Vorhangs‹ mit dem ›Big bang‹ der EU-Erweiterungen (2004, 2007) – scheint im Sinne dieser Lesart der EUropäischen Geschichte deshalb auch als das zentrale Narrativ der Eröffnungsausstellung des Europa-Museums in Brüssel (›It's our history! 50 Jahre europäisches Abenteuer‹, http://www.expo-europe.be/) präsentiert zu werden. Dieses Narrativ der Überwindung nationaler und kultureller Gegensätze dürfte den Akzent der ›Großen (post-1945) Erzählung‹ von der EUropäischen Integration als Friedensprojekt in historischem Gegensatz zu den beiden Weltkriegen, vor allem zum Zweiten Weltkrieg und zum Holocaust – die auch aktuelle Werke der Europäischen Geschichtsschreibung nach wie vor bestimmt (vgl. Judt 2006) –, auf die aktuellen geopolitischen Perspektiven der Erweiterungspolitik verschieben.

Diese Spuren einer Visualisierung des EUropäischen, die hier zusammengefasst wurden, haben freilich nicht den ausschließlichen Charakter von ›Bilddokumenten‹ sozialer oder politischer Verhältnisse, was an der ›Musealisierung‹ der EUropäischen Politik als Deutungsprozess besonders sinnfällig wird: Sie entsprechen vielmehr einer weiteren Funktion politischer Bilder, der Visualisierung ›eine[r] Welt der Imagination‹ (Burke 2003).

In dieser Perspektive auf ein politisch Imaginäres erscheinen die EUropäischen visuellen Strategien so ohnmächtig nicht, eröffnen sie doch einen Bereich durchwegs positiv konnotierter Bildmotive, denen bzw. deren Verwendung sich auch EU-Kritiker/innen und -Gegner/innen kaum entziehen können.

EUropäische Bildpolitiken bewegen sich offenbar in diesem Spannungsverhältnis von Elementen bestehender politischer Positionen zu imaginären Perspektiven. Im Folgenden soll dieses Spannungsverhältnis deshalb anhand einiger wiederkehrender visueller Charakteristika nochmals konturiert werden.

3.1 Visualisierungsstrategien: Repräsentationen und Projektionen

Politische Bilder werden erst infolge einer *Rekonstruktion* innerhalb kultureller und sozialer Konventionen sichtbar, die durch ein beschränktes Formenrepertoire bzw. ein Changieren zwischen Traditionen, Ritualen und Sehgewohnheiten gekennzeichnet sind. Die Darstellungsdimension des Politischen ist demnach auf einen *Bedeutungstransfer* visueller Repräsentationen angewiesen, der ihre Decodierung ermöglicht.

Im vorliegenden Band wurde der Versuch unternommen, verschiedene *Bildthemen* der Repräsentation EUropäischer Politiken anhand der Beispiele Landschaft, Architektur, Bürger/innen, Porträts, Familie, Alltag und Symbolisieren in Hinblick auf dieses ›verborgene Bezugssystem‹ zu rekonstruieren. Der Einleitung folgten Texte zu den einzelnen Bildthemen und schließlich zu den Bildern selbst, die den Betrachtern und Betrachterinnen helfen sollten, sich über den *Gegenstand* der politischen Repräsentation selbst zu orientieren. Trotz der Uneindeutigkeit der verwendeten Bilder wurde versucht, ihre *Position* zu bestimmen, ihre *Entstehungsbedingungen* zu verdeutlichen und durch ihre Anordnung eine innere visuelle Logik freizulegen. Damit gab die Relevanz von *Bildchoreographien* (vgl. Flacke 2007, 487) und die daraus entstandene *Reihung* der Bilder den Texten eine Dramaturgie vor – und nicht umgekehrt den Bildern eine Leseanleitung.

Aber lassen sich aus diesen Analysen auch Schlüsse hinsichtlich einer *Logik der Repräsentation* EUropäischer Politiken ableiten? Im Wesentlichen handelt es sich um drei Bedeutungsdimensionen, um die sich die Bildthemen gruppieren lassen: Da ist zum einen die Frage nach der *Konstruktion* EUropäischer Repräsentation. Auf welche Weise erfolgt sie? Welche thematischen Bezüge sind es, die den aktuellen Status quo markieren? Und in welche Richtung sollen diese Bezüge weisen? Da ist zum anderen die Frage nach ihrer *Durchsetzung* bzw. nach dem *Aufgreifen* im Feld des politischen Wettbewerbs, auch die Frage nach ihrer *Darstellung* bzw. nach dem Verhältnis relevant, in dem das EUropäische zu den Repräsentierten angesiedelt ist.

Schlussendlich ist auch die Frage nach der *Darstellung* des Verhältnisses der EUropäischen Institutionen und ihrer Repräsentanten und Repräsentantinnen zu den Repräsentierten, der in der Kommunikationsstrategie der Europäischen Kommission angesprochene ›Dialog mit den Bürger/innen‹ ein wesentlicher Teil der Bildchoreographien.

3.1.1 Dimension 1: Die Konstruktion EUropäischer Repräsentation

Der Status quo der Repräsentation EUropäischer Politiken ist auf Ebene der Selbstdarstellung der EU durch ein *Konsensmodell* gekennzeichnet, das sich auf gemeinhin als positiv besetzte Bildlogiken – wie Friede, Fortschritt, Vertrauen, Beständigkeit und Versöhnung – bezieht. Dieser Fokus ist in der politischen Kommunikation ebenso wenig überraschend wie neu. Beinahe jedes demokratische politische System wirbt um die Zustimmung derer, die es zu vertreten vorgibt. Das Werben um Zustimmung erfolgt entweder über die Forderung nach der *Aufrechterhaltung* (Vertrauen, Beständigkeit) oder nach der *Schaffung* (Fortschritt, Versöhnung) eines als wünschenswert dargestellten Systemzuschnitts und der damit verbundenen Modellierungen politisch-sozialer und kultureller Zustände.

Die Akzentsetzung EUropäischer Bildpolitiken erscheint aber im Vergleich zu politischen Kampagnen auf nationaler Ebene unterschiedlich, die Repräsentationslogik des EUropäischen marginalisiert die Darstellung von Dissens auf der Bildebene: EU-Kritik wird oft in denselben visuellen Codes dargestellt wie Zustimmung, was etwa an der überwiegenden Mehrzahl der Bildsujets der Kampagnen zum Verfassungsreferendum in Frankreich deutlich sichtbar wurde. Als Beispiel dafür, dass es gerade auch die Symbolik der EU selbst ist, die sich zur Visualisierung von Kritik anbietet, soll hier das Coverbild einer ungarischen Wochenzeitung dienen, das unter dem Titel ›Belépödij/Eintrittspreis‹ die geringeren finanziellen Förderungen darstellt, die für die ›Neuen Mitglieder‹ der Erweiterung 2004 im Zuge der Beitrittsverhandlungen vereinbart wurden (siehe Abb. 64).

▶ 144

Auch die Selbstrepräsentation der EU als ein ›Familienverband‹ legt den Bezug auf positive Attribute in der Logik der Darstellung nahe (siehe Kapitel 2.5 *Familie*). Eine Re-Lektüre zeigt allerdings auch die Grenzen dieser Konstruktion auf. Als grundlegende Ansprüche an bildhafte Darstellungsformen in politischen Zusammenhängen sind zum einen die Vermittlung von *Glaubwürdigkeit* und *Authentizität* und zum anderen die Eindeutigkeit der Botschaft zu nennen. Angesichts der polysemischen Eigenschaft von Bildern sind diese Ansprüche allerdings nicht immer einlösbar. Denn was ein Bild für die eine Community bedeutet, das muss es für die andere noch lange nicht heißen. So kann es mitunter vorkommen, dass eine auf Vertrauen und Beständigkeit ausgerichtete Bildlogik von so starken Ambivalenzen gekennzeichnet ist, dass sich die gewünschte Botschaft leicht ins Gegenteil verkehrt (bzw. verkehren lässt). Wie das Beispiel nahelegt, kann die Stilisierung als Familie auch zur Transgression des Bildthemas verwendet werden. Das heißt, dass auch die Kommunikation *über* die EU von Familienbildern bestimmt sein kann, die allerdings auf die unangenehmen Eigenschaften von Familienverbänden rekurrieren. Da sind es dann plötzlich die Motive des Streits, der Missgunst und der Eifersucht, die das Sprechen über die Familie bestimmen: Deren ›Zusammenhalt‹ wird ins Negative verkehrt, erzeugt Beklemmung und kann mitunter sogar ein ›Ausbrechen‹ aus dem ›Familienverband‹ nahelegen. Tendenziell positiv besetzte (visuelle) Metaphern können sich demnach unter Umständen auch zu Bildthemen der EU-Kritik entwickeln. Dieser Zusammenhang wird an der Repräsentation umweltpolitischer Themen besonders deutlich (siehe Kapitel 2.1 *Landschaft*). In visuellen Repräsentationen scheinen Stilisierungen darüber hinaus regelmäßig Transgressionen zu ›erzeugen‹: Jeder Stil lädt zur Satire ebenso wie zu seiner Veränderung ein, wo er als starre Repräsentationsregel wirkt (siehe Kapitel 2.1 *Landschaft* und 2.3 *Bürger/innen*).

Aber nicht nur die *Aufrechterhaltung* eines Status quo manifestiert sich als eine strukturierende Logik bildhafter Repräsentationen EUropas, auch die *Projektion* von Zukunftsentwürfen und Entwicklungsszenarien darf im thematischen Repertoire nicht fehlen. Die Kommunikation der EU stellt dabei vollends auf den prozesshaften Charakter der Integrations- und Erweiterungsperspektive ab, ein Schema, in das sich etwa auch die Kampagnen im Zuge der Erweiterungsrunden 2004 und 2007, die Visualisierungen von Brüssel als ›Baustelle‹, der Barcode von Rem Koolhaas oder die Zunahme von Blautönen auf dem bunten Teppich der europäischen Landkarte einordnen lassen.

3.1.2 Dimension 2: Die Durchsetzung der EU-Repräsentation

Der Aspekt der Durchsetzung von EU-Repräsentationen rekonstruiert deren Aufgreifen im Feld des politischen Wettbewerbs, das Bearbeiten der zentralen Bildmotive bzw. die Repräsentation des ›gemeinschaftlichen‹ Moments. Als dominantes Motiv scheint sich dabei das Spannungsverhältnis zwischen ›Nation‹ und ›EUropa‹ durchzusetzen, was die Vermutung nahelegt, dass es die nationalen politischen Eliten selbst sind, die auch im Rahmen der EU-Kampagnen die Popularisierung nationaler Symbole als Grundlage ihrer eigenen politischen Bedeutung betreiben (vgl. dazu die Beispiele aus den EU-Beitrittskampagnen der Erweiterung 2004 in den Bildanalyse-Kapiteln).

Dieser Rückgriff auf nationale Symbolik dürfte jedoch zugleich den paradoxen Effekt auslösen, dass auch die nationale Symbolik nicht mehr ohne die Kombination mit EU-Symbolen auskommt und von diesen quasi eine zusätzliche Bedeutungsdimension erhält – also nicht im bloßen Spiel der Differenzen verbleibt, sondern auch ein Aufladen bestimmter nationaler Symbole mit Europäischer Bedeutung bewirkt.

3.1.3 Dimension 3: Die Visualisierung des ›Dialogs mit den Bürger/innen‹

Bildhafte Darstellungsformen können explizit oder implizit auf bestimmte Attribute verweisen und stellvertretend für einen erwünschten (manchmal aber auch für einen unbeabsichtigten) Deutungszusammenhang stehen. Bei Kampagnenbildern sind diese Botschaften zumeist klar zugespitzt, geht es doch darum, Zustimmung oder Ablehnung zu Politiken zu evozieren. Exemplarisch dafür stehen der Slogan ›Ja zu Europa‹ aus der österreichischen Beitrittskampagne, aber auch die verkürzte Variante ›Igen!‹/›Ja!‹ im Bildhintergrund der ungarischen Beitrittskampagne. Diese Kampagnen geben zu ihrer Dechiffrierung also gewissermaßen selbst eine ›Leseanleitung‹ vor, sie fallen unter die Kategorie der *Schlagbilder*, die den ›Dialog‹ zum Beispiel auf jene Textbausteine reduzieren, die an den Informationstelefonen – ein integraler Bestandteil derartiger Kampagnen – als Erläuterung der Kampagnebotschaft(en) vermittelt werden.

Weniger eindeutig ist allerdings die Darstellung des Verhältnisses zu den Repräsentierten, was sich vor allem anhand der Themenfelder *Bürger/innen* (siehe Kapitel 2.3) und *Alltag* (siehe Kapitel 2.6) illustrieren lässt. Im Kontext der Visualisierung eines EUropäischen Citoyen/einer Europäischen Citoyenne wird aktive Partizipation zwar auf der diskursiven, nicht aber auf der visuellen Ebene betont (Bild-Text-Schere). Politisches Handeln bleibt auf der Bildebene vornehmlich auf Führungseliten im Rahmen von Gipfeltreffen und ähnlichen protokollarischen Akten beschränkt, während die dominante Darstellung der Bürger/innen in Bildmotiven einer Auflösung des Individuums in der Masse oder dessen abstrakter Auflösung erfolgt – der Platz individueller Bürger/innen bleibt leer.

3.1.4 Die Repräsentation EUropäischer Bildlogiken

Die skizzierten Bedeutungsdimensionen einer Repräsentation EUropäischer Politiken folgen den dominanten Spannungsbögen von *Abgrenzung, Konfrontation* und *Harmonisierung*.

Das Motiv der *Abgrenzung* wird einerseits auf nationalstaatlicher Ebene (zum Beispiel im Parteienwettbewerb) ausgetragen, wenn Europawahlen als Bühnen der Inszenierung nationaler Interessen fungieren, oder auf zwischenstaatlicher Ebene, etwa durch die (Über)Betonung nationaler Besonderheiten (siehe Kapitel 2.6 *Alltag*). Abgrenzung wird aber auch bzw. vor allem gegenüber einem imaginierten ›Außen‹ der EU betrieben – einerseits durch Abschottung gegenüber ›Nicht-Familienmitgliedern‹, andererseits durch Ansätze der Konstruktion eines begrenzbaren EUropäischen kulturellen Referenzraums (siehe Kapitel 2.2 *Architektur*).

Das Leitbild eines harmonischen Miteinanders kennzeichnet im Gegensatz dazu die bildhaften und diskursiven Darstellungsformen von EUropäischen Politiken in einem beinahe ›esoterisch‹ anmutenden Maße: Von einer ›Seele Europas‹ (Reding 2003) ist da ebenso die Rede wie von einem ›harmonischen Klang‹ und einem symphonischen Zusammenspiel (vgl. Sound of Europe 2006). Die Harmonisierung und Versöhnung von Differenzen erfolgt dabei im Spannungsverhältnis zwischen einer an Markenästhetik geschulten Bildsprache und sehr traditionell anmutenden folkloristischen Bezügen. Dadurch wird die Repräsentation EUropas in einen visuellen und metaphorischen Referenzrahmen gestellt, der den Traditionen und Identifizierungen von Nationalstaaten bedeutend näher steht als dem aktuellen Mehrebenenmodell EUropäischen Zuschnitts.[58]

Einen Ausweg aus diesen national konnotierten Bildlogiken scheinen Visualisierungsversuche anzubieten, die den Prozesscharakter der EU ins Zentrum der Darstellung rücken, wie etwa die Koolhaas'schen Entwürfe einer Symbolsprache

58 Diese Problematik und die Metaphorik, in der sie zur Darstellung kommt, führen immer wieder zu Vergleichen der EU mit der k. u. k. Habsburgermonarchie der Wende vom 19. zum 20. Jahrhundert, so auch durch Mitchell (2008).

der EU oder jene Perspektive auf die Geschichte der Union, wie sie vom neu eröffneten Europa-Museum in Brüssel nahegelegt wird.

Diese prozesshafte Repräsentation der EU – für die in den Massenmedien das Bild der ›Brüsseler Baustelle‹ wohl am populärsten ist – verweist auf die Unabgeschlossenheit des EUropäischen Projekts – eine Offenheit, die auch deren Visualisierungsstrategien bestimmt.

3.2 Visuelle Genealogien: Ein interpretatives Netzwerk?

> What pictures want in the last instance, then, is simply to be asked what they want, with the understanding that the answer may well be nothing at all. *W. J. T. Mitchell* 1996, 82

Eine Offenheit des Untersuchungsfeldes und prinzipielle Schwierigkeiten der Abgrenzung potenzieller Bildmotive charakterisieren nicht nur die visuellen Strategien EUropäischer Politik, sie können auch als Charakteristika der Visualisierung des Politischen insgesamt gelten. Zwar führt auch die Rekonstruktion EUropäischer Bildpolitiken zu formalen und motivischen Konventionen, wie sie die vorliegenden Bildchoreographien etwa anhand der Repräsentationen politischer Landschaften oder des politischen Porträts skizziert haben (siehe Kapitel 2.1 *Landschaft* und 2.4 *Porträt*) – Konventionen, die jedoch von der jeweiligen Kontextualisierung abhängig und damit variabel bzw. polysemisch oder vielfältig bleiben.

Das ›Wiederfinden‹ derartiger Konventionen als sozusagen ›gespeicherte‹ Vorbilder, die zur Aktualisierung in (politischen) Visualisierungen bereit stehen, legt die Frage nach der Rekonstruktion der Referenzen politischer Darstellungen ebenso wie nach einem Ort nahe, von dem der ›Vorrat‹ an Bildern bzw. Motiven sozusagen abgerufen werden könnte. In den einleitenden Bemerkungen zu dieser Untersuchung wurde die Sprache als häufig angegebene Möglichkeit eines solchen ›sozialen‹ Ortes eines Bildgedächtnisses diskutiert und aufgrund jener Bildlogiken als unzureichend verworfen, deren Verknüpfung sich nicht auf bereits bestehende Metaphern oder Narrative stützt. Als *Vorbilder* haben sich für die untersuchten politischen Darstellungen vor allem auch Bilder selbst herausgestellt, die deshalb in einem Verfahren, das man als *visuelle Genealogie* charakterisieren könnte, aufgrund abbildungsimmanenter Referenzen rekonstruiert wurden. Wiederholt waren es diese *Genealogien*, die für das politische Bildmaterial ein Kontext-Narrativ erst bereitgestellt haben. Diese vorwiegend visuelle Rezeption, aus der auch ein aktuelles politisches Imaginäres konstruiert wird, dürfte jene Barriere bilden, die politikwissenschaftliche Analysen von einer Untersuchung der visuellen Komponenten politischer Kommunikation in der Regel abhält.

Diese Beobachtung einer wiederholten Begegnung mit Bildmotiven, die (noch) nicht in einem bestimmten und bestimmbaren (politischen) Diskurs verortet sind oder die sich in der aktuellen Bildzirkulation nicht auffinden lassen, mag zum Umkehrschluss beitragen: dass nämlich politische Bildarchive erst einzurichten wären. Projekte dazu finden sich einige (vgl. etwa Drechsel 2006). Der Nutzen, auf bereits bestehende Sammlungen jener Bilder zurückgreifen zu können, die in politischen Kommunikationsstrategien Verwendung gefunden haben, erscheint gerade auch am Ende von Unternehmungen wie der vorliegenden Untersuchung evident. In Frage stehen damit aber auch Form und Struktur, in deren Rahmen politische Bilder im ›sozialen Gedächtnis‹ archiviert sind und folglich auch in einem Bildarchiv auffindbar sein sollten.

Auch die Ikonografie hat als Antwort auf diese Frage kein umsetzbares Modell parat, bereits in ihrer Entstehung findet sich aber vor allem mit Aby Warburgs Bibliotheksprojekt ein paradigmatischer Entwurf des Rahmens, in dem die Rekonstruktion visueller Logiken erfolgen könnte. Da die Geschichte dieses inzwischen berühmt gewordenen Bibliotheksprojekts gut dokumentiert ist (vgl. Saxl 1981), soll hier anstelle dessen auf deren Aktualisierung im Warburg-Haus in Hamburg verwiesen werden, in dem auch eine Forschungsstelle für Politische Ikonografie eingerichtet wurde. Bildsammlung und Bibliothek dieser Forschungsstelle verstehen sich nicht als umfassende Dokumentation politischer Bilder, sondern sind an den jeweiligen Forschungsschwerpunkten orientiert und mit diesen entstanden (vgl. http://www.warburg-haus.de).

Diese Konzeption folgt der Forschungslogik, in der Warburg die ikonografische Methode entwarf, und von der hier zwei Kriterien festgehalten werden sollen, die auch für die Politische Ikonografie einen methodischen Rahmen anzeigen: die Auswahl der Bilddokumente als Teil eines Forschungsprozesses, in dem die Entwicklung von Fragestellung und Materialkorpus jeweils in enger Verknüpfung miteinander erfolgen bzw. nicht voneinander losgelöst betrieben werden können, und der Akzent auf die Bibliothek, das heißt auf die Kontexte bestehender (Be)Deutungen, in die Bilder sich jeweils eingebettet finden.

Dieser methodische Ansatz mag am besten vielleicht an einem Beispiel aus einem zentralen Werk Warburgs selbst veranschaulicht werden. Auf der letzten Bildtafel seines unvollendeten Projekts eines ›Bilderatlas Mnemosyne‹ in der Fassung des Jahres 1929 zeigt Aby Warburg ›[...] in der Mitte das Gemälde eines Hl. Hieronymus, der dem Löwen einen Dorn auszieht, neben dem Foto eines Dompteurs, der hinter Käfiggittern einen Löwen beruhigt, und postuliert damit eine Bildtheorie, die klassische Malerei und moderne Bildtechniken, darunter auch die der Werbung, gleichermaßen zu begreifen versucht‹ (Warnke 2003, VIII).

Dieses Zitat soll hier nicht den falschen Eindruck erwecken, der vorliegende Band verstünde sich als Beitrag zu einer derartigen Bildtheorie. Vielmehr dient der Verweis auf Warburgs Projekt des ›Bilderatlas Mnemosyne‹ als Hinweis auf ein wesentliches Moment in Warburgs analytischem Zugang, das vermutlich in keiner anderen seiner Arbeiten so deutlich wird wie in diesen Fragmenten: auf das Verfolgen solcher Spuren bzw. Bildreferenzen, die sich nicht bereits in einem kanonisierten Traditionszusammenhang finden – also bereits mit einer (Be)Deutung versehen sind –, sondern ihre Deutungszusammenhänge erst eröffnen.

Das Fragmentarische und Unabgeschlossene eines derartigen Unternehmens bzw. eines so charakterisierbaren methodischen Ansatzes mag im Rahmen sozialwissenschaftlicher Methoden manchen als problematisch erscheinen. Es dürfte dem Vorgang des Erinnerns im Sinne einer visuellen Verknüpfungslogik und Funktion eines ›sozialen Gedächtnisses‹ als Grundlage politischer Kommunikation aber eher entsprechen als die Zuordnung innerhalb etablierter Kontexte. Darauf verweist auch die Funktion in jüngster Zeit entstandener Blogs zur visuellen Politik, die eine aktuelle Form solcher offener, themenorientierter Untersuchungen des politischen Imaginären anbieten. Das Motto eines dieser Blogs kann auch als Resümee an das Ende dieses Bandes gestellt werden: ›No caption needed, but many are provided …‹ (www.nocaptionneeded.com).

Abb. 65: Vignette.

4 Literatur und Quellen

Abélès, M. (1989): Jours tranquilles en '89. Ethnologie politique d'un département français. Paris.

Agulhon, M. (1997): Von der Republik zum Vaterland. Die Gesichter der Marianne. In: Plessen, M.-L. (Hg.): Marianne und Germania 1789–1889. Frankreich und Deutschland. Zwei Welten – Eine Revue. Ausstellungskatalog. Berlin, 17–22.

Ahtisaari, M./Frowein, J./Oreja, M. (2000): Bericht (angenommen am 8. September 2000 in Paris. Deutsche Übersetzung/Original: Englisch). In: Kopeinig M./ Kotanko, C.: Eine europäische Affäre: Der Weisen-Bericht und die Sanktionen gegen Österreich. Wien, 37–84.

Almond, G. A./Verba, S. (ed.) (1963): The Civic Culture. Political Attitudes and Democracy in Five Nations. Boston-Princeton.

Almond, G. A./Verba, S. (ed.) (1989): The Civic Culture Revisited. Newbury Park, California.

Althaus, M. (Hg.) (2002): Kampagne! Neue Strategien für Wahlkampf, PR und Lobbying. Münster.

Anderson, B. (2006): Imagined Communities. London/New York.

Anholt, S. (2007): Competitive identity: the new brand management for nations, cities and regions. Basingstoke.

Assmann, A. (1998): Die Gleichzeitigkeit des Ungleichzeitigen. Nationale Diskurse zwischen Ethnisierung und Universalisierung. In: Bielefeld, U./Engel, G. (Hg.): Bilder der Nation. Kulturelle und politische Konstruktionen des Nationalen am Beginn der europäischen Moderne. Hamburg, 379–400.

Bachmann-Medick, D. (2006): Cultural Turns. Neuorientierungen in den Kulturwissenschaften. Reinbek bei Hamburg.

Baringhorst, S. (1998): Politik als Kampagne – zur medialen Erzeugung von Solidarität. Opladen u.a.

Barthes, R. (1980): La chambre claire. Notes sur la photographie. Paris.

Beck, U. (1986): Risikogesellschaft. Auf dem Weg in eine andere Moderne. Frankfurt am Main.

Benefizfußballspiel ›FC EUROPA‹. URL http://www.ue2006.at/de/News/Press_Releases/May/0305fussballschue.html?month=1&day=1, abgerufen am 10.8.2007.

Benjamin, W. (1968): Das Kunstwerk im Zeitalter seiner technischen Reproduzierbarkeit. Frankfurt am Main.

Bergem, W. (1996): Politische Deutungscodes: Zur Konstruktion von Wirklichkeit in politischen Vorstellungen. In: Bergem, W./Blum, L./Marx, F. (Hg.): Metapher und Modell. Trier, 185–202.

Berti, L./Petrioli Tofani, A. M./Caneva, C. (1993): Die Uffizien Florenz. München.

Beyme, K. von (1994): Systemwechsel in Osteuropa. Frankfurt am Main.

Beyme, K. von (1996): Politische Ikonologie der Architektur. In: Hipp, H./Seidl, E. (Hg.): Architektur als politische Kultur: philosophia practica. Berlin, 19–34.

Beyme, K. von (1998): Die Kunst der Macht und die Gegenmacht der Kunst. Studien zum Spannungsverhältnis von Kunst und Politik. Frankfurt am Main.

Beyme, K. von (2004): Politische Ikonologie der modernen Architektur. In: Schwelling, B. (Hg.): Politikwissenschaft als Kulturwissenschaft. Wiesbaden, 351–372.

Bildatlas-Europa. URL http://www.demokratiezentrum.at, abgerufen am 10.8.2007.

Bitte einsteigen, der europäische Zug fährt los! URL http://ec.europa.eu/news/eu_explained/070816_1_de.htm, abgerufen am 10.8.2007.

Blumler, J. G./Kavanagh, D. (1999): The Third Age of Political Communication: Influences and Features. In: Political Communication. 16:3, 209–230.

Bourdieu, P. (1987): Sozialer Sinn. Kritik der theoretischen Vernunft. Frankfurt am Main.

Branding Nations. URL http://eastwestcoms.com/Branding-Nations.htm, abgerufen am 18.7.2007.

Braudel, F. (1966): La Mediteranée et le monde méditerranéen à l'époque de Philippe II. 3 Bde. Paris.

Braudel, F. (1979): Civilisation materielle, Economie et Capitalisme XV–XVIII Siècle. 3 Bde. Paris.

Braudel, F. (1986): L'identité de la France. Bd. 1: Espace et Histoire. Paris.

Braudel, F. (2001): Das Mittelmeer und die mediterrane Welt in der Epoche Philipps II. Sonderausgabe. 3 Bde. Frankfurt am Main.

Breuss, S./Liebhart, K./Pribersky, A. (1995): Inszenierungen. Stichwörter zu Österreich. Wien.

Brüssel tritt in die Blogosphäre ein. URL http://ec.europa.eu/news/eu_explained/070809_1_de.htm, abgerufen am 10.8.2007.

Budapest Times, 8. 7. 2007.
Bundeskanzleramt, Sektion für Kunstangelegenheiten 2006: The Sound of Europe (Broschüre zur Dokumentation der österreichischen EU-Ratspräsidentschaft). URL http://www.bundeskanzleramt.at/Docs/2006/9/13/SoE_Kern_Web.pdf, abgerufen am 11. 11. 2006.
Burda, H. (2007): Wer sieht sich wie und möchte welches Bild von sich? In: Helas, P./ Polte, M./Rückert, C./Uppenkamp, B. (Hg.): BILD/GESCHICHTE. Festschrift für Horst Bredekamp. Berlin, 549–562.
Burke, P. (1991): Geschichte als soziales Gedächtnis. In: Assmann, A./Harth, D. (Hg.): Mnemosyne. Formen und Funktionen der kulturellen Erinnerung. Frankfurt am Main, 289–304.
Burke, P. (2003): Augenzeugenschaft. Bilder als historische Quellen. Berlin.
Burke, P. (2005): Die europäische Renaissance. München.
Burkhardt, R. (2002): Kommunikationswissenschaft. Wien/Köln/Weimar.
Buttle, H./Westoby N. (2006): Brand logo and name association: it's all in the name. Applied Cognitive Psychology, 20, 1181–1194.
Canetti, E. (1976): Masse und Macht. München.
Center for Media Literacy (2002–2003): How to Analyze an Advertisement. Finding Ads' Hidden Messages. Center for Media Literacy. Article 227. URL http://www.medialit.org, abgerufen am 26. 5. 2008.
Clark, T. (1997): Kunst und Propaganda. Das politische Bild im 20. Jahrhundert. Köln.
Cook, T. E. (1998): Governing with the News: The News Media as a Political Institution. University of Chicago Press.
Cromwell, T./Kyriacou, S. (o.J.): Corporate Strategies for a Nation's Success. URL http://eastwestcoms.com/Corporate-Strategies-for-a-Nation's-Success.htm, abgerufen am 15. 9. 2008.
Cromwell, T. (o.J.): Why Nation Branding Is Important For Tourism. URL http://eastwestcoms.com/Why-Nation-Branding-Is-Important-For-Tourism.htm, abgerufen am 15. 9. 2008.
D'Almeida, F. (1995): Images et propagande. Paris.
Daniel, T. (2004): Saal der Horatier & Curatier. Von Rom nach Rom. URL http://www.europa-digital.de/aktuell/dossier/verfassung/archiv/romrom.shtml, abgerufen am 13. 12. 2007.
Deichmann, C. (2007): Symbolische Politik und politische Symbole. Dimensionen politischer Kultur. Schwalbach/Ts.
Der Standard, 4. 7. 2007.
Der Standard, 24. 2. 1994.
Der Standard online Wissen: Geschichte des EU-Vertrags, 17. 10. 2007.
Diers, M. (1997): Schlagbilder. Zur politischen Ikonographie der Gegenwart. Frankfurt am Main.

Diwald H. (1999): Anspruch auf Mündigkeit. Propyläen Geschichte Europas Bd. 1, 1400–1555 (Die Medici 114–124). 6 Bde. Berlin.

Doppler, E. (2006): Sich malen lassen! Wiener Porträtmalerei im 18. und 19. Jahrhundert. In: Doppler, E./Lindinger, M./Kreutler, F. (Hg.): Schau mich an. Wiener Porträts, 37–53.

Dörner, A. (1996): Politischer Mythos und symbolische Politik. Der Hermannmythos: zur Entstehung des Nationalbewußtseins der Deutschen. Reinbek bei Hamburg.

Dörner, A. (2001): Politainment. Politik in der medialen Erlebnisgesellschaft. Frankfurt am Main.

Dörner, A. (2002): Wahlkämpfe – eine rituelle Inszenierung des demokratischen Mythos. In: Dörner, A./Vogt, L. (Hg.): Wahl-Kämpfe. Betrachtungen über ein demokratisches Ritual. Frankfurt am Main, 16–42.

Douglas, M./Wildavsky, A. (1983): Risk and Culture. Berkeley/Los Angeles.

Drechsel, B. (2005): Politik im Bild. Wie politische Bilder entstehen und wie digitale Bildarchive arbeiten. Frankfurt am Main.

Drechsel, B. (2006): Ein digitales Bildarchiv für die Politikwissenschaft. In: Hofmann, W. (Hg.): Bildpolitik – Sprachpolitik. Berlin, 37–52.

Edelman, M. (1988): Constructing the Political Spectacle. London.

Edelman, M. (1990): Politik als Ritual. Die symbolische Funktion staatlicher Institutionen und politischen Handelns. Frankfurt am Main/New York.

Eder, K./Kantner, C. (2000): Transnationale Resonanzstrukturen in Europa. Eine Kritik der Rede vom Öffentlichkeitsdefizit. In: Bach, M. (Hg.): Die Europäisierung nationaler Gesellschaften. Wiesbaden, 306–331.

Edgerton, R. B. (2000): Traditional Beliefs and Practices – Are Some Better than Others? In: Harrison, L. E./Huntington, S. P. (ed.): Culture Matters. How Values Shape Human Progress. New York, 126–140.

Ellis, R./Thompson, M. (ed.) (1997): Culture Matters. Essays in Memory of Aaron Wildawsky. Boulder/Colorado.

EU Barcode, Rotterdam (2001). URL http://www.oma.eu/index.php?option=com_projects&view=portal&id=282&Itemid=10, abgerufen am 23. 7. 2007.

EU-Erweiterung um Bulgarien und Rumänien. URL http://www.europa.gv.at/site/5387/default.aspx, abgerufen am 15. 9. 2007.

Eurobarometer 65 (Jänner 2007). URL http://ec.europa.eu/public_opinion/archives/eb/eb65/eb65_en.pdf, abgerufen am 12. 5. 2007.

Europäische Kommission. Europa erleben in Bild und Ton. URL http://www.youtube.com/eutubede, abgerufen am 10. 8. 2007.

Europäische Kommission. URL http://ec.europa.eu, abgerufen am 10. 8. 2007.

Fakten und Zahlen über Europa und die Europäer. URL http://ec.europa.eu/publications/booklets/eu_glance/51/de.pdf, abgerufen am 12. 10. 2007.

Febvre, L. (2006): Der Rhein und seine Geschichte. Frankfurt am Main.

Felber, C. (2006): Sound of Guglhupf: In: Falter 27/06, 14.

Filzmaier, P. (1999): Politik und Medien: Teledemokratie, Cyberdemocracy und politischer Wettbewerb. In: Filzmaier, P. (Hg.): Politisches Alltagsverständnis. Innsbruck/Wien, 196–228.

Fischler, F. (2004): Wie sexy ist Europa? – Die Herausforderung, Europa zu kommunizieren. In: Weidinger-Moser, M. (Hg.): Communication goes Europe. Österreich–Brüssel und retour. Innsbruck/Wien/Bozen, 13–17.

Flacke, M. (2007): Geschichtsausstellungen. Zum ›Elend der Illustration‹. In: Helas, P./Polte, M./Rückert, C./Uppenkamp, B. (Hg.): BILD/GESCHICHTE. Festschrift für Horst Bredekamp. Berlin, 481–490.

Föderl-Schmid, Alexandra (2007): Europa fehlt der Esprit. Durch den Reformvertrag bewegt sich die EU in Trippelschritten vorwärts. In: Der Standard, 20./21.10.2007, 40.

Fontaine, P. (2007): Europa in 12 Lektionen. Amt für Amtliche Veröffentlichungen der Europäischen Gemeinschaften. Luxemburg.

Frey, F. (2007): Die Gruppendiskussion als Instrument der Datenerhebung in der Marktforschung. München/Ravensburg.

Fritz-Vannahme, J. (2004): Fritten und Glaspaläste. In: Die Zeit 22, 19.5.2004, URL http://images.zeit.de/text/2004/22/Bruessel, abgerufen 15.9.2007.

Frost, R. (2004): Mapping a Country's Future. URL http://www.brandchannel.com/start1.asp?fa_id=206, abgerufen am 18.7.2007.

Gellner, E. (1991): Nationalismus und Moderne. Berlin.

Gibbins, J. R. (ed.) (1989): Contemporary Political Culture. Politics in a Postmodern Age. London.

Ginzburg, C. (1983): Spurensicherung. Kunst und soziales Gedächtnis: Die Warburg Tradition. In: Ginzburg, C.: Spurensicherungen. Berlin.

Gombrich, E. (2006/1981): Aby Warburg. Eine intellektuelle Biografie. Frankfurt am Main.

Gombrich, E. H. (1979): The sense of order. Oxford.

Grosser, C./Kurtan S./Liebhart, K./Pribersky, A. (2000): Genug von Europa. Ein Reisejournal aus Ungarn und Österreich. Wien.

Hadj-Abdou, L./Liebhart, K./Pribersky, A. (2006): Europawahlkampagnen. In: Unveröffentlichter Projektbericht des Projektes Public Construction of Europe, BM:BWK Programm NODE, 231–372.

Hammer-Tugendhat, D. (1998): Rembrandt und der bürgerliche Subjektentwurf: Utopie oder Verdrängung? In: Bielefeld, U./Engel, G. (Hg.): Bilder der Nation. Kulturelle und politische Konstruktionen des Nationalen am Beginn der europäischen Moderne. Hamburg, 154–178.

Hartmann, F. (1997): Sprechende Zeichen. URL http://www.heise.de/bin/tp/issue/r4/dl-artikel2.cgi?artikelnr=2168&zeilenlaenge=72&mode=html, abgerufen am 20.10.2007.

Haunold, V./Omerzu, H. (1999): Politische Kommunikation: mit besonderer Berücksichtigung des Plakatwahlkampfes zur Wiener Gemeinderatswahl am 13. Oktober 1996. Dissertation. Wien.

Heindl, W. (2006): ›De viris illustribus‹. Über Helden, Geschichte und Nation in der österreichischen Monarchie. In: Feichtinger, J./Großegger, E./Marinelli-König, G./Stachel, P./Uhl, H. (Hg.): Schauplatz Kultur – Zentraleuropa. Transdisziplinäre Annäherungen. Innsbruck/Wien/Bozen, 105–112.

Hipp, H./Seidl, E. (1996): Vorwort. In: Hipp, H./Seidl, E. (Hg.): Architektur als politische Kultur. Berlin, 7–8.

Hobsbawm, E. J. (1991): Nationen und Nationalismus. Mythos und Realität seit 1780. Frankfurt am Main/New York.

Hobsbawm, E. J. (1983): Mass-Producing Traditions: Europe, 1870–1914. I. In: Hobsbawm, E. J./Ranger, T. (ed.): The Invention of Tradition. Cambridge, 263–307.

Hofmann, W. (2004) Die politische Kultur des Auges. In: Schwelling, B. (Hg.): Politikwissenschaft als Kulturwissenschaft. Wiesbaden, 309–333.

Hofmann, W. (2006): Die Politik der Bilder und der Worte. In: Hofmann, W. (Hg.): Bildpolitik – Sprachpolitik. Berlin, 157–179.

Hofmann, W. (Hg.) (2006): Bildpolitik – Sprachpolitik. Berlin.

Horak, R./Spitaler, G. (2002). ›Das Politische‹ im Feld: Über Ethnographie und die Möglichkeiten politikwissenschaftlicher Kulturstudien. In: ÖZP 31.2, 191–204.

http://bildarchivaustria.at, abgerufen am 23. 5. 2008.

http://brandsoftheworld.com, abgerufen am 25. 10. 2007.

http://europa.eu/50/anniversary_logo/index_de.htm, abgerufen am 18. 10. 2007.

http://europa.eu/abc/symbols/9-may/euday_de.htm, abgerufen am 25. 10. 2007.

http://europa.eu/abc/symbols/anthem/index_de.htm, abgerufen am 25. 10. 2007.

http://europa.eu/abc/symbols/emblem/index_de.htm, abgerufen am 25. 10. 2007.

http://europa.eu/abc/symbols/mottoindex_de.htm, abgerufen am 25. 10. 2007.

http://europa.eu/instituional_reform/ndex_de.htm, abgerufen am 25. 10. 2007.

http://publications.europa.eu/code/de/de-5000200.htm, abgerufen am 25. 10. 2007.

http://www.archive.org/web/web.php, abgerufen am 26. 1. 2008.

http://www.bysted.com/2bd0029/base/4be4fb0, abgerufen am 31. 3. 2007.

http://www.demokratiezentrum.org/de/bildatlas/symbole/html, abgerufen am 25. 10. 2007.

http://www.eu2005.lu/en/savoir_ue/elargissement/index.php?pos=0, abgerufen am 12. 5. 2007.

http://www.europa/eu/50/docs/berlin_declaration.de.pdf, abgerufen am 25. 10. 2007.

http://www.europarchive.org/, abgerufen am 26. 1. 2008.

http://www.fes.de/archiv/spiegelung/default.htm, abgerufen am 26. 1. 2008.

http://www.hausderkunst.de/new/deutsch/ausst/ausst_pages/koolhaas.php, abgerufen am 18. 10. 2007.

http://www.jungbauernkalender.at, abgerufen am 23. 5. 2008.
http://www.logo-competition.eu/28.0.html, abgerufen am 18. 10. 2007.
http://www.nmz.de/taktlos/texte/0998hohmeyer.shtml, abgerufen am 13. 12. 2007.
http://www.mydoox.com/q,archive_internet, abgerufen am 26. 1. 2008.
http://www.nocaptionneeded.com, abgerufen 26. 5. 2008.
http://www.oe24at/zeitung/leute, abgerufen am 23. 5. 2008.
http://www.onb.at/, abgerufen am 23. 5. 2008.
Huber, O./Oswald, I. (Hg.) (2004): ›Europawahlen 2004 in Ostmitteleuropa‹. Beiträge aus Litauen, Polen, der Slowakei, Slowenien, Tschechien und Ungarn. Studien des Instituts für den Donauraum und Mitteleuropa, Nr. 3.
Hummer, W./Schweitzer, M. (1990): Ausverkauf Österreichs? Ausländergrunderwerb und EWG, Auswirkungen einer EG-Mitgliedschaft auf das österreichische Grundverkehrsrecht. Wien.
Huizinga, J. (1987): Herbst des Mittelalters. Studien über Lebens- und Geistesformen des 14. und 15. Jahrhunderts in Frankreich und in den Niederlanden. Stuttgart.
Hunt, L. (1989): Symbole der Macht – Macht der Symbole. Die Französische Revolution und der Entwurf einer politischen Kultur. Frankfurt am Main.
IKUS – Institut für Kulturstudien (1994): Ernährungswesen und Eß- und Trinkkulturen in Österreich. Endbericht des multidisziplinären Forschungsprojektes Ernährungskultur in Österreich. Bd. 1. Wien.
Inglehart, R. (2000): Culture and Democracy. In: Harrison, L. E./Huntington, S. P. (ed.): Culture Matters. How Values Shape Human Progress. New York, 80–97.
Iyengar, S./Prior, M. (1999): Political Advertising: What Effect on Commercial Advertisers? Department of Communication, Stanford University. URL http://www.stanford.edu/~siyengar/research/papers/advertising.html, abgerufen am 17. 11. 2007.
Jarren, O./Sarcinelli, U./ Saxer, U. (1998): Politische Kommunikation in der demokratischen Gesellschaft. Opladen.
Judt, T. (2006): Geschichte Europas von 1945 bis zur Gegenwart. München.
Kaelble, H./Kirsch, M./ Schmidt-Gernig, A. (Hg.) (2002): Transnationale Öffentlichkeiten und Identitäten im 20. Jahrhundert. Frankfurt am Main/New York.
Kamps, K. (2002): Politische Parteien und Kampagnen-Management. In: Dörner, A./Vogt, L. (Hg.): Wahl-Kämpfe. Betrachtungen über ein demokratisches Ritual. Frankfurt am Main, 69–91.
Kannwischer, C./Druwe U. (Hg.) (2003): Politik und Werbung. St. Augustin.
Klein, N. (2005): No Logo! Der Kampf der Global Players um Marktmacht. Ein Spiel mit vielen Verlierern und wenigen Gewinnern. München.
KOM(2005) 494 endgültig. Mitteilung der Kommission an den Rat, das Europäische Parlament, den Europäischen Wirtschafts- und Sozialausschuss und den

Ausschuss der Regionen. URL http://eur-lex.europa.eu/LexUriServ/site/de/com/2005/com2005_0494de01.pdf, abgerufen am 15. 10. 2007.
Konferenz ›The Sound of Europe‹ (26.–28. Jänner). URL http://www.eu2006.at/de/The_Council_Presidency/Conference_The_Sound_of_Europe/index.html, abgerufen am 1. 11. 2006.
Kopeinig, M./Kotanko, C. (2000): Eine europäische Affäre: Der Weisen-Bericht und die Sanktionen gegen Österreich. Wien.

Kopp-Schmidt, G. (2004): Ikonographie und Ikonologie. Eine Einführung. Köln.
Kovács, É. (2005): Wie wird Europa in Ungarn kommuniziert? In: Öhner, V. et al. (Hg.): Europa-Bilder. Innsbruck/Wien/München/Bozen, 103–118.
Kurier Sonderausgabe ›Europa hat die Wahl‹. Servus im Haus Europa. EU-Wahl: Test für Hausgemeinschaft. Frühjahr 2004, 1.
Laux, L./Schütz, A. (1996): ›Wir, die wir gut sind‹. Die Selbstdarstellung von Politikern zwischen Glorifizierung und Glaubwürdigkeit. München.
Lazarsfeld, P./Stanton, F. (1940): Radio and the printed page. An introduction to the study of radio and its role in the communication of ideas. New York.
Leggewie, C./Bieber, C. (2000): Thesen zum Wahlthema TV-Duell. URL http://2002.wahlthemen.de/themenwahl/phasen/politikodershow/phase2/experten/expertentvduell/clausleggewie, abgerufen am 25. 7. 2007.
Logo der Österreichischen EU-Ratspräsidentschaft (2006). URL http://www.eu2006.at/de/The_Council_Presidency/Logo.htm, abgerufen am 30. 6. 2007.
Machnig, M. (Hg.) (2002): Politik-Medien-Wähler. Wahlkampf im Medienzeitalter. Opladen.
Marschik, M. (2004): ›Kehren wir endlich zurück zum Sportlichen!‹ Überlegungen zur Neutralität des Sports. In: SWS Rundschau (44. Jg.) Heft 2, 111–131.
Meyer, T. (1993): Die Inszenierung des Scheins. Voraussetzungen und Folgen symbolischer Politik, Frankfurt am Main.
Meyer, T. (2001): Mediokratie. Die Kolonisierung der Politik durch die Medien. Frankfurt am Main.
Meyer, T. (2001): Politainment. Politik in der medialen Erlebnisgesellschaft. Frankfurt am Main.
Meyer, T./Kampmann, M. (1998): Politik als Theater. Die neue Macht der Darstellungskunst. Berlin.
Meyer, T./Ontrup, R./Schicha C. (2000): Die Inszenierung des Politischen. Zur Theatralität von Mediendiskursen, Wiesbaden.
Miháliková, S.(2005): Europabilder in der slowakischen Politik. In: Öhner, V. et al. (Hg.): Europa-Bilder. Innsbruck/Wien/München/Bozen, 119–139.
Milborn, C. (2006): Gestürmte Festung Europa. Einwanderung zwischen Stacheldraht und Ghetto. Wien/Graz/Klagenfurt.
Misik, R. (2006): Re-Branding of a Nation. In: Der Standard. URL http://derstandard.at/druck/?id=2500654, abgerufen am 30. 6. 2006.
Mitchell, W. (2008): Der Wiener Spiegel der EU. Project Syndicate.

Mitchell W. J. T (1996): What Do Pictures ›Really‹ Want? In: October. Vol. 77, 71–82.
Moser, C. (2004): Rufe auf Papier! URL http://www.modernpolitics.at/text.php?id_text=105, abgerufen am 11.11.2004.
Müller, M. G. (2003): Grundlagen der visuellen Kommunikation. Konstanz.
Müller, M. G. (2004): Politologie und Ikonologie. Visuelle Interpretation als politologisches Verfahren. In: Schwelling, B. (Hg.): Politikwissenschaft als Kulturwissenschaft. Wiesbaden, 335–349.
Münkler, H. (1994): Politische Bilder – Politik der Metaphern. München.

Népszabadság, 17.2.2004.
Neumann, B. (2005): Metaphern des Empire. In: Sprachkunst. Jg. XXXVI/2. Halbbd., 327–346.
Neurath, O. (1991): Gesammelte bildpädagogische Schriften, hg. von Haller, R. und Kinross, R. Wien.
Novotny, E. (2001): Famulus – Familia. Über die Relevanz der Metapher Familie im öffentlichen Feld. URL http://www.uibk.ac.at/gleichbehandlung/agi_2_01/39_46.pdf, abgerufen am 18.9.2007.
O. A. (1999): Propyläen Geschichte Europas. Berlin.
O. A. (2007): Polnisches Magazin verhöhnt Merkel. URL http://www.focus.de/politik/ausland/eu-gipfelnachlese_aid_64487.html, abgerufen am 4.10.2007.
Öhner, V. (2005): Bilder lesen. Prolegomena zur Analyse von fotografischen Darstellungen EU-Europas. In: Öhner, V. et al. (Hg.): Europa-Bilder. Innsbruck/Wien/München/Bozen, 71–86.
Öhner, V./Pribersky, A./Schmale, W./Uhl, H. (Hg.) (2005): Europa-Bilder. Wien.
Olins, W. (2000): Trading Identities. Why Countries and Companies are taking on each other's Roles. London.
Panofsky, E. (1977): Das Leben und die Kunst Albrecht Dürers. München.
Paquette, L. (2006): Campaign Strategy. New York.
Pelinka, A./Rosenberger, S. (2007): Österreichische Politik. Grundlagen. – Strukturen – Trends. Wien.
Pfetsch, B. (2001): ›Amerikanisierung‹ der politischen Kommunikation? Politik und Medien in Deutschland und den USA. In: Aus Politik und Zeitgeschichte. Bd. 4–42, 27–36.
Pinter, M./Spitaler, G. (2006): Politik und Antipolitik – Anmerkungen zum Verhältnis von politischem Feld, Männlichkeit und Fußball. In: Kreisky, E./Spitaler, G. (Hg.): Arena der Männlichkeit. Über das Verhältnis von Fußball und Geschlecht. Wien, 157–173.
Pinzler P. (2007): Triumph der Hoffnung. In: Die Zeit. 13/2007, 104.
Plasser, F. (2004): Politische Kommunikation in medienzentrierten Demokratien. In: Plasser, F. (Hg.): Politische Kommunikation in Österreich. Wien, 21–36.
Plasser, F./Sommer, F. (1991): Politische Öffentlichkeitsarbeit in Informationsgesellschaftlichen Demokratien. In: Dorer, J. et al. (Hg.): Öffentlichkeitsarbeit. Wien.

Plasser, F./Ulram, P. (2004): Analyse der Europawahl 2004. Wähler, Nichtwähler, Motive, Wien. URL www.polimatrix.at, abgerufen am 3.4.2005.

Plasser, F./Ulram, P. (2004): Öffentliche Aufmerksamkeit in der Mediendemokratie. In: Plasser, F. (Hg.): Politische Kommunikation in Österreich. Wien, 37–148.

Präsident der Europäischen Kommission. José Manuel Barroso. Videoportait. Unermüdlicher Einsatz für Europa. URL http://ec.europa.eu/commission_barroso/president/personal/portrait/index_de.htm, abgerufen am 10.8.2007.

Pribersky, A. (2004): Aus asiatischen Steppen nach Europa geführt? Die Erfolgsgeschichte der symbolischen Imagekonstruktion Ungarns als Teil seiner europäischen Integration. In: Reif, E./Schwarz, I. (Hg.): Zwischen Ausgrenzung und Integration. Wien, 127–134.

Pribersky, A. (2005): Europa als Symbol politischer Image-Konstruktionen. Bilder & Politik. In: Öhner, V./Pribersky, A./Schmale, W./Uhl, H. (Hg.): Europa-Bilder. Innsbruck/Wien/München/Bozen, 87–102.

Pribersky, A. (2007): Krieg, Befreiung, Freiheit? Bedeutungswandel des sowjetischen Denkmals am Budapester Gellért-Berg von 1947 bis heute. In: Jaworski, R./Stachel, P. (Hg.): Die Besetzung des öffentlichen Raumes. Berlin, 191–202.

Primosch, E. (2004): Das Image der EU – lauwarm oder ›A Brand like a Friend‹? In: Weidinger-Moser, M. (Hg.): Communication goes Europe. Österreich-Brüssel und retour. Innsbruck/Wien/München/Bozen, 29–38.

Reding, V. (2003): Vortrag anlässlich der offiziellen Eröffnungsfeier der Kulturhauptstadt Graz 2003 (11.1.2003). Graz.

Ricœur, P. (1986): Die lebendige Metapher. München.

Riegl, A. (1997): Das holländische Gruppenportrait. Wien (zuerst 1931).

Ries, A. l./Trout, J. (2001): Positioning: The Battle for Your Mind. New York et al.

Rivière, C. (1988): Les Liturgies Politiques. Paris.

Rosenberger, S./Seeber, G. (2003): Kopf an Kopf. Meinungsforschung im Medienwahlkampf. Wien.

Rossade, W./Sauer, B./Schirmer, D. (Hg.) (2002): Politik und Bedeutung. Studien zu den kulturellen Grundlagen politischen Handelns und politischer Institutionen. Wiesbaden.

Sarcinelli, U. (2002): Mediatisierung. In: Jarren, O. et al (Hg.): Politische Kommunikation in der demokratischen Gesellschaft. Opladen, 678–679.

Sarcinelli, U. (Hg.) (1998): Politikvermittlung und Demokratie in der Mediengesellschaft. Beiträge zur politischen Kommunikationskultur. Opladen/Wiesbaden.

Saxl, F. (1981): Die Geschichte der Bibliothek Warburgs. In: Gombrich, E. H.: Aby Warburg. Eine intellektuelle Biografie. Frankfurt am Main, 433–449.

Schama, S. (1995): Der Traum von der Wildnis. Natur als Imagination. München.

Schicha, C. (2004): Die Theatralität der Politikvermittlung. Medieninszenierungen am Beispiel der Wahlkampfkommunikation. In: Kreyher, V. J. (Hg.): Handbuch Politisches Marketing. Baden-Baden, 113–128. URL http://www.schicha.net/

fileadmin/user_upload/Texte/20050630/kreyerschicha1.pdf, abgerufen am 22.4.2008.
Schudson, M. (2002–2003): Advertising: Hit or Myth? Center for Media Literacy. Article 217. URL http:// www.medialit.org, abgerufen am 26.5.2008.
Schwelling, B. (Hg.) (2004): Politikwissenschaft als Kulturwissenschaft. Wiesbaden.
Shama, S. (1995): Der Wald. In: Riedl, J. (Hg.): Heimat. Auf der Suche nach der verlorenen Identität. Wien, 95–99.
Simmel, G. (2005): Philosophie der Landschaft. In: Riedl, J. (Hg.): Heimat: auf der Suche nach der verlorenen Identität. Wien, 26–31.

Špidla, V. (2007): Kommissar für Beschäftigung, soziale Angelegenheit und Chancengleichheit. URL http://ec.europa.eu/commission_barroso/spidla/photos_de.cfm, abgerufen am 15.8.2007.
Spitaler, G. (2004): Echte Skistars. Zur Vorstellung der ›authentischen Vertretung‹ in österreichischen Wintersportdiskursen. In: SWS Rundschau (44. Jg.) Heft 2, 132–150.
Spitaler, G. (2005): Authentischer Sport – inszenierte Politik? Zum Verhältnis von Mediensport, Symbolischer Politik und Populismus in Österreich. Frankfurt am Main.
Spitaler, G. (2006): ›Populare Politik‹? Zum Verhältnis von popularer und politisicher Präsentation. Paper der 3-Länder Tagung der ÖGPW ›Politik und Persönlichkeit‹. URL http://www.oegpw.at/tagung06/papers/ak1_spitaler.pdf, abgerufen am 3.10.2007.
Franz K. Stanzel (1997): Europäer. Ein imagologischer Essay, Heidelberg bzw. Franz K. Stanzel (1999): Europäischer Völkerspiegel. Imagologisch-ethnographische Studien zu den Völkertafeln des frühen 18. Jahrhunderts. Heidelberg.
Starobinski, J./Staub, H. (1964): Die Erfindung der Freiheit. Mailand.
Starobinski, J. (1997): 1789 – Die Embleme der Vernunft. München.
Süddeutsche Zeitung 235. 9./10. 2004. Wochenende, S. VIII.
Tabor, J. (2002): Wolkenkratzer wie Gras. In: copy jet2web.zukunftsmagazin Nr. 04 Dezember 2001/Jänner 2002, 74–77.
The Anholt Nation Brands Index Q1 (2007). URL http://www.nationbrandindex.com/documents/NBI_Q1_2007.pdf, abgerufen am 30.6.2007.
The Colours of Europe (2006). URL http://www.eu2006.at/de/News/information/Bildband_210x210_rd.pdf, abgerufen am 15.9.2007.
Thompson, M./Ellis, R./Wildavsky, A. (1990): Cultural Theory. Boulder/San Francisco/Oxford.
Thurber, J. A. (2004): Campaigns and Elections American Style. New York.
Tippach-Schneider, S. (2005): Über die Landwirtschaft als Sujet und über den Verlust der Kunstautonomie. In: Kulturation 2/2005. URL http://www.kulturation.de/_bilder/_dyn/2005/2005-12-30_Beyer%20Kornfeld.jpg, abgerufen am 15.9.2007.

Trenz, H.-J. (2000): Korruption und politischer Skandal in der EU. Auf dem Weg zu einer europäischen politischen Öffentlichkeit? In: Bach, M. (Hg.): Die Europäisierung nationaler Gesellschaften. Wiesbaden, 332–359.

Trenz, H.-J. (2002): Zur Konstitution politischer Öffentlichkeit in der Europäischen Union. Zivilgesellschaftliche Subpolitik und schaupolitische Inszenierung? Baden-Baden.

Trivizas, E. (2003): A Swallow over Europe. Hellenic Ministry of Foreign Affairs, Hellenic Presidency of the European Union. Genous.

Uhl, H. (2004): EU-Europa als visuelles Narrativ. URL http://igkultur.at/igkultur/europa/1087650540, abgerufen am 15.9.2007.

Uhl, H. (2005): Europa kommunizieren – Europa visualisieren, in: Öhner, V./Pribersky, A./Schmale, W./Uhl, H. (Hg.): Europa-Bilder. Innsbruck/Wien/München/Bozen, 141–166.

Ulrich, A. (2006): Souverän inszeniert. Schlagbilder und Topoi in Silvio Berlusconis visueller Rhetorik. In. Hofmann, W. (Hg.): Bildpolitik – Sprachpolitik. Untersuchungen zur politischen Kommunikation in der entwickelten Demokratie. Berlin, 137–154.

van Ham, P. (2001): The Rise of the Brand State. In: Foreign Affairs. Vol. 80/5. September/October, 2–5.

Veichtlbauer, J./Liebhart, K./Kittel, G. (1997): Politische Grammatik. Projektbericht im Rahmen des Moduls ›Kulturlandschaft im Kopf. Wahrnehmung und Bild österreichischer Landschaften‹ des bm:wv-Forschungsschwerpunkts ›Kulturlandschaft‹. Wien.

Vogt, L. (2002): Wählen in der Multioptionsgesellschaft. In: Dörner, A./Vogt, L. (Hg.): Wahl-Kämpfe. Betrachtungen über ein demokratisches Ritual. Frankfurt am Main, 116–140.

Vowe, G. (2002): Politische Kommunikation. Ein historischer und systematischer Überblick der Forschung. In: Institut für Medien- und Kommunikationswissenschaft. Diskussionsbeiträge Nr. 8/September 2002. Ilmenau.

Wallström, M. (2007): Vizepräsidentin, Institutionelle Beziehungen und Kommunikationsstrategie. Kommunikationspolitik. URL http://ec.europa.eu/commission_barroso/wallstrom/communicating/policy/index_de.htm, abgerufen am 10.8.2007.

Wallström. M. (2007): Vicepresident, Institutional Relations and Communication Strategy. My Blog. URL http://blogs.ec.europa.eu/wallstrom/eu_tube, abgerufen am 10.8.2007.

Warnke, M. (1984): Bau und Überbau: Soziologie der mittelalterlichen Architektur nach den Schriftquellen. Frankfurt am Main.

Warnke, M. (1984): Cranachs Luther. Entwürfe für ein Image. Frankfurt am Main.

Warnke, M. (1992): Politische Landschaft. München.

Warnke, M. (1994): Politische Ikonographie. Hinweise auf eine sichtbare Politik. In: Leggewie, C. (Hg.): Wozu Politikwissenschaft? Über das Neue in der Politik. Darmstadt, 170–178.

Warnke, M. (2003): Editorische Vorbemerkungen. In: Aby Warburg. Gesammelte Schriften. Der Bilderatlas Mnemosyne. Berlin, VII–X.

Wesel, R. (2006): Metapher als sprach- und bildtheoretisches Konzept zur Analyse symbolischer Politik? In: Hofmann, W. (Hg.): Bildpolitik – Sprachpolitik. Berlin, 197–216.

Wildavsky, A. (1994): Why Self-Interest Means Less Outside of a Social Context: Cultural Contributions to a Theory of Rational Choices. In: Journal of Theoretical Politics 6:1, 131–159.

Wodak, R./de Cillia, R./Reisigl, M./Liebhart, K./Kargl, M./Hofstätter K. (1998): Zur diskursiven Konstruktion nationaler Identität. Frankfurt am Main.

Wodak, R./Puntscher Riekmann, S. (2003): ›Europe for all‹ – diskursive Konstruktionen europäischer Identitäten. In: Mokre, M./Weiss, G./Bauböck, R. (Hg.): Europas Identitäten. Mythen, Konflikte, Konstruktionen. Frankfurt am Main/New York, 283–303.

Wrbka, T. (1992): Ökologische Charakteristik österreichischer Kulturlandschaften. Dissertation. Wien.

Abb. 7: Dirck van Delen: ›The Great Hall of the Binnenhof, The Hague, during the Great Assembly of the States General in 1651‹.
Quelle: Rijksmuseum Amsterdam, http://www.rijksmuseum.nl/aria/aria_assets/SK-C-1350?lang=en, abgerufen am 14.12.2007.

Abb. 8: SPÖ-Plakat aus dem Wahlkampf zum Europäischen Parlament 2004.
Quelle: http://www.soziales-europa.at, abgerufen am 18.5.2004.

Abb. 9: Satirische E-card zum SPÖ-Plakat (Abb. 8).

Quelle: Linke. Opposition für ein solidarisches Europa. http://linke.cc/news/article.php?story=20040526095044485, abgerufen am 7.11.2007.

Abb. 10: Plakat der ungarischen EU-Beitrittskampagne: ›Sind wir vor spekulativen Grundkäufen geschützt? Ja‹.
Quelle: http://www.eukk.hu, abgerufen am 16.8.2003.

Abb. 11: Vincent van Gogh: ›Kornfeld mit Zypressen‹, 1882.
Quelle: Walther, Ingo F./Metzger, Rainer (2006): Van Gogh. Sämtliche Gemälde. Teil I. Köln, 544.

Abb. 12: Plakat der ungarischen EU-Beitrittskampagne: ›Werden unsere Flüsse sauberer sein? Ja‹.
Quelle: http://www.eukk.hu, abgerufen am 16.8.2003.

Abb. 13: Ausschnitt aus einem Plakat der slowakischen EU-Beitrittskampagne.
Quelle: http://www.eureferendum.sk, abgerufen am 16.5.2003.

Abb. 14: Säulenarchitektur der Europäischen Union.
Quelle: Amt für amtliche Veröffentlichungen der Europäischen Gemeinschaften (2007): Wie funktioniert die Europäische Union? Ihr Wegweiser zu den Organen und Einrichtungen der EU. Luxemburg, 5.

Abb. 15: 200-Euro-Banknote mit Brückenelement im Stil der Eisen- und Glasarchitektur.
Quelle: www.euro.ecb.int: Die Sicherheitsmerkmale der Euro-Banknoten (Scan des Originalplakats).

Abb. 16: 500-Euro-Banknote mit Brückenelement im Stil der Moderne.
Quelle: www.euro.ecb.int: Die Sicherheitsmerkmale der Euro-Banknoten (Scan des Originalplakats).

Abb. 17: Fassadenansicht des Berlaymont-Gebäudes mit Fahnen der Europäischen Union.
Quelle: Audiovisual Portal of the European Commission (© European Community, 2007). http://ec.europa.eu/avservices/home/index_en.cfm, abgerufen am 13.7.2007.

Abb. 18: Die Budapester Kettenbrücke und ein Ausschnitt aus der Menge am Cover der ungarischen Tageszeitung ›Magyar Hírlap‹ von den Feiern zur erfolgreichen Abstimmung über den EU-Beitritt.
Quelle: Magyar Hírlap, 14.4.2003.

Abb. 31: Pjotr Starosonow: ›Lenins Ankunft im Petrograder Smolny in der Nacht vom 24. Oktober‹, 1936.
Quelle: King, David (1997): Stalins Retouschen. Foto und Kunstmanipulation in der Sowjetunion. Hamburg, 30.

Abb. 32: Karl I. und Karl VI.
Quelle: Feuchtmüller, Rupert/Kovács, Elisabeth (Hg.) (1986): Welt des Barock. Wien/Freiburg/Basel, 54.

Abb. 33: Ausschnitt aus Domenico Ghirlandaios Fresken der Sassetti Kapelle der Kirche Santa Trinità in Florenz.
Quelle: Diewald, Helmut (1999): Anspruch auf Mündigkeit. Propyläen – Geschichte Europas. Bd. 1, 1400–1555 (Die Medicis). Berlin, 114.

Abb. 34: ›Schwarze(s) Schaf(e)‹. Karikatur von Michael Pammesberger aus dem Jahr 2000.
Quelle: Pammesberger, Michael (2004): Abgefedert. Karikaturen von Michael Pammesberger. Wien, 15.

Abb. 35: Familienfoto im Rahmen der Deutschen EU-Ratspräsidentschaft 2006.
Quelle: Amt für amtliche Veröffentlichungen der Europäischen Gemeinschaften (2007): Die Erweiterung verstehen. Die Erweiterungspolitik der Europäischen Union. Luxemburg, 8.

Abb. 36: Schützenstück von Dirck Jacobszoon, 1529.
Quelle: http://www.rijksmuseum.nl/aria/aria_assets/SK-C-402?lang=en, abgerufen am 18. 9. 2007.

Abb. 37: Die Europäische Kommission 2007–2009.
Quelle: Europäische Kommission. Vertretung in Österreich. Kartonkarte A4. NA-76-06-407-DE-P.

Abb. 38: Beispiel einer Darstellung von ›Uomini illustri‹.
Quelle: http://www.ibc.regione.emilia-romagna.it/h3/h3.exe/aMuseil20_Sch_oa/t?NCT_A=BO015, abgerufen am 15. 9. 2007

Abb. 39: Folkloristische Kinderbuchdarstellung der ›neuen Nachbarn‹ Zypern, Estland, Ungarn, Tschechische Republik, Slowenien, Litauen, Lettland, Polen, Slowakei und Malta (v. l. n. r.).
Quelle: Trivizas, Eugene (2003): A Swallow over Europe, Hellenic Ministry of Foreign Affairs, Hellenic Presidency of the European Union, Genous Militos Editions.

Abb. 40: ›FC Europa‹.
Quelle: http://www.eu2006.at/en/Media_Service/Photos/May/1105Soccer.html, abgerufen am 10. 8. 2007.

Abb. 41: ›Vranz-Tennisbälle‹: SPÖ-Werbemittel, Wahlen zum Europäischen Parlament 1996.
Quelle: SPÖ: Werbemittel der SPÖ zur EU-Wahl 1996.

Abb. 42: Plakat der österreichischen Bundesregierung zur Ratspräsidentschaft 1998.
Quelle: http://foto.heimatwerbung.at/plakatarchiv/hwpkaserg.php?Stichwort=EU&Start_Jahr=-1&Start_Monat=-1&start=420, abgerufen am 12.2.2006.

Abb. 43: ÖVP-Plakat zur Europaparlamentswahl 1996.
Quelle: http://foto.heimatwerbung.at/plakatarchiv/hwpkaserg.php?Stichwort=EU&Start_Jahr=-1&Start_Monat=-1&start=540, abgerufen am 12.2.2006.

Abb. 44: CDU-Plakat 2004.
Quelle: http://www.cdu-offenbach.de/download/Die_CDU_Imagebroschuere.pdf, abgerufen am 10.8.2007.

Abb. 45: Coverbild einer Broschüre der EU-Kommission.
Quelle: Europäische Kommission. Generaldirektion Kommunikation (2007): Fakten und Zahlen über Europa und die Europäer/innen. Brüssel, Cover.

Abb. 46: Hans Holbein: ›Bildnis des Danziger Hansekaufmanns Georg Gisze in London‹, 1532 (Ausschnitt).
Quelle: Hagen, Rose-Marie und Rainer (2005): Meisterwerke im Detail. Vom Teppich von Bayeux bis Diego Rivera. Bd. 2. Köln, 231.

Abb. 47: Plakat der ungarischen EU-Beitrittskampagne: ›Werden die Familienbetriebe stärker? Ja‹.
Quelle: http://www.eukk.hu, abgerufen am 15.8.2003.

Abb. 48: ›Je reste en Pologne. Venez nombreux.‹ (›Ich bleibe in Polen. Kommen Sie zahlreich.‹) Plakat der polnischen Tourismuswerbung.
Quelle: http://www.tourisme.pologne.net/, abgerufen am 16.6.2005.

Abb. 49: Jungbauer. Kalenderblatt (Ausschnitt) aus dem ›Jungbauernkalender‹.
Quelle: http://www.oe24.at/zeitung/multimedia/archive/00094/m_nner_oktober_94696a.jpg sowie www.jungbauernkalender.at, abgerufen am 23.5.2008.

Abb. 50: E-card aus dem EP-Wahlkampf 2004.
Quelle: www.övp.at, abgerufen am 20.5.2004.

Abb. 51: Der/die europäische Bürger/in als Konsument/in. Illustration einer EU-Publikation.
Quelle: Amt für amtliche Veröffentlichungen der Europäischen Gemeinschaften (2007): Europa in 12 Lektionen von Pascal Fontaine. Luxemburg, 28.

Abb. 52: Plakat der ungarischen EU-Beitrittskampagne: ›Können wir auch weiterhin Mohnbuchteln essen? Ja‹.
Quelle: http://www.eukk.hu, abgerufen am 15.8.2003.

Abb. 53: ›It's better 2 B Inside. Vote Yes to Europe. Vote Yes to Nice.‹ Plakat der offiziellen irischen Kampagne zum 2. Referendum über den EU-Vertrag von Nizza.
Quelle: Foto Andreas Pribersky.

Abb. 54: Plakat der slowakischen EU-Beitrittskampagne: ›Besser drinnen als draußen!‹
Quelle: http://www.eureferendum.sk, abgerufen am 10.5.2003.